江西省教育科学“十四五”规划2022年度课题
《法学学科的新文科建设推动法制机构高质量发展的路径研究》
（项目编号：22YB260）

2022年“法治江西专项课题”
《江西促进数字经济发展的法治“痛点”与立法对策研究》
（项目编号：22FZJX04）

2022年度南昌市社科规划项目
《南昌推进数字经济与实体经济深度融合的法治“痛点”与立法对策研究》
（项目编号：FX202201）

探索数据法律新秩序

数据法学体系构建研究

肖中华　聂加龙　著

SJPC

上海三联书店

目　录

第四编　数据法学体系（三）：数字人权

导论
认真对待数据法学体系问题

在大数据、人工智能、区块链等得到广泛应用的当下，几乎所有的人都感受到了这些数字技术的影响。数字技术，简单地讲就是对数据进行存储、加工、处理等与电子计算机相伴相生的科学技术。数字技术与以往的技术相比，它带来的影响不可谓不深刻，不仅影响着我们的生活、社会，还影响着人的思维与主体性。在此背景下，"'信息技术 + 法学'的教学、科研及平台建设活动在法学界蓬勃兴起，'数据法学''互联网法学''网络法学''信息法学''网络与信息法学''数字法学''人工智能法学'等'新概念'已屡见不鲜，'信息技术 + 法学'已经成为法学高等教育及学术研究必须面对的新方向、新挑战。与此同时，这一全新领域也成为各国法学界交流、对话与竞争的'新赛道'。面对这一热潮，大量高等院校与研究机构在相关教学、科研与学科建设中努力寻求突破，形成了多种多样的概念教学、科研与学科建设中努力寻求突破，形成了多种多样的概念表述、发展思路及应对方案；众多学者亦纷纷投身这一全新领域的研究，引发了法学界的一次'狂飙突进'"①。但是在这一次"狂飙突进"所产生的喧嚣背后，有太多的问题需要冷静思考，比如数据法学的体系等。之所以单独地拎出这个问题，主要是因为该问题足够的特别。具言之，"数据法学"这个概念起源已难

① 苏宇：《"信息技术 + 法学"的教学、研究与平台建设：一个整体性的观察与反思》，载《中国法学评论》2021 年第 6 期。

以考证。就目前已有的文献而言，差不多可以追溯到清华大学法学院于2017年组织首届的“迈向数据法学”研讨会。但从与会的论文内容来看，数据法学更多指的是一种以数据分析为基础的法律实证研究。这一意义也得到了相关学者的认同①。2019年江西财经大学在本科招生中新增法学（数据法学）专业方向，开始使“数据法学”成为与网络法学、信息法学、计算法学等相提并论的法学交叉学科②。这就导致了关于“数据法学的体系”问题不如网络法学、信息法学、计算法学等那么成熟。

面对“数据法学的体系”不成熟的现状，国内已有学者对此进行了相应的探索，其中不得不提何渊教授主持编写并于2020年7月出版的《数据法学》。尽管《数据法学》在数据法学体系方面作了有益的探索，但也存在着如有学者所言的“基本上集中于个人信息保护（最明显的是第三章将‘数据法的基本范畴’全部用于刻画个人信息）”③的问题。这一问题也曲折地表明了即便是当下，数据法学体系问题并没有得到较好的解决。

面对数字技术与法学这场不可避免的历史碰撞，法学人自然承担着努力回应实践需求的重任。而数据法学体系问题就是这些重任中的一块可能很少但又是不可或缺的拼图。因而，在当前数据法学体系问题并非是一个可有可无的问题，而是一个要予以认真对待的

---

① 参见左卫民：《迈向大数据法律研究》，载《法学研究》2018年第4期；左卫民：《一场新的范式革命？——解读中国法律实证研究》，载《清华法学》2017年第3期；程金华：《迈向科学的法律实证研究》，载《清华法学》2018年第4期等。

② 2020年，中国人民公安大学、中国政法大学等高校设立了交叉学科或目录外二级学科“数据法学”。其中，中国政法大学在将目录外二级学科“网络法学”更名为“数据法学”的同时，启动了数据法学的硕士和博士研究生招生及培养工作。江西财经大学申报的“数据法学”本科专业2021年获批。

③ 苏宇：《“信息技术＋法学”的教学、研究与平台建设：一个整体性的观察与反思》，载《中国法学评论》2021年第6期。

问题。

既然要认真对待数据法学体系问题，那么通过一种可靠的方式去探索则是重点。“他山之石，可以攻玉。”面对“数据法学的体系”没有得到较好的解决时，借鉴国外的已有经验无疑是一种不错而且可靠的选择。但遗憾的是国外高校鲜见以数据法学命名的专业及课程。因而，只能从历史的视野去进行探析了，因为数据法学并非是天外来物，而是一种社会现象，而一切的社会现象都有其产生、发展的历史。

基于历史的视野探析“数据法学的体系”，首先要厘清数据法学是怎样产生的。数据法学的产生是时代发展的必然，即与数字技术有关。当数据达到一定数量后势必会产生相应的数字技术。数字技术可以说是因数据而生而兴。由此，从历史角度探索“数据法学体系”问题首先要落脚于数据与数字技术。

作为法学分支的数据法学自然也是为了解决相应社会问题而存在。也就是说，当前社会产生了相应的问题，而正是这些问题才导致了数据法学的产生。技术就如一把双刃剑，它带来了各种便利，同时也带来了相应的社会问题，数字技术亦是如此。因此，数据法学实际上就是数字技术所产生的社会影响而导致的结果，或者说是人们解决数字技术所带来的问题以期实现一个美好目标而产生的结果。既然如此，那么数据法学的体系处理与数字技术所带来的法律问题有关，还与人类以期实现的美好目标有关。

基于以上思路，本书分为两部分，共四编。第一编是第一部分，该编从历史的视野探索数据法学的体系。第二、三、四编是第二部分，分述数据法学体系的内容，其中第二、三编论述数字技术所带来的法律问题，即数据利用与数据保护。第四编论述人类以期实现的美好，即数字人权保护。

第一编

基于历史视野的数据法学体系探析

第一章
数据与数字科技

第一节 “缘数据而治”与计算机的诞生

一、引子：赋税与“缘数据而治”

就人性而言，首要的关怀无非是维护人类自身的生存。“由于社会经营的结果，人类对于生的追求，是逐渐随社会经济的发展而超过了求生本能的满足，而逐渐发展出了各式各样的欲望。”① 这些诸多人类欲望，大致可以分为私人欲望和公共欲望。无论是何种欲望，一般而言，其产生后会不断地刺激人性中的本能。“由于人类对生活欲望的不断增强和提高的刺激，才使得社会经济的发展和文化的进步成为可能。更由于欲望和欲望的不断增加和提高，在每一个社会中都相应地产生出一套价值观念。”② 因此，每个进步了的社会阶段都是人们的欲望得到合理实现的结果。

美国学者马斯格雷夫认为，公共欲望包含社会欲望和价值欲望③。但不论是何种欲望的实现都会消耗一定数量的资财。“我们不能单独由自己充分供应我们天性所要求的生活，即适于人的尊严的生活所必需的物资，因而为了弥补我们在单独生活时必然产生的缺点和缺陷，我们自然地想要去和他人群居并共同生活……

---

①② 杜迈之：《自由与自由主义》，中华书局 1949 年版，第 3 页。

③ 社会欲望是指那些通过市场机制不能得到满足但全体社会成员均可同时均等地享受的、不具有排他性的欲望；而价值欲望则是指那些通过市场机制无法得到充分满足的、具有排他性的与特殊价值的欲望。见王春业、聂佳龙：《从“三公”消费公开谈人大预算权的落实》，载《云南大学学报法学版》2013 年第 1 期。

联合起来成为政治社会。”[①]国家出现后，公共欲望只能通过国家提供普遍的服务来实现，而普遍的服务提供必然会消耗一定数量的资财即公共物品，这是因为“公民权利和国家权力最终都以物质财富为基础，都是物质财富在一定历史条件下的转化形式”[②]；“权利需要钱，没有公共资助和公共支持，权利就不能获得保护和实施……福利权和私有财产权都有公共成本。契约自由权的公共成本不比卫生保健权的少，言论自由权的公共成本也不比体面的住宅权的少。所有的权利都需要国库的支持”。[③]由于国家本身不创造利润，于是想要让国家提供普遍的服务来实现公共欲望的满足，在逻辑上讲，国家首先必须占有一定数量的资财。马克思曾针对欧洲中世纪的国家状态指出：“赋税……是行政权力整个机构的生活源泉。”[④]尽管欧洲中世纪之前与之后的世界各地的国家状态与欧洲中世纪有不同，但国家是非盈利性的组织这一属性并没有改变。为了维持国家的存续及其有效的运行，向社会公众提供公共物品，国家必然会依据政治权力和经济权力来获取一定数量的资财收入，简言之就是无论是过去、现在还是未来，国家都有要求公民缴纳赋税的权力。

赋税是一种公民财富的再次分配，即公民所创造的社会财富中一部分通过赋税的形式转移到国家。于是，在此意义上讲，公民天然地会有要求国家提供公共服务的同时还会有逃避缴纳赋税的可能。自古及今，国家要想实现其职能都需财政支持，可以说“财政

---

① ［英］洛克：《政府论》（下篇），叶启芳、瞿菊农译，商务印书馆 1964 年版，第 12 页。

② 童之伟：《法权与宪政》，山东人民出版社 2001 年版，第 291 页。

③ ［美］史蒂芬·霍尔姆斯，凯斯·R. 桑斯坦：《权利的成本——为什么自由依赖于税》，毕竟悦译，北京大学出版社 2004 年版，第 3 页。

④ 《马克思恩格斯全集》（第 8 卷），人民出版社 1961 年版，第 221 页。

是庶政之母”。赋税是构成财政的主要来源，因为“公共事务几乎没有一项不是产生于捐税，或导致捐税”①。因此，为了确保能够提供公共服务满足公共欲望，对于国家而言决不能容忍公民逃避缴纳赋税的行为。

国家不容忍公民逃避缴纳赋税的行为首先意味着要尽可能不存在着让公民有逃避缴纳赋税行为的可能性而非是惩罚该行为。不让公民有逃避缴纳赋税行为必要而充分的条件是国家知晓公民与赋税相关的信息。这些信息在实现中表现为国家统计出的各种各类数据。古语有云：“一木叶落而知天下秋。”仅凭赋税这点就可以得出数据之于任何一个国家都是必需的管理工具②。

二、“缘数据而治”的弊端

将数据作为国家管理的工作实质上就是“缘数据而治”。“‘缘数据而治’意味着数据的收集、分析等以服务于国家管理为依归。所谓的国家管理就其本质而言无非是为了实现统治目的解决已存在或潜在的社会问题的活动。社会问题存在于任何时空之中，相应地国家管理所需要的数据也必然是变化着的。”③面对这个问题，历史地看人类首先寻找的是收集数据花费人力、物力、时间较少且精确性、可靠度较高的方法。于是，诞生了基于“概率”理论基础的统计方法。

（一）统计方法理论发展简史④

基于“概率”为理论基础的统计方法诞生滥觞于掷骰子进行的

---

① ［法］托克维尔：《旧制度与大革命》，冯棠译，商务印书馆 1992 年版，第 127 页。

②③ 熊春泉、聂佳龙：《数据驱动型竞争异化风险的法律防控研究》，上海三联书店 2021 年版，第 15 页。

④ 参见熊春泉、聂佳龙：《数据驱动型竞争异化风险的法律防控研究》，上海三联书店 2021 年版，第 16—18 页。

赌博活动。1560年，集数学家、物理学家、化学家、医学家与赌徒于一身的卡丹诺（Gerolamo Cardano）究其一生主要精力对“赌博”进行研究后写就的《赌博中的机会》一书问世。该书发现了赌桌上“骰子”各面都有同等机会出现的规律，以及“骰子”出现各个点数“概率”的计算方法。在卡丹诺之后，法国数学家帕斯卡（Pascal）与费马（Femat）对“赌博”的研究更进一步，提出了二项分布与负二项分布方法。1657年，荷兰科学家惠更斯（Huygens）的著作《赌博中机会的推测》最终促成了“概率论”的诞生。

概率论诞生后，1713—1898年先后诞生了“大数定律、贝叶斯定理、误差分析、回归与相关”这四个被称之为统计科学历史上最具标志性的重大发现。大数定律（Law of large numbers）最早出现于瑞士著名数学家雅可布·伯努利（Jakob Bernoulli）的遗著《推测术》(Ars Conjectandi）之中。伯努利对在轮盘旋转的赌博研究发现，当轮盘旋转大量次数后，其收益会趋于一个稳定的百分比。贝叶斯定理是以托马斯·贝叶斯（Thomas Bayes）名字命名的定理，因为贝叶斯在其遗世之作《机遇理论中一个问题的解》(An Essay towards Solving a Problem in the Doctrine of Chances）提出了被后世概括为“当分析样本大到接近总体数时，样本中事件发生的概率将接近于总体中事件发生的概率”的思想。1755年，英国学者辛普森（Thomas Simpson）正式开启了天体“观测误差问题”（Observationalerror）的统计研究。如果说辛普森的研究最先向世人展现的是观测误差分析，那么法国学者拉普拉斯（Pierre-Simon Laplace）的研究成果——贝叶斯“逆概率”原理——则向世人展现的是观测误差分析的可能性与可行性。在拉普拉斯之后，德国伟大的数学家高斯（C. F. Gauss）于1809年发表的天体力学名著《天体绕日运行理论》以“出乎人意料”且极其简洁的手法证成了天体“观测误差”服从于“正态分布”。这一被后人称为“正态误差”理论，它使得“正态分布”有了“概率分布”的身份。但是很遗憾的，在高斯之后的很长一段时间内统计方法理论处于停滞的状态。该种状态直到高尔顿（F. Galton）、埃基沃斯（F. Y. Edgeworth）与卡尔·皮尔逊（K. Pearson）三人联手发现了“回归与相关”理论才得以被打破。“回归与相关”理论的发现标志着近代统计方法理论大厦得以全部构建完毕。

（2）近代统计方法的弊端

以“概率”为基础的近代统计方法尽管实现了“窥小样本数据而知全数据”之目标，但细究起来这一目标却是一种无奈导致的结果。产生这种无奈的原因主要是数据难以被记忆与机会成本考量[①]。具言之，数据统计是为实现某种社会管理所服务的。这也就决定了数据统计行为者所欲求的目的一经实现，数据便失去了在该次统计中所呈现出来的价值。对于国家或者其他社会组织而言，不具有“价值”的数据注定要被遗忘。数据没有被记忆会附带这样的从属后果：数据的价值没有穷尽。其中的原因除了数据统计行为所得数据被遗忘了外，还有便是前述数据即便是被记忆了，但它们要与其他的数据一起才能实现别的价值，而其他的数据要么是被遗忘了，要么是没有被收集。被遗忘了意味着数据要么是不可能被再次收集，要么是即便能够被再次收集而代价比较大。为了穷尽被记忆了的数据的价值而收集其他数据所付出的代价同样比较大。于是，从机会成本角度看，为了某一目的而实现特定数据的特定价值比起穷尽数据的价值显然更经济。

① 熊春泉、聂佳龙：《数据驱动型竞争异化风险的法律防控研究》，上海三联书店 2021 年版，第 19—20 页。

不可否认，近代统计分析方法的出现让人类得以用有效的方法收集与分析数据，且更为重要的是所收集与分析的数据在本质上具有很强的随机性，从而通过某种概率的分布规律来予以描述可以确保人类的统计行为具有科学性①。然而，这些方法存在着诸如“不接纳概率的主观解释，但事实上概率的频率解释本身根本无法回避主观判断”“不使用先验信息，但是先验信息对我们的判断却至关重要”“用事先精度解释在一切可能情况下精度的某种平均，但这种情况与事实和习惯不相容”②等缺陷。这些缺陷导致了近代统计方法科学性在一定程度上被消解了的弊端。从国家管理的角度看，这种弊端实际上也是“缘数据而治”必然要面临的。

三、数据被记忆与计算机的诞生

承上所述，“缘数据而治”的弊端产生的原因无疑是由于小样本数据难以被记忆而导致其用于特定用途后因为无价值被遗忘。这样，“缘数据而治”的弊端克服路径是走向全样本数据。全样本数据意味着所有的数据能够被记忆且这些数据的价值不仅仅体现于用于特定用途。数据被记忆与数据不因实现了特定用途价值后被遗忘，显然前者是必要的基础。因此，对“缘数据而治”弊端的克服出发点就是实现数据被记忆。

一如我们所知，在世间万物中人类是唯一有记忆功能的生物。与其他生物相比，人脑“不但能进行大规模的并行处理，使人们在极短的时间内就可以对外界做出判断和决策，而且还具有很强的容错性及自适应能力，善于联想、类比、归纳和推广，能不断地学

① 陈希孺：《数理统计学简史》，湖南教育出版社2002年版，第2页。

② 余鹏：《经典统计学的缺陷》，载《统计研究》1993年第6期。

习新事物、新知识，总结经验，吸取教训，适应不断变化的情况等”[①]。于是，人类很早就认识到人有记忆功能与人脑有关，例如斯宾诺莎认为记忆“不过是某种涉及身外事物性质的观念联系，一种在意识中与人身变化的顺序和联系相应的联系”[②]。但人脑是如何记忆的奥秘直到神经系统解剖学和生物学诞生后才一点点地得到揭示。神经系统解剖学和生物学家们特别是意大利科学家 Camillo Golgi 在 1873 年开发出染色技术让人们直观看到了人脑由无数的神经元组成，其中“每个神经元由一个细胞体组成，包含一个细胞核。从细胞体伸展出一定数量的神经纤维成为树突，伸展出一根长的神经纤维成为轴突。轴突向外延伸很长距离……一个神经元与 10 个到 10 万个其他神经元相连接，其连接处称为突触。信号通过复杂的电化学反应从神经元传播到神经元。信号控制大脑的短期活动，也能够使神经元的位置和连接发生长期改变。这些机制被认为形成了大脑学习基础。大多数信息处理在大脑皮层即大脑的外层进行，基本的组织单元看来是一个直径大约 0.5 mm 的柱状薄片，扩展到皮层的全部深度，人类大脑皮层深度约为 4 mm。一个柱状体包含大约 2 万个神经元”。[③]经过多年研究，发现了神经元具有如下的一些重要特性[④]：

> （1）在每一个神经元中，信息都是以预知的确定方向流动的，即从神经的接收信息部分（细胞体、树突）传到轴突的起

---

① 王永庆：《人工智能原理与方法》，西安交通大学出版社 2018 年版，第 412 页。

② ［美］G. 墨菲、J. 科瓦奇：《近代心理学历史导引》，林方、王景和译，商务印书馆 1982 年版，第 249 页。

③ ［美］斯图尔特・罗素、彼得・诺维格：《人工智能：一种现代方法》（第 2 版），姜哲等译，人民邮电出版社 2010 年版，第 10 页。

④ 王永庆：《人工智能原理与方法》，西安交通大学出版社 2018 年版，第 413—414 页。

> 始部分，再传到轴突终端的突触，最后再传递给另一神经元。尽管不同神经元在形状及功能上都有明显的不同，但大多数神经元都是按这一方向进行信息流动的。这称为神经元的动态极化原则。
>
> （2）神经元对于不同时间通过同一突触传入的信息，具有时间整合功能；对于同一时间通过不同突触传入的信息，具有空间整合功能。这称为神经元对输入信息的时空整合处理功能。
>
> （3）神经元具有两种常规工作状态，即兴奋状态与抑制状态。所谓兴奋状态是指，神经元对输入信息经整合后使细胞膜电位升高，且超过了动作电位的阈值，此时产生神经冲动，并由轴突输出。所谓抑制状态是指，经对输入信息整合后，膜电位下降至低于动作电位的阈值，此时无神经冲动输出。
>
> （4）突触传递信息的特性是可变的，随着神经冲动传递方式的变化，其传递作用可强可弱，所以神经元之间的连接是柔性的，这称为结构的可塑性。
>
> （5）突触界面具有脉冲与电位信号的转换功能。轴突传递的电脉冲是等幅、离散的脉冲信号，而细胞膜电位变化为连续的电位信号，这两种信号是在突触接口进行转换的。
>
> （6）突触对信息的传递具有时延和不应期，在相邻的两次输入之间需要一定的时间间隔，在此期间不响应激励，不传递信息，这称为不应期。

这些研究成果为创造出和人脑一样有记忆功能的模拟物奠定了基础。

恩格斯曾说过：“社会上一旦有技术上的需要，则这种需要会比十所大学更能把科学推向前进。”[①]如果说关于神经系统的研究奠定的是基础，那么20世纪美国奥伯丁武器试验场计算弹道需要则是催化剂，因为这一需要直接导致了具有记忆功能模拟物——计算机的诞生。计算机的诞生意味着数据被记忆的问题被克服了。那么计算机是如何记忆数据的？这一问题的回答是下一节的主题。

第二节　计算机的记忆原理及其后果

一、计算机的记忆原理

在促成计算机诞生的过程中有一个人不得不被提及，因为他为计算机提供了基础性方案。因为这个缘故被后人誉为“现代计算机之父”。他就是美国数学家、物理学家和计算科学家约翰·冯·诺依曼（John von Neumann）教授。冯·诺依曼教授关于计算机的思想主要集中体现在为耶鲁大学西利曼讲座（Silliman Lectures）准备的讲稿《计算机与人脑》[②]之中。

《计算机与人脑》一书分为“计算机”与“人脑”两部分。在“计算机”部分，约翰·冯·诺依曼教授提出并解释了计算机的每一个基本运算只需要一个器官的原则，他说：

> 需要有较大数量的器官才能被动地存储许多数，这些数是计算过程的中间结果或部分结果。就是说，每一种器官，都必须能“存储”一个数（在去掉这个器官中前已存储的一个数之后）。它从另外一个当时与它有连结的其他器官，把这个数接受过来；而且当它受到“询问”时，它还能够把这个数“复

① 《马克思恩格斯选集》(第四卷)，人民出版社1972年版，第505页。

② 该讲稿由耶鲁大学出版社于1958年以著作的形式出版。

> 述”出来，送给另外一个此时与它连结的器官。上述的这种器官，叫做“存储寄存器”。这些器官的全体，叫做“记忆”。在一个记忆中存储寄存器的数量，就是这个记忆的“容量”。①

记忆存储器可以用最短存取时间②但却是由最费钱的作用器官构成，需要庞大记忆容量的时候则需要按照记忆“谱系”原理③（Hierarchical principle）运行其他形式的记忆器官。但无论记忆存储器采用何种形式都是使用“直接地址”——存储器中的每一个字都有一个独有的数码地址，这些字需要读出或者写出的时候只需明确它的数码地址即可。

在《计算机与人脑》一书中，约翰·冯·诺依曼教授开宗明义地指出，他既不是神经学专家，又不是精神病学家，而是一个数学

① ［美］约翰·冯·诺依曼：《计算机与人脑》，甘子玉译，商务印书馆 2001 年版，第 11 页。

② 关于存取时间，约翰·冯·诺依曼教授认为可作如下的定义：“第一，存取时间是存储已在计算机其他部分出现的数的时间。……或者是移出记忆器官中已经存入的数的时间。第二，当被‘询问’时，记忆器官对机器的其他部分，‘重述’已经存入的数所需要的时间。这里所说的机器的其他部分，是指接受这个数的元件（通常是指作用器官的寄存器）。”见［美］约翰·冯·诺依曼：《计算机与人脑》，甘子玉译，商务印书馆 2001 年版，第 24 页。

③ 约翰·冯·诺依曼教授认为“谱系”原理的意义在于：“一个计算机，为了完成它的应有功能（解算要它解答的问题），它需要一定数目的记忆容量，比如说，在一定的存取时间 t 时，需要记忆 N 个字。要在存取时间 t 内提供这 N 个字，可能存在着技术上的困难，或者在经济上非常昂贵（技术上的困难，也往往是通过昂贵的费用表示出来的）。但是，在这个存取时间 t 内，可能并不需要提供所有的这 N 个字，而只需要提供一个相当于减少了数目的 N′ 个字。而且，当在存取时间 t 内供应了 N′ 个字之后，整个容量的 N 个字，只要在一个更长的存取时间 t″ 时才需要。这样分析下去，我们可能进一步遇到这样的情况：在一个长于 t 而短于 t″ 的存取时间内，提供已搞定中间容量——即少于 N 个字而多于 N′ 个字，可能是最经济的。”见［美］约翰·冯·诺依曼：《计算机与人脑》，甘子玉译，商务印书馆 2001 年版，第 26 页。

家[①]。因为这样的缘故，约翰·冯·诺依曼教授在前面关于计算机讨论的基础上的第二部分“人脑”中，首先提出了“对神经系统的直接观察会觉得其功能具有数字型特点”的推断。为了证成这一推断，约翰·冯·诺依曼教授从如下的事实入手：

> 神经细胞包含一个细胞体，从它那儿，直接或间接地引出一个或多个分支。每个分支，叫作细胞的轴突（axon）。神经脉冲就是沿着每一根轴突所传导的一种连续的变化。传导一般是以固定的速度进行的，这个速度也可能是神经细胞的一个功能……它的特征之一是必然存在一种电扰动；事实上，人们往往也把这个变化描述为一种电扰动。这个电的扰动，通常具有大约50毫伏的电位和约1毫秒的时间。与电扰动同时，沿着轴突还发生着化学变化。即在脉冲电位和经过轴突的面积内，细胞内液（intracellular fiuid）的离子构成了其变化，因而，轴突壁（细胞膜）的电化学性质——如电导率、磁导率等，也起了变化。在轴突的末端，化学性质的变化就更加明显；在那里，当脉冲达到时，会出现一种特殊的具有标志性的物质。最后，可能还有着机械变化。细胞膜各种离子导磁率的变化，很可能只能从它的分子的重新取向排列才能发生，这就是一种机械变化，即包括这些构成成分的相对位置的变化。[②]

基于这一事实，约翰·冯·诺依曼教授论证了神经脉冲引起的刺激脉冲机制具有数字特性，并依据在此基础上得出的“神经元的正常

① ［美］约翰·冯·诺依曼：《计算机与人脑》，甘子玉译，商务印书馆2001年版，第1页。

② ［美］约翰·冯·诺依曼：《计算机与人脑》，甘子玉译，商务印书馆2001年版，第30页。

输出是标准的神经脉冲”这一结论，将神经元与典型的基本的数字作用器官比较后得出“神经元是基本的数字器官”。

然而约翰·冯·诺依曼教授指出，与上述结论相关的讨论并未考虑人脑中的记忆这种元件。由于“这种元件在一切人造计算机中起着极其重要的作用，而且它的意义，可能是原则上的而不是偶然的”[①]之缘故，约翰·冯·诺依曼教授认为如果不讨论记忆这种元件，“计算机”与“人脑”的比较是不完整的。受限于神经科学也没有弄清楚神经系统为何会有记忆功能，约翰·冯·诺依曼教授关于记忆的讨论更多是猜测性的，因而类似于“可能存在着一个遗传的记忆系统”与“在细胞体的一定面积上，有某些特殊的化合物，它们是可以自我保持不变的，这也可能是记忆的要素”[②]这样的表述比比皆是。但奇怪的是关于由作用要素（神经细胞）构成的记忆的讨论却没有使用“可能”这样或者相类似的字眼，约翰·冯·诺依曼教授写道：

> 最后，我应该说明，各个神经细胞系统，彼此通过各个可能的循环途径相互刺激，也可以构成记忆。这就是由作用要素（神经细胞）做成的记忆。在我们的计算机技术中，这类记忆是常常使用的，并且具有重要意义。事实上，它还是首先在计算机上采用的一种记忆形式。在真空管型的计算机中，“触发器”就是这种记忆的元件。这些触发器是成对的真空管，相互起着开关和控制的作用。在晶体管技术中，实际上还在其他

① ［美］约翰·冯·诺依曼：《计算机与人脑》，甘子玉译，商务印书馆2001年版，第44页。

② ［美］约翰·冯·诺依曼：《计算机与人脑》，甘子玉译，商务印书馆2001年版，第47页。

> 各种形式的高速电子技术中，都允许和要求使用这些像触发器一类的组件，这些组件，正如早期真空管计算机中的触发器一样，也可以作记忆要素之用。①

关于作用要素（神经细胞）构成的记忆的讨论后，约翰·冯·诺依曼教授认为，神经系统中的神经脉冲部分的性质是数字，而神经系统中的化学变化或者机械位置变化的性质则是模拟的，总而言之，在神经系统中，其性质是“数字的—模拟的—数字的”如此反复变化。申言之，神经系统及其记忆功能皆是可以数字的。

从前面关于《计算机与人脑》内容的介绍中，我们不难知道，计算机之所以能够替代记忆就在于记忆的性质是数字的。申言之，计算机的记忆原理是这样的：它将人类的活动以及数字形态存储起来，并能通过运行相关代码②在以后可以输出，进而实现替代记忆。

二、计算机记忆功能产生的影响

（1）海量的数据

在《计算机与人脑》一书中约翰·冯·诺依曼教授还将计算机与人脑两者的记忆总容量进行了比较。通过比较发现，人脑的记忆总容量比计算机的典型记忆容量要大得多。但该结论的得出有一个

---

① ［美］约翰·冯·诺依曼：《计算机与人脑》，甘子玉译，商务印书馆 2001 年版，第 48 页。

② 约翰·冯·诺依曼教授认为：“使一个自动机能够承接并按此完成若干有组织的任务的逻辑指令系统，就叫做代码。所谓逻辑指令，是指像在适当的轴突上出现的神经脉冲之类的东西，事实上，这可以指任何诱发一个数字逻辑系统（如神经系统）并使它能够重复地、有目的地作用的东西。”见［美］约翰·冯·诺依曼：《计算机与人脑》，甘子玉译，商务印书馆 2001 年版，第 51 页。

前提，即输入神经系统的信息假设没有被真正地遗忘。最近的神经科学研究发现，为了清除人脑中的有毒的、损害记忆的蛋白质，人脑有了脑脊液的流动和慢波活动，但随着年龄增长，人脑产生的慢波会随之减少；慢波活动的减少会导致睡眠时脑脊液的脉动的减少。这样有毒的、损害记忆的蛋白质会在人脑中增多，从而导致记忆能力的下降①。记忆能力的下降意味着遗忘。因此，输入神经系统的信息不可避免地会被遗忘。而由于计算机是模拟人脑记忆功能的产物从而不存在着输入的数据被遗忘的问题。

历史地看，计算机诞生后在很长的一段时间内能够被记忆的数据比较的少。这是因为一面计算机的数量比较少，另一面是输入计算机数据比较少。而导致输入计算机数据比较少的主要原因是计算机没有相互连接，无法实现数据的交换等。这一问题的破解最终导致了互联网（Internet）②的出现。"互联网的出现，实现了地理位置不同且功能相互独立的计算机及其外部设备之间的资源共享与信息传递，从而突破了人们之间交流的时空限制。"③这种让信息不受时空限制的巨大优势逐渐地催生出的以脸书、微信等为代表的社交媒

---

① N. E. Fultz el al.,"Coupled electrophysiological，hemodynamic，and cerebrospinal fluid oscillations in human sleep", Science，2019：366（6465），pp.628—631.

② 互联网（Internet）又称网际网路，指的是网络与网络之间以一组通用的协定相互串联而成的单一巨大国际网络。互联网滥觞于1969年，美军在阿帕网（ARPA）制定的协定（该协定由剑桥大学的BBN和MA执行）下将美国西南部大学加利福尼亚大学洛杉矶分校、加利福尼亚大学、斯坦福大学研究学院与犹他州大学的四台连接起来。1978年贝尔实验室提出UUCP，在此基础上，1979年新闻组网络系统发展起来。1989年被称之为World Wide Web的分类互联网信息的协议被提出来。1991年明尼苏达大学开发出第一个连接互联网的友好接口。至此，互联网已定型。——见熊春泉、聂佳龙：《数据驱动型竞争异化风险的法律防控研究》，上海三联书店2021年版，第2页。

③ 熊春泉、聂佳龙：《数据驱动型竞争异化风险的法律防控研究》，上海三联书店2021年版，第2—3页。

体，亚马逊、淘宝等为代表的电子商务与谷歌、百度等为代表的搜索服务等成为生活、工作不可或缺部分的工具。这些工具在逐渐成为生活、工作不可或缺部分时，被记忆在网络之中数据随之越来越多。这点可以从数据的存储单位概念变化中得以感知以及从数据拥有量得以确认。在数据发展历程上出现了对应 GB 级别数据的“超大规模数据”概念和对应 PB（1 PB = 1024 TB）级别数据的“海量数据”概念。“从数据的存储单位来看，有字节（Byte）、千字节（KB，1 KB = 1024 Byte）、兆字节（MB，1 MB = 1024 KB）、吉字节（GB，1 GB = 1024 MB）、太字节（TB，1 TB = 1024 GB）、拍字节（PB，1 PB = 1024 TB）、艾字节（EB，1 EB = 1024 PB）、泽字节（ZB，1 ZB = 1024 EB）、尧字节（YB，1 YB = 1024 ZB）”，而当前人类拥有的数据量已经在 ZB 级别[①]。可以预见，随着时间的推移，人类拥有的数据量会超过 ZB 级别。

（2）数据内涵丰富的信息

凡是对自身进行哪怕是相当粗糙的观察都不难发现这样的事实：“人是束缚在他自己的感官所能知觉到的世界中的。举凡他所收到的信息都是通过大脑和神经系统来进行调整，只在经过存贮、校对和选择的特定过程之后，才进入效应器，一般是他的肌肉。这些效应器又作用于外界，同时通过运动感觉器官末梢这类感受器再反作用于中枢神经系统，而运动感觉器官再反作用于中枢神经系统，而运动感觉器官所收到的信息又和他过去存贮的信息结合在一起去影响未来的行动[②]。”从这一事实中可以感知到之于人类而言拥

① 熊春泉、聂佳龙：《大数据时代的中国法治建设——一种立法视角的分析》，中国政法大学出版社 2017 年版，第 98—99 页。

② ［美］N. 维纳：《人有人的用处——控制论和社会》，陈步译，商务印书馆 1978 年版，第 9 页。

有足够的信息才能有效地生活。用控制论创始人之一N.维纳教授的话说就是“信息这个名称的内容就是我们对外界进行调节并使我们的调节为外界所了解时而与外界交换来的东西。接收信息和使用信息的过程就是我们对外界环境中的种种偶然性进行调节并在该环境中有效地生活着的过程”①。据此可知，前面已述及的“缘数据而治”其中的原因就是数据内涵了信息且这些信息能够让国家有效地管理。

那么数据为什么内涵信息？从形式上讲，数据更多地表征为数字。数字会“充分地与它们根植于其中的文化融合在一起”②，而文化能够提供丰富的信息。也就是说，无论数字以什么形式而存在都会因为它与文化融合在一起而内涵丰富的信息。在这种意义上讲，“信息与数据是不可分离的，数据是信息的表现形式，信息是数据的内涵”③。因此，人类拥有海量的数据在某种意义上意味着人类拥有丰富的信息。

但是不得不承认，数据不同于信息，其本身并没有什么意义。也就是说，人类所拥有海量的数据仅仅是得到信息的资料而已。因而说人类拥有海量的数据意味着拥有丰富的信息的意思是内涵在海量的数据中的信息是需要对这些数据进行分析、挖掘等才能得到。这其中必然少不了相应的技术与工具的辅助。从这点看，计算机记忆功能产生的影响最终的归属应该是相应的技术与工具的被发明创造出来。

① ［美］N.维纳：《人有人的用处——控制论和社会》，陈步译，商务印书馆1978年版，第9页。

② ［英］托马斯·克伦普：《数字人类学》，郑元者译，中央编译出版社2007年版，第2页。

③ 张兰廷：《大数据的社会价值与战略选择》，中共中央党校2014年博士论文。

第三节　数据内涵信息的获得与数字技术

一、量化一切

从数据中获得其内涵的信息，与之等价的表述是信息被量化成数据。历史地看，“记录信息的能力是原始社会和先进社会的分界线之一。……计量和记录一起促成了数据的诞生，它们是数据化最早的根基”，在此之后“伴随数据记录的发展，人类探索世界的想法一直在膨胀，我们渴望能更精准地记录时间、距离、地点、体积和重量，等等。到了 19 世纪，随着科学家们发明了新工具来测量和记录电流、气压、温度、声频之类的自然科学现象，科学已经离不开定量化了”①。当前，我们所能观察到科学离不开量化导致的显见的证据就是文字、方位、沟通等变成了数据。

（1）文字变成数据。文字的发明之于人类而言意义重大，因为它是人类社会从野蛮走向文明的重要标志之一。文字发明后受书写材料的限制，作为主要体现其运用的图书在印刷发明之前数量极其有限，而且有大量的图书之后由于战争等种种原因而丢失。即便是之后出版的图书也就大约 1.3 亿册，当前表面看来人类拥有相当数量的图书，但不得不承认这样一个不争的事实：人均阅读量相当低。这其中与阅读成本不无关系。当文字变成数据后，图书丢失与阅读成本都将会得到彻底地解决，更为重要的还会诱发出“文化组学”②等新的学术方向。不难知道，这些都会极大推动文化、学术

① ［英］维克托·迈尔–舍恩伯格、肯尼思·库克耶：《大数据时代：生活、工作与思维的大变革》，盛杨燕、周涛译，浙江人民出版社 2012 年版，第 105—106 页。

② “‘文化’组学是一个计算机专业词汇，指的就是通过文本的定量分析来揭示人类行为和文化发展的趋势。”见［英］维克托·迈尔–舍恩伯格、肯尼思·库克耶：《大数据时代：生活、工作与思维的大变革》，盛杨燕、周涛译，浙江人民出版社 2012 年版，第 111 页。

等的繁荣。

（2）方位变成数据。一般认为，限制人类活动范围的是交通工具。但仔细推敲后会发现还有方位信息，因为存在于地球上的人和事物的定位是信息的组成部分。有了这样信息，人类活动才能摆脱盲动性与偶然性。于是，人类自古以来都在探索对地理位置信息量化的方法，其中地图就是最好的例证。当今，全球定位系统将地理位置信息都量化成了数据，这不仅拓展了每一个人的活动范围，还为无人驾驶等技术的出现奠定了基础。这些无不表明了方位变成数据的好处。

（3）沟通变成数据。在人类社会发展的很长时间内，人与人之间的交流沟通受限于时空。这导致了人与人的交流沟通具有熟人性与滞后性的特点。熟人性指的是交流沟通的主体主要是身边所熟知的群体，而滞后性指的是因为时空的原因，非面对面交流沟通不是即时的。当构成变成数据后，人与人之间的交流沟通不再受时空的限制。这样人与人的交流沟通无论是广度还是深度都是之前无法比拟的，"地球村"概念的出现就是最好的证明。此外，还导致了沟通交流不仅仅是具有了熟人性与滞后性特点，而且更多具有了虚拟性与即时性。

以上的描述无一不向我们展现了量化的优势以及给人类社会发展带来的便利。这些真实存在的优势与便利足以让我们想象当世间万事万物都量化、数据化的社会种种美好。"哲学家叔本华曾言，未来，加之由想象出来的与之伴随的诱人成果常常让人获得最大愉悦与快乐。"[①] 当今之于过去而言是"未来"，文字、方位与沟通等

① 熊春泉、聂佳龙：《数据驱动型竞争异化风险的法律防控研究》，上海三联书店 2021 年版，第 16 页。

变成数据也是为了获得叔本华所言的最大愉悦与快乐而导致的结果。而这些结果的出现都与数字技术有关。

二、数字技术的简介

简单地说，数字技术（Digital Technology）指的是借助一定的设备将图文、声像等转化为电子计算机能够识别的二进制数字“0”与“1”后，对这些二进制数字进行运算、加工、存储、传送、传播与还原的技术。从这一概念来看，数字技术离不开电子技术产物电子计算机与借助计算机对信息进行编码、压缩、解码等算法技术。基于此，下面从电子技术与算法技术对数字技术予以简要的介绍。

（一）电子技术

电子技术指的是根据电子学的原理，运用电子元器件设计和制造某种特定功能的电路以解决实际问题的科学。与任何科学都是理论先行，然后在理论指导下变为现实一样，电子技术的出现与发展也是有相应的理论作为准备。其中最为重要的理论有：1854年，英国数学家乔治布尔在《思维规律的研究》一文中提出数字式电子系统中的信息用二元数——比特[①]。1937年英国剑桥大学的图灵（Alan M. Turing）提出了“图灵机”的数学模型，同年香农（Claude Shannon）在《对继电器和开关电路中的符号分析》一文首次提及数字电子技术的应用。他向人们展示了如何使用开关来实现逻辑和数学运算。

1883年发现的热电子效应制成了电子二极管，1906年美国的

① 乔治布尔认为，比特可以被认为是“0”或者“1”两个常量中的一个，而这种只有两个数字元素的运算系统称之为二元系统。

德福雷斯在弗莱明的电子二极管基础上发明了电子三极管。无论是电子二极管还是电子三极管都存在着体积大、笨重、日耗电量大、寿命短与可靠性差等缺陷，1947 年美国贝尔实验室的科学家巴丁（Bardeen）、布莱顿（Brattain）和肖克利（Schockley）发明了体积小、重量轻、耗电省、寿命长、可靠性也得到大大提高的晶体管。因此缘故，晶体管从二十世纪五十年代开始逐渐取代了电子管。晶体管的广泛应用促使了电子计算机从军用走向了民用。为了满足电子电路的微型化和电路可靠性，1959 年美国德克萨斯仪器公司（Texas Instruments）的科学家吉尔伯（Kilby）成功研制了半导体集成电路（integrated circuit，IC）。之后集成电路基本上遵循着摩尔定律[①]（Moore's Law）向前发展，从小规模集成（small scale integration，SSI，每个芯片包含 10 个以内逻辑门电路）到中规模集成（medium scale integration，MSI，每个芯片包含 10 至 1000 个逻辑门电路），再到大规模集成（large scale integration，LSI，每个芯片包含 1000 至 10000 个逻辑门电路）、超大规模集成（very large scale integration，VLSI，每个芯片含 10000 个以上逻辑门电路）和特大规模集成（ultra-large scale integration，ULSI，每个芯片含 100000 个以上逻辑门电路）。与集成电路性能同步提高的是价格的降低。但这种价格的降低并不是无限制的，因为当半导体管的尺寸缩小到一定程度以后，再想缩小尺寸不仅加工精度难以达到，而且器件的工作机理也将发生变化而无法正常工作。这样预示着在不久的将来将告别以硅片为表征的晶体管时代。

---

① 所谓的摩尔定律，是英特尔（Intel）的创始人之一摩尔（Gordon Moore）于 1965 年在考察电子计算机硬件发展规律基础上提出的。摩尔定律认为，电子计算机硬件的处理速度与处理能力每一到二年将会提高一倍，因为同一个面积集成电路上可容纳的晶体管数目会每一到二年将提高一倍。

不论何时告别以硅片为表征的晶体管时代，但有一点可以肯定的是，晶体管使得电子计算机不仅微型化，还有价廉、方便、可靠，最终导致电子计算机的普及以及人类社会进入了以计算机、光纤电缆和互联网络为基础的信息社会时代。

（二）算法

进入信息社会时代意味着人类需要处理大量处在网络空间的数据。对数据尤其是大规模的数据的处理离不开行之有效的技术。从数据处理技术看来，人类自进入数字时代以来，先后出现了 MPI（Message Passing Interface）并行计算与编程方法、Hadoop Map Reduce 大数据处理系统及其编程方法、Spark 大数据处理系统与编程方法和 Fank 大数据处理系统与编程方法[①]。这些数据技术统称为算法。简单地讲，算法指的是计算机执行计算或者解决问题时所运行的一系列指令。

MPI 并行计算与编程方法在处理数据时存在着诸如因为没有计算容错机制，从而一旦有某个（些）节点失效，可能会导致整个计算过程无效等缺陷。为此，Map Reduce 并行计算框架与系统被设计出来。搜索索引程序库 Apache Lucene 与网络爬虫 Apache Nutch 的创始人 Doug Cutting 带领技术团队在 Map Reduce 并行计算框架与系统基础上基于 Java 语言开发出了开源的 Apache Hadoop。"尽管 Map Reduce 的设计实现，有力地推动了大数据技术的发展，但是在研究与实际运用中发现其有执行效率不高的缺陷。于是，支撑常见的大数据处理计算模式的 Spark、Flink 先后在 2013、2016 年面世。"[②]可以预见算法技术在未来肯定会得到进一步发展。

---

① 顾荣：《大数据处理技术与系统研究》，南京大学 2016 年博士学位论文。

② 熊春泉、聂佳龙：《数据驱动型竞争异化风险的法律防控研究》，上海三联书店 2021 年版，第 82—83 页。

三、小结

数字技术的出现不仅仅意味着不像过去那样“一旦数据的基本用途实现了，我们便认为数据已经达到了它的目的，准备将其删除，让它就此消失”，还意味着“数据就像一个神奇的钻石矿，在其首要价值被发掘之后仍然不断产生价值。数据的潜在价值有三种最为常见的释放方式：基本再利用、数据集整合和寻找‘一分钱两分货’”[①]。因为数据价值不同则导致了数据利用方式的多样，由此数字技术的具体形态也是多样的是不言而喻的，甚至可以说数据的利用方式有多少种，那么数字技术具体形态也就有多少种。而至少是当前，谁都无法知晓数字技术具体形态到底有多少种。

和任何一种技术一样，数字技术的出现都会或多或少地对社会存在产生影响。那么，在讨论数字技术会产生怎样的影响这个问题，就必然会遇到这样的问题：如果笼统地论述数字技术对社会存在的影响则会导致不深刻甚至陷入纯思辨而对现实指导意义不大的境地；如果逐一地论述不同形态的数字技术对社会存在的影响不现实。“进行法律哲学思考，并非必须对全部的——或大多数的——法律哲学题目——重要的是，要针对典型的题目思考。”[②]当前，被言及最多也是关注最多的数字技术无疑是大数据、人工智能与区块链。基于此，可以通过论述大数据、人工智能与区块链对社会存在的影响。那么大数据、人工智能与区块链会对社会存在产生怎样的影响？这些问题的回答是下一章的内容。

① ［英］维克托·迈尔·舍恩伯格、肯尼思·库克耶：《大数据时代：生活、工作与思维的大变革》，盛杨燕、周涛译，浙江人民出版社2012年版，第135—136页。

② ［德］考夫曼：《法律哲学》，刘幸义译，法律出版社2003年版，第4页。

第二章
数字技术及其影响

第一节 大数据的概念与影响

一、大数据的概念

尽管电子计算机与人脑有着诸多的相似，但在记忆方面却是截然相反：前者是“记忆是常态，遗忘是例外”，后者则是“遗忘是常态，记忆是例外”。电子计算机的这种特性导致的后果之一是随着时间的流逝，被其记忆、存储的数据指数级地增长。这些数据是个人在真实世界的活动的记录。基于人的“强迫性重复”的倾向，这些数据其实蕴含了关于人的行为规律的信息。但是这些信息的获得依赖于相应计算机技术的支持，因为被计算机记忆、存储的数据是信息的碎片化：假如一条信息是N，其在网络中的形态是N1，N2，N3……Nn这样的数据。基于此特性，“1980年，著名的未来学家阿尔文·托夫勒《第三次浪潮》一书中预言第三次浪潮建设新的信息领域，无生命的环境会因为电子计算机输入了智慧而变得既丰富又活泼。这将会引致大数据会成为‘第三次浪潮文明’时期的华彩乐章”。但是在《第三次浪潮》中“大数据并非一个确切的概念。最初，这个概念是指需要处理的信息量过大，已经超出了一般电脑在处理数据时所能使用的内存量，因此工程师们必须改进处理数据的工具”①。这样，MPI并行计算与编程方法、Hadoop Map

① ［英］维克托·迈尔·舍恩伯格、肯尼思·库克耶：《大数据时代：生活、工作与思维的大变革》，盛杨燕、周涛译，浙江人民出版社2012年版，第8页。

Reduce 大数据处理系统及其编程方法、Spark 大数据处理系统与编程方法和 Flink 大数据处理系统与编程方法①等新的数据处理技术先后被工程师们开发出来。

新的数据处理技术的诞生意味着人类拥有了能够处理海量数据的能力，数据在完成收集数据的目的后不再像之前那样是无价值的，同时也意味着“就像望远镜能够让我们感受宇宙，显微镜能够让我们观测微生物，这种能够收集和分析海量数据的新技术将帮助我们更好地理解——这种理解世界的新方法我们现在才意识到”②。在此背景下，全球知名咨询公司麦肯锡（Mckinsey & Company）下面的全球研究所（Mckinsey Global Institute）敏锐地感知到一个新的时代即将到来，于是在 2011 年 5 月发布了一份名为《大数据：下一个创新、竞争和生产率的前沿》（Big data：The next frontier for innovation，competition，and productivity）的报告③。受此报告的影响，越来越多国家意识到大数据是“未来社会发展的新石油”，并因此提出并且实施了“大数据”战略，以确保在未来大数据竞争中取得领先的地位④。随着世界各国“大数据”战略的深入进行，人

① 顾荣：“大数据处理技术与系统研究”，南京大学 2016 年博士学位论文。

② ［英］维克托·迈尔·舍恩伯格、肯尼思·库克耶：《大数据时代：生活、工作与思维的大变革》，盛杨燕、周涛译，浙江人民出版社 2012 年版，第 10 页。

③ 该报告系统阐述了大数据的概念，详细列举了大数据的核心技术，深入分析了大数据在不同行业的应用，明确提出了政府与企业决策者应对大数据发展的策略，并且指出“大数据现在无处不在：在每一个部门，在每一个经济体，在每一个组织和用户的数字技术都有大数据”（Big data is now everywhere—in every sector，in every economy，in every organization and user of digital technology），这些迹象表明大数据时代已经到来。参见 Mckinsey Global Institute.Big data：The next frontier for innovation，competition，and productivity，https://www.mckinsey.com/search.aspx?q=big+data%3A+the+next+frontier+for+innovation%2C+competition%2C+and+productivity.

④ 参见熊春泉、聂佳龙：《大数据时代的中国法治建设——一种立法视角的分析》，中国政法大学出版社 2017 年版，第 104—106 页。

们逐渐地认识到大数据可以带来海量的关于人类行为规律的信息，而“信息这个名词的内容就是我们对外界进行调节并使我们的调节为外界所了解时而与外界交换的东西。接收信息和使用信息的过程就是我们对外界环境中的种种偶然性进行调节并在该环境中有效地生活着的过程……所谓有效地生活就是拥有足够的信息来生活”①，因此缘故大数据的价值在于能够带来大知识、大利润和大发展等。因此，大数据可以定义为“那些大小超出了一般数据库软件的采集、储存、管理和分析等能力的，人类通过交换、整合和分析相应数据能够得到巨大社会价值的数据集”②。

二、大数据的影响

在所有大数据研究成果中如果论世界知名度，那么牛津大学网络学院互联网研究所治理与监管专业的维克托·迈尔·舍恩伯格（Viktor Mayer-Schönberger）与《经济学人》数据编辑肯尼思·库克耶（Kenneth Cukier）合著的《大数据时代：生活、工作与思维的大变革》绝对会名列前茅。该书详细论述了大数据对思维、商业与管理的变革。这些由大数据带来的变革之于社会发展而言既有好的影响也有不好的影响，用前述两位作者的话说便是“大数据给社会带来的益处将是多方面的。因为大数据已经成为解决紧迫世界性问题，如抑制全球变暖、消除疾病、提高执政能力和发展经济的一个有力武器。但是大数据时代也向我们提出了挑战”③。既然大数据

① ［美］N. 维纳：《人有人的用处——控制论和社会》，陈步译，商务印书馆 1978 年版，第 9 页。

② 熊春泉、聂佳龙：《大数据时代的中国法治建设——一种立法视角的分析》，中国政法大学出版社 2017 年版，第 100—101 页。

③ ［英］维克托·迈尔·舍恩伯格、肯尼思·库克耶：《大数据时代：生活、工作与思维的大变革》，盛杨燕、周涛译，浙江人民出版社 2012 年版，第 22 页。

给社会带来的影响有好的有不好的，那么追问到底有哪些好和不好的影响是自然而言的事情。但是，企图仅凭不到十年的大数据应用时间言尽大数据的影响显然不现实。从本书论述所要达成的目标看，需要的也仅仅是窥一斑而非见全豹。基于此，下面将从大数据对立法的辅助与大数据不正当竞争以及大数据歧视这三斑展现大数据好和不好的影响。

（一）大数据对立法的辅助

党的十八大以来，科学立法在我国立法领域达到了一个前所未有的高度。何为科学立法？立法在本质上是一种通过理性创设或确认相应规则实现对社会成员行为进行规制以回应社会民众利益诉求的活动。对此进行推敲，立法至少内涵这样几层内容：（1）立法是一种理性活动；（2）该种理性来源于社会所需；（3）所立之法对社会成员行为进行规制有着较好的实效。归纳言之，立法的核心要素是理性、社会民众利益诉求以及两者之间的统一程度。由此，科学立法最本质的要求是立法者所立之法必须以社会民众利益诉求为依归。因此，要实现科学立法，“立法者应该把自己看作一个自然科学家，他不是在创造法律，不是在发明法律，而仅仅是在表述法律”①。

“立法者应该把自己看作一个自然科学家”至少意味着社会民众利益诉求中蕴含了客观规律且是可以被知晓的。这样实现科学立法的前提之一是要有对社会民众利益诉求中所蕴含的客观规律的知识。“知识，应该是在经验上可以验证、在逻辑上首尾一贯的、关于规律性的陈述。规律性赋予人们预见的能力，它是怎样得到的呢？依靠科学方法。”② 随着“自然科学与人文、社会科学领域的相

① 《马克思恩格斯全集》(第1卷)，人民出版社1995年版，第347页。

② 刘大椿：《科学活动论》，人民出版社1985年版，第22页。

互交叉和渗透与融合，现代科学技术方法发生了革命性的变革，不仅突破了自然科学各学科之间的界限，而且突破了自然科学和人文社会科学之间的界限，为不同学科领域的研究提供了普遍适用的方法”。[①]这说明了现代科学技术方法在揭示与掌握社会民众利益诉求中所蕴含的客观规律方面有用武之地。即便如此，但现代科学技术方法毕竟是为了揭示和掌握自然事物与现象的性质及其规律性而生的，加之社会民众利益诉求中比自然事物与现象更加复杂、更加不确定，从而决定了现代科学技术方法在揭示与掌握社会民众利益诉求中所蕴含的客观规律方面的作用不宜夸大。确切地说，现代科学技术方法在揭示与掌握社会民众利益诉求中所蕴含的客观规律方面更多起的是辅助支撑作用。以此观照，加之前面已述及由于人有强迫性重复心理倾向从而行为具有一定的规律性以及大数据价值在于能够带来大知识等，不难得出大数据可以辅助立法者揭示与掌握社会民众利益诉求中所蕴含的客观规律。

那么大数据是怎样辅助立法者立法的？基于“善治就是法律供给由国家垄断转向法律的供给‘市场化’，国家按照自己的意志向社会供给法律转向国家服从边际效用递减规律和‘商品’的边际替代率递减规律，从而能够根据具体社会情势变化设定预算线或生产适度法律产品供给社会”[②]，大数据可以助力国家设定预算线和生产价格适度的法律产品。

国家精准地根据具体社会情势变化而设定预算线以知晓法律产品消费者的收入和法律及其他社会规范的价格这些信息为前

---

① 冉鸿燕、陶春、杨泽：《现代科学技术方法与应用》，辽宁大学出版社 2005 年版，第 5 页。

② 熊春泉、聂佳龙：《大数据时代的中国法治建设——一种立法视角的分析》，中国政法大学出版社 2017 年版，第 95 页。

提[①]。基于此，大数据可以这样助力国家设定预算线："国家首先利用大数据中心根据主题词、特征词和关键词等在互联网上全时搜索从而得到相应的大数据；然后通过信息排重与数据清洗后同法律产品数据库进行初次对比得到疑似信息；接着结合事件或者案件以及社会舆论或言论等进行二次对比与深度分析，深度挖掘得到提纯信息；在提纯信息的基础上通过官方或者权威的调查等方式进一步提纯，得到高纯度信息以及冒烟指数；最后再根据高纯度信息以及冒烟指数做出跟踪关注、重点关注或者回应等处置应对方式。如果是处置应对的方式是跟踪关注与重点关注，还得继续利用大数据这一技术，直到处置应对方式是回应为止。"[②]此外，基于法治（Rule of Law）在某种意义上就是维护法律的垄断地位，以及垄断市场中定价的经验法则[③]可知，法律价格体现为人们对法律的态度[④]。由此，大数据可以这样助力国家知晓法律价格：通过计算机数据处理技术，比如 DB2（一套关系型数据库管理系统）、Hive（基于 Hadoop 的一个数据仓库工具）、Sqoop（一款开源的工具）、HBase（一个分布式的、面向列的开源数据库）、Map Reduce（一种用于大规模数据集的并行运算编程模型）等处理来源于国家整理的非网络数据源和网络数据源知晓人们对于法律态度的信息[⑤]。

---

① 熊春泉、聂佳龙：《大数据时代的中国法治建设——一种立法视角的分析》，中国政法大学出版社 2017 年版，第 118—119 页。

②④ 熊春泉、聂佳龙：《大数据时代的中国法治建设——一种立法视角的分析》，中国政法大学出版社 2017 年版，第 120 页。

③ 垄断市场中定价的经验法则是根据度量垄断势力方法勒纳指数推导出来的。勒纳指数是 $L=(P-MC)/P$，因而垄断市场中定价的经验法则是 $P=\frac{MC}{1+(1/E_d)}$（其中，P 表示价格、MC 表示边际成本、E_d 表示需求弹性）。

⑤ 熊春泉、聂佳龙：《大数据时代的中国法治建设——一种立法视角的分析》，中国政法大学出版社 2017 年版，第 128 页。

（二）大数据不正当竞争

20 世纪 70 年代以来的信息大爆炸最为显见的影响无疑是以数据为载体与表现形式的信息成了和石油一般重要的社会资源。于是，“大数据”不仅是一个越来越流行的词汇，还成了世界各国的发展战略[①]。“之所以要称之为战略，是因为‘大数据’之‘大’，并不仅仅在于其‘容量之大’。当然，由于数据容量的爆炸，数据的收集、保存、维护以及共享等等任务，都成为具有研究意义的现象和挑战。但‘大数据’之‘大’，更多的意义在于：人类可以分析和使用的数据在大量增加，通过这些数据的交换、整合和分析，人类可以发现新的知识，创造新的价值，带来‘大知识’‘大科技’‘大利润’和‘大发展’。”[②]无论是“大知识”“大科技”，还是“大利润”“大发展”，我们得到它们的前提之一是拥有海量的数据。未来学家阿尔温·托夫勒 1990 年在其著作《权力的转移》中指出：“未来生产和生活方式的核心是网络，谁控制了网络，控制了网上资源，谁就是未来世界的主人[③]。”当前的生产和生活方式就是托夫勒所说的“未来生产和生活方式”，数据则是“网上资源”，由此可以说“得数据者得天下”。

对于经营者而言，“得数据者得天下”更多意味着“得数据等于得‘大利润’”，因为从数据中能够挖掘信息，而这信息在商业领域至少可以帮助经营者采取针对性策略促使消费者购买其商品，进而实现或提高经济利润[④]。这样不可避免地会导致经营者对数据

---

① 参见熊春泉、聂佳龙：《大数据时代的中国法治建设——一种立法视角的分析》，中国政法大学出版社 2017 年版，第 104—110 页。

② 涂子沛：《大数据：正在到来的数据革命，以及它如何改变政府、商业与我们的生活》，广西师范大学出版社 2013 年版，第 57 页。

③ ［美］阿尔温·托夫勒：《权力的转移》，中共中央党校出版社 1991 年版，第 269 页。

④ 熊春泉、聂佳龙：《数据驱动型竞争异化风险的法律防控研究》，上海三联书店 2021 年版，第 31 页。

的争夺以及利用拥有的数据实现“大利润”。这本无可厚非，但HiQ诉LinkedIn案、脸书数据泄露、脉脉非法抓取使用新浪微博用户信息不正当竞争纠纷案和大众点评诉百度公司不正当纠纷案、阿里巴巴实施二选一、今日头条与腾讯大战、微信断开飞书链接等这些不时见诸报端成为一个又一个社会热点的案（事）件却昭示着一种利用大数据技术对消费者个人数据进行挖掘、分析等来获得相应的信息，并以此来获取竞争优势和不正当利益的不正当竞争行为已经真实地上演于现实之中。由于该种不正当竞争行为是基于数据实施的从而被称之为大数据不正当竞争，即“经营者利用大数据技术对消费者个人数据进行挖掘、分析等所得之信息来获取竞争优势和不正当利益，损害其他经营者和消费合法利益的现象或行为”[①]。

无论是何种不正当竞争行为，也不论是在过去还是现在、将来，它们从来都是站在市场自由竞争秩序的对立面，带来了各种各样的危害。大数据不正当竞争行为亦是如此，它至少带来了消费者隐私被侵犯、消费者面临入侵性广告、经营者之间更易串通限制竞争、虚假宣传等危害[②]。

（三）大数据歧视

上述大数据不正当竞争带来的危害至少说明了大数据犹如一把双刃剑，它让我们在享受更先进更全面的数字服务的同时也承受着数据驱动型竞争异化[③]带来无能为力之痛苦感。如果说这种无能为

① 熊春泉、聂佳龙：《数据驱动型竞争异化风险的法律防控研究》，上海三联书店2021年版，第56页。

② 熊春泉、聂佳龙：《数据驱动型竞争异化风险的法律防控研究》，上海三联书店2021年版，第55—56页。

③ 数据驱动型竞争异化是指“经济主体在通过数据分析和数据价值挖掘改善盈利方式等核心环节而获得独特竞争优势过程中产生的异化”。参见熊春泉、聂佳龙：《数据驱动型竞争异化风险的法律防控研究》，上海三联书店2021年版，第10页。

力之痛苦可以通过重构现有竞争法律制度或建立诸如算法责任制度、消费者个人信息隐身份与被遗忘制度等新的制度[①]得到消解，那么早在20世纪70年代信息社会兴起时，西方理论界中悲观派提出的信息扩展会带来的“电子歧视”[②]则不仅让我们感受到更为深刻的无能为力之痛苦，还会让我们更加悲观地认为无论是重构现有制度还是建立新的制度也无法消解这种痛苦。

为什么会有这种断言或者说这种断言的依据是什么？

以数字形态存在于网络空间的数据是人造的。“数字系统以清晰的方式，和它们根植于其中的文化紧密地融合在一起”[③]，而发展至今的人类文化并没有彻底地消除歧视。“大数据时代，现实社会中的各种人类社会活动规律，甚至人们的喜怒哀乐、基本偏好等，都可以借助移动互联网、大数据、云计算等数字技术进行宏观规律的总结和分析，并且通过系统的复述、勾勒、图谱化和再现，在现实社会的人类面前展现出一个人类行为甚至是整个社会的‘镜像’，这是一个经过重构而形成的‘镜像世界’……人们在观察这个‘镜像世界’时，如同观看自己在镜子中的映像那样。”[④]可以说“镜像世界”是真实社会的“无损（或称等同）”全息表达[⑤]。根据“GIGO（Garbage In，Garbage Out）”定律不难知道，

---

① 参见熊春泉、聂佳龙：《数据驱动型竞争异化风险的法律防控研究》，上海三联书店2021年版，第81—121页。

② 参见郧彦辉：“数字利维坦：信息社会的新型社会危机”，载《中共中央党校学报》2015年第3期。

③ ［英］托马斯·克伦普：《数字人类学》，郑元者译，中央编译出版社2007年版，第2页。

④ 郧彦辉：“数字利维坦：信息社会的新型社会危机”，载《中共中央党校学报》2015年第3期。

⑤ 张玉宏、秦志光、肖乐：“大数据算法的歧视本质”，载《自然辩证法研究》2017年第4期。

大数据所要处理的数据以及所得出的结论无疑会含有歧视因子。当前言及大数据等数字科技的时候，总是将这样的观念——其具有天生的客观性、无感情参与等优点从而结果具有“科学性”——奉为颠扑不破的“真理”。但实际上，“基于隐藏着‘歧视’基因的‘科学’信息、知识而产生的新数据，而这些新数据经过大数据技术分析又会产生新的隐藏着‘歧视’基因的信息、知识等”。[①]更为重要的是在“科学性”的规训下，大数据在成为集体选择的工具的时候也就放弃了我们的自由意志[②]，从而“歧视”被我们奉为了一种“真理”的存在。而这导致的后果无非是反对歧视现象而建构起来的一切制度都会因为存在的土壤被抽掉失去了存在的“意义”。

反对歧视现象制度的出现是人类走向文明的重要体现，它也预示着歧视现象随着人类文明发达而会被逐渐消除。可想而知，若歧视现象在没有得以消除的时候而反对歧视的制度因为大数据的“科学性”“真理性”而被废弃，我们最终得到的无非是一个歧视现象非但没有因大数据而消除反而因大数据得到了加强的真实世界。更为重要的是大数据加强了歧视现象体现为一群人对一群人进行歧视是正常的或者说歧视更不易被感知。也就是说，歧视现象得到了加强的世界是人类自身基于已有的文明相信大数据的优点而主动废弃反对歧视现象制度所导致的，结果是人类文明被大数据所反噬。

---

① 熊春泉、聂佳龙：《数据驱动型竞争异化风险的法律防控研究》，上海三联书店 2021 年版，第 58 页。

② ［英］维克托·迈尔·舍恩伯格、肯尼思·库克耶：《大数据时代：生活、工作与思维的大变革》，盛杨燕、周涛译，浙江人民出版社 2012 年版，第 207 页。

第二节　人工智能的概念与影响

一、人工智能的概念

"人是一根会思考的芦苇"这句出自帕斯卡的名言，它形象地表明了人在本质上与其他生物并没有什么不同，唯一的不同就是人有智能。更为重要的是对我们周遭万物进行观察与分析也证明了这点。那么为什么唯有人拥有智能呢？数千年以来，人类一直在试图理解"一小堆东西怎么就能感知、理解、预测和应对一个远比自身庞大和复杂得多的世界"[①]的奥秘。但有一点是可以肯定的，那就是负责思考的器官是人脑。"人脑是一个极其复杂的庞大系统，同时它又是一个功能非常完善、有效的系统。它不但能进行大规模的并行处理，使人们在极短的时间内就可以对外界事物作出判断和决策，而且还具有很强的容错性及自适应能力，善于联想、类比、归纳和推广，能不断地学习新事物、新知识，总结经验，吸取教训，适应不断变化的情况等。"[②]经过多年的研究，神经生理学家们发现人脑的智能活动是神经系统中神经元组合的结果。所谓的神经元是生物神经元的简称，它由细胞体、轴突和树突三部分组成，其中由细胞核、细胞质和细胞膜等组成的细胞体负责神经元的新陈代谢和接收并处理从其他神经元传递过来的信息，轴突与树突分别相当于神经元的输出电缆与神经元用于接收传来的神经冲突的输入端。

尽管这些发现并未全部揭示出人脑的奥秘，但却导致了人工神

---

① ［美］斯图尔特·罗素、彼得·诺维格：《人工智能：一种现代方法》（第 2 版），姜哲等译，人民邮电出版社 2010 年版，第 3 页。

② 王永庆：《人工智能原理与方法》，西安交通大学出版社 2018 年版，第 412 页。

经网络的诞生。所谓人工神经网络是模拟人脑神经系统功能和结构由人工神经元、处理元件、电子元件、光电元件等这些大量处理单元经广泛互联而成的人工网络。人工神经网络由于具有能较好处理人的形象思维，较强的容错能力、联想能力与学习能力以及大规模并行协同处理能力等特性，因而它的出现以及发展推动了人工智能从理念变成了现实。

何为人工智能？就目前学界关于人工智能的研究文献看，有的界定为“像人一样思考的系统”“像人一样行动的体统”，还有的界定为“理性地思考的系统”“理性地行动的系统”，但是斯图尔特·罗素与彼得·诺维格对这些定义分析后，认为将人工智能界定为理性智能体（agent）的设计过程比较恰当①。智能体是某种能够行动的东西，而理性智能体则是“通过自己的行动获得最佳结果，或者在不确定的情况下，获得最佳期望结果”②。在实务界，微软认为“人工智能是赋予计算机感知、学习、推理即协助决策的能力，从而通过与人类相似的方式来解决问题的一组技术”③。无论怎样定义人工智能，但有一点可以确定的是人工智能拥有一直为人类所独有的理性。基于此，人工智能可以广义地被理解为拥有理性的人造物。

二、人工智能的影响

人工智能拥有理性意味着其具有了在某种程度上能够取代人的

① ［美］斯图尔特·罗素、彼得·诺维格：《人工智能：一种现代方法》（第2版），姜哲等译，人民邮电出版社2010年版，第4—6页。

② ［美］斯图尔特·罗素、彼得·诺维格：《人工智能：一种现代方法》（第2版），姜哲等译，人民邮电出版社2010年版，第5页。

③ 沈向洋、［美］施博德：《计算未来：人工智能及其社会角色》，北京大学出版社2018年版，第4页。

功能[①]。这一功能对于人类而言既是好事也是坏事，例如人工智能有能力帮助社会攻克贫困、疾病、可持续发展与社会包容性等最为艰巨的挑战[②]，但也带来了隐私泄露等挑战。显然这些列举的并非人工智能所带来的影响的全部。那么人工智能究竟会给人类带来哪些积极的影响和负面的影响无疑是一个需要去追问的问题。可以肯定的是，这些列举的积极的与消极的影响都取决于人工智能取代人的程度。学界一般认为，人工智能沿着“弱人工智能—强人工智能—超人工智能”路径发展，如果发展到了超人工智能阶段则几乎意味着人能做的事情人工智能都可以做。尽管有学者预测超强人工智能阶段会在2060年左右到来，尽管当今距离2060年并非太遥远，但就目前而言预测人工智能能够在多大程度上取代人无疑还是困难的。于是，与其去预测人工智取代人的程度，还不如就显见的没有争议的共识去揭示人工智能积极的、消极的影响。

可以确定，人工智能具有人所无法比拟的功能。具体而言，人工智能在速度、容量、可复制性与感觉系统方面超越了人脑[③]。据研究表明，人脑中的神经元工作的速度比较低（工作速度是千分之一秒）、人脑皮层的容量是有限的，人脑耗费比较长的时间学习才能在人脑皮层中建立可复制的模型，以及根植于基因、身体与大脑皮层下面的神经网络里的感知世界的方式是无法改变的。而人工智能中的硅工作速度至少是神经元的100万倍，容量随着技术的进步可以无限制扩容。此外，人工智能中的芯片以及其他存储器可以不

---

① 聂佳龙：“基于正义标准复杂范式分析的人工智能时代法律构建”，载魏远山、张贵昊：《湘江青年法学·第四卷》，湘潭大学出版社2019年版，第41页。

② 沈向洋、[美]施博德：《计算未来：人工智能及其社会角色》，北京大学出版社2018年版，第18页。

③ [美]杰夫·霍金斯、桑德拉·布拉克斯莉：《人工智能的未来》，贺俊杰、李若子、杨倩译，陕西科学技术出版社2006年版，第213页。

断地复制，不需要长时间学习，以及感知方式可以改变，即可以通过由人全新设计的感知方式来感知世界。这些超越决定了人工智能被用来完成人脑所要完成的同样任务具有更快、更高效、更经济的特点[①]。这也就决定了在人工智能技术广泛应用的时代，效率相比现在而言会有大幅度的提升。事实上，“人工智能系统不仅能调高效率和生产力，还能创造具有更高价值的服务，驱动经济增长”[②]。

效率大幅度的提升意味着能够以较少的投入获得更多的社会财富，而社会财富的丰富一直都是人类孜孜以求的目标。由此，人工智能时代的到来按理说应该是一件值得欢呼的事情。但是不要忘记，“所有技术进步都有代价，技术引起的问题比解决的问题多，有害和有利的后果不可分离，所有技术都隐含着不可预见的后果”[③]。尽管历史已经无数次证明了人们在新技术在出现之初所想象的可怕情形，并未成为现实，但是目前人工智能使人们感到恐慌并非是杞人忧天。以往新技术的出现并最终取代旧技术，在某种意义上讲是技术的升级，技术操作者依然是人类从而并没有出现很多人失业的后果。于是，从这一角度看，人工智能所具有的取代人的功能意味着其能够取代人类所从事的某些工作，从而在人工智能时代很多人失业是自然而然的。这一判断，不免有人提出这样的质疑：通过类比过去，虽然“每种新技术的产生，无不伴随严峻的失业信号……但事实是，相较被淘汰的职业，新技术创造的职业更多。以蒸汽机为例，蒸汽机的发明促进了蒸汽机的产生，进而推动了以农

① ［美］杰夫·霍金斯、桑德拉·布拉克斯莉：《人工智能的未来》，贺俊杰、李若子、杨倩译，陕西科学技术出版社 2006 年版，第 213 页。

② 沈向洋、［美］施博德：《计算未来：人工智能及其社会角色》，北京大学出版社 2018 年版，第 58 页。

③ 吴国盛：《技术哲学经典读本》，上海交通大学出版社 2012 年版，第 25 页。

村人口为主的农业社会，过渡到以制造业和交通运输业为主的城市型社会。这一转变也改变了人们工作的方式、时间和地点”①，而且这样例子还有很多很多；总而言之，一项新技术的出现都会创造出与之相对应的行业、岗位等，同样地，人工智能在未来的普遍运用，定会有相应的行业、岗位的出现。不可否认的是，当前人工智能的发展是难以阻止的，而且就未来发展趋势而言人工智能有可能超越人类智能，人类智能能够胜任的工作，人工智能绝对有能力应对，“以前可以自认为比蓝领工人社会等级更高的白领脑力劳动者，如今也变成了新的随时可能被机器所替代的劳工”②。也就是说，因人工智能的普遍运用而创造出的新行业、新岗位等并不会像以往技术革命那样完全是给人类预留的。2018 年时任微软全球执行副总裁沈向洋博士和微软公司总裁施博德先生坦言：“虽然我们尚不能断言人工智能是否会比以前的技术进步更具有破坏力，但人工智能对职业和就业的影响是毋庸置疑的。就像之前的重大技术变革时期一样，目前我们也很难预测究竟有多少职业将受波及。牛津大学一份被广泛引用的研究报告声称，受计算机化影响，将有 47% 的岗位面临失业风险。世界银行在一项研究中预测，经济合作发展组织成员国 57% 的职业可能实现自动化。最近一篇关于机器人与职业的论文中，研究人员指出，每使用一台机器人，就会造成就业率下降 6.2%，工资下调 0.7 百分点。”③ 至此，可以有理由这样认为：尽管现在我们还难以知晓人工智能将会带来哪些消极的影响，但至少

---

① 沈向洋、[美]施博德：《计算未来：人工智能及其社会角色》，北京大学出版社 2018 年版，第 56 页。

② 郑戈：《人工智能与法律的未来》，载《探索与争鸣》，2017 年第 10 期。

③ 沈向洋、[美]施博德：《计算未来：人工智能及其社会角色》，北京大学出版社 2018 年版，第 58—59 页。

可以肯定地说人工智能带来生产力提高的同时也产生了至少如失业这样的有害的后果或副作用。

从本质上讲，人工智能带来的有害后果或副作用——如前已述及的失业——意味着只有当个人能力超越了人工智能时才能得到发挥到最大化的机会。但就人工智能发展趋势而言，显然这是不现实的。就目前而言，人工智能普及率不高除了技术原因外，另一个重要的原因是人力成本低于使用人工智能的成本。随着技术的进步，使用人工智能的成本终究会下降，从而现在的人力成本低的优势也将会消失。在我们目前还不能摆脱基于劳力—工资的经济模式情况下，不能排除有的社会成员出于生存的目的被迫自我降低人力成本来获得与人工智能竞争优势的可能。从目前的标准看，这种竞争将会导致有些社会成员所付与所获并不能相适或相称。

凭直觉所付与所获并不能相适或相称与正义不相符，因为有人将正义表述为这样：它是"给每个人属于他自己所应得的永恒不变的意志"[①]或者是"使每个人获得其应得的东西的人类精神意向"[②]。但基于不能确保直觉是百分之百可靠的理由，对于所付与所获并不能相适或相称是否与正义相符还得有充分的论证。逻辑上讲，首先要明确何为正义。凯尔逊在《什么是正义》一文中指出："为了正义的问题，不知有多少人流了宝贵的鲜血和痛苦的眼泪，不知有多少杰出的思想家，从柏拉图到康德，绞尽了脑汁；可是现在和过去一样，问题依然未获解决。""我［作者］以什么是正义的问题作本文的开端，即提出什么是正义的问题，现在在结尾时我觉

① 《学说汇纂》(第1卷：正义与法 · 人的身份与物的划分 · 执法官)，罗智敏译，中国政法大学出版社2008年版，第13页。

② ［美］埃德加 · 博登海默：《法理学：法律哲学与法律方法》，邓正来译，中国政法大学出版社1999年版，第277页。

得没有回答这个问题。的确，我不知道也不能说什么是正义，即人类所渴望的绝对正义。”[①] 由此，对正义下定义无疑是一种冒险。既然给正义下定义是一种冒险，那么也就是说难以通过给正义下定义这种方式来获得正义的标准。

本杰明·N. 卡多佐有言：“定义是种冒险，描述却可以提供帮助。”[②] 而能够给我们提供描述素材的是《正义论》。在《正义论》一书中，罗尔斯认为，社会基本结构是正义的主要问题，因而通过制度安排“所有的社会基本善——自由和机会、收入和财富及自尊的基础——都应被平等地分配”[③]。此种正义的实现有一个必要的条件，即初始的公平。为了实现这一条件，罗尔斯设置了“无知之幕 + 相互冷淡”的原初状态，由此引申出两个正义的原则，“第一个原则：每个人对与其他人所拥有的最广泛的基本自由体系相容的类似自由体系都应有一种平等的权利。第二个原则：社会的和经济的不平等应这样安排，使它们被合理地期望适合于每一个人的利益，并且依系于地位和职务向所有人开放”[④]。按照罗尔斯的说法，第一个原则适用于权利和义务的分配，社会分配的首先问题是“基本权利和义务的分配”[⑤]；第二个原则“大致适用于收入和财富的分配，以及对那些利用权力、责任方面的不相等或权力链条上的差距

---

① [奥] 凯尔逊：《什么是正义》，耿淡如译，载《现代外国哲学社会科学文载》，1961年第8期。

② [美] 本杰明·N. 卡多佐：《法律的成长　法律科学的悖论》，董炯、彭冰译，北京：中国法制出版社2002年版，第16页。

③ [美] 约翰·罗尔斯：《正义论》，何怀宏等译，中国社会科学出版社1988年版，第292页。

④ [美] 约翰·罗尔斯：《正义论》，何怀宏等译，中国社会科学出版社1988年版，第60—61页。

⑤ [美] 约翰·罗尔斯：《正义论》，何怀宏等译，中国社会科学出版社1988年版，第85页。

的组织机构的设计”[①]，其包含“平等地开放”与效率原则[②]、差别原则的内容[③]。其中，差别原则“不等同于补偿原则……它改变社会基本结构的目标，使整个制度结构不再强调社会效率和专家治国的价值”[④]。

对上述罗尔斯教授的正义理论内容进行分析，不难发现正义应该至少包含了这样几方面有层次的内容：（1）平等地分配基本权利和义务，除非对其中某一基本权利和义务或所有的基本权利和义务的不平等分配合乎所有社会成员的利益；（2）在既定的基本权利和义务的社会语境下，社会以效率原则追求社会财富最大化，社会成员获得与所付相称或者相适的所得；（3）当社会以效率为原则的制度安排无法保证社会成员所付与所获相适或相称目标时，需利用差别原则来改变社会结构的目标——效率。

与正义的内容对应，其也应该有这样几个有层次的标准。（1）同一性标准。从哲学上讲，“人是一种能够意识和认识到同一并积极追求某些同一的存在物……人的同一性存在这一本质规定意味着，一个社会如果缺乏对人之同一性的必要关注和尊重，那么它必然带来社会的普遍不满，必然造成社会动荡”[⑤]。由于基本权利和义务的

---

① ［美］约翰·罗尔斯：《正义论》，何怀宏等译，中国社会科学出版社 1988 年版，第 61 页。

② 从经济学看，罗尔斯所言的效率标准是具有帕累托改进的意义的。所谓的帕累托改进指的是指在某种经济境况下如果可以通过适当的制度安排或交换，至少能提高一部分人的福利或满足程度而不会降低所有其他人的福利或满足程度。本文中的效率标准也是具有帕累托改进的意义的。

③ ［美］约翰·罗尔斯：《正义论》，何怀宏等译，中国社会科学出版社 1988 年版，第 65 页。

④ ［美］约翰·罗尔斯：《正义论》，何怀宏等译，中国社会科学出版社 1988 年版，第 102 页。

⑤ 易小明、曹晓鲜：《正义的效率之维及其限度》，载《哲学研究》，2011 年第 12 期。

分配是社会分配的首要问题，而权利预设了“该社会相信它的所有成员生而平等，他们有权利受到平等的关心和尊重”[①]的内容，由此社会首先必须将所有社会成员视为同一的存在物，从而按照同一性标准分配基本权利和义务。（2）效率标准，即在既定的基本权利和义务分配的社会中承认个体能力差异性，以及允许个体利用社会认可的一切手段、方法等将其个体能力发挥到最大化，从而获得与个体能力对等化的分配结果。（3）差别性标准。该标准的作用是矫正，即社会以效率为目标没有实现社会成员所付与所获相适或相称目标时通过对同一标准进行矫正，从而实现社会成员所付与所获相适或相称目标。

至此，可以肯定地说所付与所获并不能相适或相称与正义不相符，确切地是与正义标准中的差别性标准不相符。基于此，人工智能给社会存在带来的影响可以更为抽象地表述为：它符合了正义标准中的效率标准但也因此违背了差别性标准。

第三节 区块链的一般描述与影响

一、区块链的一般描述

论技术出现的时间长度，区块链的历史比起大数据与人工智能显然要短得多。但在思想渊源区块链并不会比大数据与人工智能短甚至比它们还要长。这是因为区块链与密码相关，而密码历史可以追溯到古代的隐写术（steganography，或者 covered writing）[②]。当

① ［美］罗纳德·德沃金：《认真对待权利·中文版序言》，信春鹰、吴玉章译，上海三联书店 2008 年版，第 16 页。

② 所谓隐写术指的是在一段文字、图片或者其他实物嵌入排列一些词汇或者字母，以此来隐含所要表达的真正意思，比如藏头诗、藏尾诗、漏格诗等。

然，区块链与密码相关在根本上是互联网的发展导致的结果。众所周知，为了满足计算需要而产生的计算机们在互联网诞生之前彼此是相互孤立，也就是说它们并不能交换信息。“1964 年 8 月，在经过多年研究后，兰德公司的研究人员保罗·巴兰（Paul Baran）声称取得了突破。依靠所谓的分组交换技术（packet switching），巴兰能将信息的各个片段，从一台计算机发送到另一台计算机，并将这些片段重组封装成信息，这几乎像魔术一样。”① 基于巴兰这一研究成果，美国国防部高级研究计划署（Advanced Research Project Agency）创建了阿帕网（APRAnet）。此后随着新兴网络力量壮大以及 TCP/IP 和 DNS（Domain Name Service）等技术的发展，最终形成了通过代码方式将计算机连接在一起的互联网。此时的互联网基本上采用的是“客户端—服务器端”模式。此种模式“主要由早期的互联网公司掌握，上面可以运行一个或多个计算机程序，也可以用来托管网站和各种应用，互联网用户则通过他们的客户端访问这些服务。在这一模式中，信息流通常是单向地从服务器端流向客户端。服务器端可以与客户端共享资源，但客户端却通常不能与服务器端或使用该服务的其他客户端共享资源”②。这种模式最大的优点就是相对安全。在计算机科学中将任何危及网络系统信息安全的活动界定成为了免受攻击必须通过某些安全机制如通过密码学等安全技术向用户提供一定的安全服务。因此，可以说出于信息安全的目的，互联网自诞生起就必然要与密码产生联系。

虽然“客户端—服务器端”模式有着相对安全的优点，但缺点

① ［法］普里马韦拉·德·菲利皮、［美］亚伦·赖特：《监管区块链：代码之治》，卫东亮译，中信出版社 2019 年版，第 5 页。

② ［法］普里马韦拉·德·菲利皮、［美］亚伦·赖特：《监管区块链：代码之治》，卫东亮译，中信出版社 2019 年版，第 8—9 页。

也相当明显：如果因为某个集中管理的服务器关机、破坏等原因则会导致运行在该服务器上的一切服务与应用完全停止。申言之，导致该缺点的根源是信息的传递依赖于中心化服务器。于是，想要克服这一缺点就是去中心化。在这一思想的指导下，不再依赖于中心化服务器的基于 P2P（peer-to-peer）协议的网络应运而生。

尽管基于 P2P 协议的网络克服了信息的传递依赖于中心化服务器的缺点，但依然需面对确保信息安全的问题。“去中心化的点对点网络的设想，在一群对公私密码学的进展非常着迷的密码学家及技术专家之间形成了共鸣。这些自称‘密码朋克’的人认为，点对点网络和加密技术的强大力量，可以抵制对个人自由的侵蚀，释放人类天性。”① 于是，在 P2P 协议从设想到逐渐成熟过程中，非对称密码体制、数字签名与公私钥加密等密码技术也得到了极大的发展。这些技术确保了信息传递依赖于中心化服务器且安全的要求。基于此，朋克们与其他密码学家试图将这些技术建议开发一个新型的货币系统。最终于 2018 年署名为中本聪（Satoshi Nakamoto）的开发者（们）成功地实现了这一愿望：创建了一个不需要中心机构运行的数字货币——比特币。伴随比特币的火爆，区块链这项数字技术越来越被大众所熟悉。

从上面论述中不难知道，所谓区块链其实就是一种集成了 P2P 协议、非对称加密、数字签名与公私钥加密等技术的一种数字技术。具言之，区块链有狭义与广义之分，狭义区块链指的是“一种按照时间顺序将数据区块相互连接组合成一种链式数据结构，并以密码学方式确保不可篡改和不可伪造的分布式账本（分布式数据

① ［法］普里马韦拉·德·菲利皮、［美］亚伦·赖特：《监管区块链：代码之治》，卫东亮译，中信出版社 2019 年版，第 10 页。

库）”，而广义区块链则是指“利用块链式数据结构来验证与存储数据，利用分布式节点共识算法来生成和更新数据，利用密码学方式确保数据传输和访问的安全，利用由自动化脚本代码组成的智能合约来编程和操作数据的一种全新分布式基础架构与计算范式”[①]。但不论对区块链进行怎样的界定，其本质上就是一种通过去中心化与去信任化的方式由集体维护的一个可靠数据库的系统[②]。由此，区块链至少有如下两个突出的特点：

其一，去中心化。区块链技术是建立在分布式网络基础上，该种网络结构使得数据不是集中存储在某个数据中心，而是分散于每一个节点的副本中。这样就实现了去中心化的目的。

其二，去信任化。区块链技术通过技术规则加持，任何一个节点副本中的数据修改必须在其他所有参与节点在共识机制作用下共同决定，数据修改后所有副本会同步更新。于是，任何节点恶意欺骗系统的行为都会遭受其他节点的排斥，从而保证了节点是忠诚的，不作恶的，实现了不依赖任何人便可在节点之间建立信任关系。

除了去中心化与去信任化这两个特点，区块链还有信息不可篡改性、自治性、匿名性、开放性、弹性、不可否认等特点[③]。这些特点支持了区块链可以应用于广阔的领域，从而对社会存在产生深刻的影响。

---

① 胡向东、魏琴芳、胡蓉：《应用密码学》（第 4 版）电子工业出版社 2019 年版，第 202—203 页。

② 聂佳龙、丁志兵：《利用区块链实现民营企业信息用精准画像的法学思考》，载《老区建设》2019 年第 16 期。

③ 参见［法］普里马韦拉·德·菲利皮、［美］亚伦·赖特：《监管区块链：代码之治》，卫东亮译，中信出版社 2019 年版，第 29—40 页。胡向东、魏琴芳、胡蓉：《应用密码学》（第 4 版）电子工业出版社 2019 年版，第 203—204 页。

二、区块链的影响

区块链被认为是继大型机、个人电脑、互联网、移动/社交网络后又一次计算范式的颠覆式创新。尽管当前区块链在金融领域得到了成功应用[①]，但随着其发展会发现在社会公共领域同样有用武之地[②]，甚至美国前国务卿希拉里·克林顿在2016年6月的竞选总统的演讲中呼吁"在公共服务部门采用区块链技术"[③]。这点可以从破解现行人大代表联系群众制度困境与民营企业融资难问题得到相应的例证。

（一）区块链与现行人大代表联系群众制度困境的破解

党的十九大提出，不断完善人民代表大会制度，使各级人大及其常委会成为同人民群众保持密切联系的代表机关。该目标的实现重要途径之一是人大代表必须同人民群众保持密切联系，因为其不仅仅是人民代表大会的本质要求，而且对于坚持与完善人民代表大会制度有着十分重要的意义[④]。然而，由于现实中存在群众对人大代表的认同感不强、联系方式规范化不够与联系场所建设滞后等原因[⑤]，导致人大代表联系群众制度难以完全发挥其应有的作用。人

① 根据Melanie Swan著的《Blockchain：Blueprint for a New Economy》一书，区块链技术技术发展分为区块链1.0、区块链2.0和区块链3.0三个阶段。区块链1.0阶段关注的是数字货币及其市场影响，区块链2.0阶段关注的是智能合约的业务价值，区块链3.0阶段则是万物互联的"区块链+"时代。当前，正在从区块链2.0向区块链3.0迈进。见Melanie Swan. Blockchain：Blueprint for a New Economy，Sebastopol，CA：O'Reilly Media，Inc，2015.

② 聂佳龙："基于区块链技术的人大代表联系群众制度变革论纲"，载刘妍、徐宏：《湘江青年法学·第五卷》湘潭大学出版社2020年版，第26页。

③ 搜狐网，http://www.sohu.com/a/107983431_286863，2018年5月4日访问。

④ 汪铁民：《代表联系群众：从实践创新到制度跟进》，《中国人大》，2014年第8期。

⑤ 湖南省完善人大代表联系群众制度研究课题组：《完善人大代表联系群众制度的对策》，《人大研究》，2014年第3期。

大代表联系群众在本质上是互动。互动意指“在场的或在影响范围内的成分、物体、对象或现象相互改变对方行为和性质的作用”，它建立关系，生成形式和组织[①]。由于组织的内核是“动作的相关性和反馈，而反馈则使系统变成一个回环”，而该回环“构成关系、形式、形态和定势，而它们则循环着反身构成组织”[②]。简言之，互动必然会形成一个回环的系统，且该系统中的组织成为了对自己进行组织的组织。从这个角度看，人大代表联系群众制度难以发挥应有作用与群众—人大代表的互动系统有着某种内在的关联性。

根据《全国人民代表大会和地方各级人民代表大会代表法》（以下简称《代表法》）规定——代表应当采取多种方式经常听取人民群众对代表履职的意见，回答原选区选民或者原选举单位对代表工作和代表活动的询问，接受监督；在本级人民代表大会会议期间，人大代表在出席会议前听取人民群众的意见和建议；在本级人民代表大会闭会期间，代表可以通过多种方式听取、反映原选区选民或者原选举单位的意见和要求。从内容看，在群众—人大代表互动机制中，人大代表在一定的范围内有权决定与群众互动的频度。基于权力的天然膨胀性，群众—人大代表互动机制会导致人大代表的履职并非完全被群众所监督。据此可以说，群众—人大代表互动并未形成一个完整的回环的系统。

由于群众—人大代表互动并未形成一个完整的回环的系统，因而这种系统必然带来这样两个特征：群众—人大代表互动模式所带来的中心化系统，其运行状况是主要取决于人大代表这个中心与群

① ［法］埃德加·莫兰：《方法：天然之天性》，吴泓渺、冯学俊译，北京大学出版社2002年版，第31页。

② ［法］埃德加·莫兰：《方法：天然之天性》，吴泓渺、冯学俊译，北京大学出版社2002年版，第130—131页。

众高度信任人大代表并不表明群众—人大代表互动模式是完善的[①]。这两个特征导致在人大代表联系群众制度中，由于在群众—人大代表互动模式所带来的中心化系统中人大代表居于中心位置以及群众与国家机关不连接，从而引致人大代表联系群众制度容易陷入“安危成败系于人大代表一身”的困境。如果一旦人大代表联系制度陷入该困境之中，更多地是意味着落入了人治的窠臼。“人们需要的与其说是好的人，还不如说好的制度……我们渴望得到好的统治者，但历史的经验向我们表明，我们不可能找到这样的人。正因为这样，设计使甚至坏的统治者也不会造成太大的损害的制度是十分重要的。”[②]于是，如何破解该困境是我们必须要予以正视的问题。

破解人大代表联系群众制度困境，无论是按照想当然的逻辑还是按照思维惯性，都会指向完善人大代表联系群众制度。此种思路本身没有什么问题，但“完善到何种程度才能破解困境”的质疑则是无法回避的。避免此种质疑最好的办法就是抽掉其产生的土壤。前面已述及，人大代表联系群众制度困境的形成根源是在群众—人大代表互动模式中人大代表居于中心位置以及群众与国家机关不连接引致群众高度信任人大代表。区块链技术具有去中心化与去信任化特征，从而为破解人大代表联系群众制度困境带来了新机遇。具体来说，主要是基于以下三方面的理由：

其一，区块链可以破解人大代表与群众地位不对等的问题。在中心化结构中，中心对整个系统拥有控制权，从而与节点处于不对等的地位。在现实中，有些人大代表认为代表身份是因为本职工作出色而获得的一种荣誉，从而滋生了“联系不联系一样，联系多联

① 聂佳龙：“基于区块链技术的人大代表联系群众制度变革论纲”，载刘妍、徐宏：《湘江青年法学·第五卷》湘潭大学出版社 2020 年版，第 23—24 页。

② ［英］卡尔·波普：《猜想与反驳》，傅季重等译，上海译文出版社 1996 年版，第 549 页。

系少一样”的消极意识。此种消极意识必然会导致人大代表联系群众制度难以发挥应有的作用。想要发挥人大代表联系群众制度的作用，多中心是必须的。“‘多中心的’意味着许多个决策中心……以相互协调和可预测的互动行为模式发挥作用”① 区块链作为一种分布式账目系统，实现了任何节点都可以直接连通与交互，且每一个节点都有机会在系统中自动涌现为中心。更为重要的是，区块链通过 P2P 技术让每一节点“享有在区块链上进行数据读取、记账、存储等权利，承担网络路由、数据验证、新节点识别等义务”②，从而保证了节点能够平等地参与系统的管理等任务。因此，可以说区块链技术有助于解决人大代表与群众地位不对等的问题。

其二，区块链可以破解群众要足够信任人大代表的问题。制度经济学研究表明，信任可以降低交易费用成本。于是，双边或多边的交互行为都依赖于一个充当“被信任”的中介组织，并且受其制约。“被信任”意味着参与者对中介组织要有足够的信任。具体到人大代表联系群众制度，人大代表由于处于中心位置，充当了“被信任”的中介组织的角色，从而要求群众对其要有足够的信任。“有智慧的人通常都知道有一种保障措施，它对一切都有好处、都安全，尤其有利于民主而抵制专制。它是什么？不信任”③，因此“没有任何事业、任何公职、任何职业被看作是值得信任的，除非在每一具体的场合都揭示令人满意的信任基础”④。无论是从人民代表大会制度是实现社会主义民主的基本形式与人性等理论角度还是从当

① 曹荣湘：《生态治理》，中央编译出版社 2015 年版，第 172 页。

② 张毅、肖聪利、宁晓静：《区块链技术对政府治理创新的影响》，《电子政务》，2016 年第 12 期。

③ 上官酒瑞：《国外政治信任研究的历史进程与理论聚焦》，上海行政学院学报，2011 年第 4 期。

④ ［德］卡尔 · 雅斯贝斯：《时代的精神状况》，王德峰译，上海译文出版社 2003 年版，第 67 页。

前群众认为“找人大代表不如上访”所反映出的信任危机事实[①]角度看，都能证明不信任人大代表的合理性。在区块链技术建构的信用体系中，信任关系是通过程序算法与数学原理建立的，而且系统的运行规则是公开透明的，任何人都能看到同一个账本。这也就保证了群众对人大代表即便是没有足够的信任也能建立信任关系。

其三，区块链可以破解群众与人大代表话语权失衡的问题。从理论上讲，人大代表与群众的关系是委托关系[②]。这也就决定向国家有关机构反映诉求的决策应该是人大代表与群众在平等沟通、协商而作出的。此种决策意味着共识。共识意味着决策主体之间不存在隔膜。然而，在现实中由于人大代表与群众的关系存在隔膜[③]，导致群众与人大代表在国家政治生活中存在话语权失衡的问题。“话语即权力”[④]，而权力则“可被看成一种不顾阻力而实现人们意志的可能性，或者说是一种对别人行为产生预期影响的能力”[⑤]。人大代表掌握话语权意味着存在可能为了自己的利益而导致决策中心单一化的风险。信息共享是促使群众与人大代表话语权平衡的最佳方式。区块链技术的共识机制可以促使人大代表与群众在遵守统一协议的前提下针对数据的有效性达成共识，“区块 + 链 = 时间戳”的数据结构则可以为群众“追本溯源查找记录、验证每一笔数据，区块记录和时间戳可以作为数据的存在性证明，形成不可篡改和伪造

---

① 湖南省完善人大代表联系群众制度研究课题组：《完善人大代表联系群众制度的对策》，《人大研究》，2014 年第 3 期。

② 温辉：《代表与选民的关系》，现代法学，2001 年第 2 期。

③ 吴鹏飞：《密切人大代表与选民关系的几点设想——以我国基层人大为例》，云南行政学院学报，2009 年第 2 期。

④ 转引自郑乐平：《超越现代主义和后现代主义——论新的社会理论空间之建构》，上海教育出版社 2003 年版，第 6 页。

⑤ ［英］罗杰·科特威尔：《法律社会学导论》，潘大松等译，华夏出版社 1989 年版，第 131 页。

的证据”[①]。由此，不难知道，这些技术由于能够保证信息共享从而可以促使群众与人大代表话语权的平衡。

（二）区块链与村民营企业融资难问题的破解

2018年11月11日，习近平总书记在民营企业座谈会上发表的讲话指出经过改革开放40年的发展，我国民营企业从小到大，由弱变强，已成为了推动我国发展不可或缺的力量[②]。我们在看到我国民营经济取得的成就的同时，更应该看到当前民营企业较为普遍地面临着融资高山等这样的事实。有关实证研究表明，民营企业因自身资产规模较小等原因而缺乏良好的信用背书是导致其融资难的主要原因[③]。其实这并不难理解，由于具有“为得到或提供货物或服务后并不立即而是允诺在将来付给报酬的做法”与“一方是否通过信贷与另一方做交易，取决于他对债务人的特点、偿还能力和提供担保的估计”[④]这样两层含义，从而信用有保障市场交易主体获得相应的交易机会与保障相对人基于信用状况选择交易策略的作用。于是，民营企业缺乏良好的信用背书，银行等信贷机构出于自身风险承受能力的考量选择拒贷或者是信贷额度较低自然是最优的策略选择。当前对于绝大多数民营企业而言，“流动性资金需求远远大于投资性资金需求，技术升级资金需求远大于产能扩张资金需求，流动性融资扩张需求强烈”[⑤]。于是，融资难问题的存在势必会

① 张毅、肖聪利、宁晓静：《区块链技术对政府治理创新的影响》，《电子政务》，2016年第12期。

② 习近平：在民营企业座谈会上的讲话［EB/OL］. http://www.gov.cn/gongbao/content/2018/content_5341047.htm，2022年1月2日访问。

③ 刘旭伟：《对民营企业有效融资需求及供给状况的调研报告——以山西省为例》，载《国际金融》，2019年第5期。

④ ［英］戴维·M. 沃克：《牛津法律大辞典》，李双元等译，光明日报出版社1989年版，第225页。

⑤ 佟连洪、金兵兵：《信用增进纾解民营企业融资难》，载《征信》，2019年第4期。

制约民营企业的发展与壮大，以及民营经济的高质量发展。

当前我国金融领域的主要矛盾之一是“宽货币、紧信用”①。这决定了以信用为切入点实现农村民营经济高质量发展是当前我国必须予以解决的问题。Jaffee & Rusell（1976）、Keeton（1979）等学者的研究表明，在信贷市场信贷关系的建立中存在着信息不对称，而银行等金融机构处于信息劣势。信息不对称的存在导致在均衡中，金融机构可能都存在超额的资金供给，但是它们不愿意再降低利率②。在经济学中，“和普通商品一样，信息也是一种很有价值的资源，它能够提高经济主体的效用和利润”③，从而信息不对称还会导致逆向选择。“当市场存在大量逆向选择时，为保证市场交易的效率，市场参与者或者说买卖双方均需要支付一定成本使交易活动能够实现，这样支付的一定成本往往是以市场信号的成本形式体现出来的”，其中所谓的信号是指“那些可以被其他市场参与者观察，且在市场上传递信息的个体的行为特征”④。根据美国诺贝尔经济学奖获得者迈克尔·斯彭斯（A. Michael Spence）的研究，信号发送方式的边际成本低是信号发送出去的条件。

对于民营企业而言，信号发出去的目的是为了解决融资的问题。逻辑上讲，民营企业能够融到资主要取决于其信用状况与金融机构对该状况的评判这两方面的因素。任何评判都是依据一定数量信息而作出的。金融机构对民营企业信用的评判亦需要一定数量的

① 孙树强、张新宜：《宽货币、紧信用背后的逻辑及民营企业融资问题浅析》，载《清华金融评论》，2018 年第 12 期。

② 谢康、乌家培：《阿克洛夫、斯彭斯和斯蒂格利茨论文精选》，商务印书馆 2002 年版，第 118 页。

③ 高鸿业：《西方经济学（微观部分）》（第四版），中国人民大学出版社 2007 年版，第 396 页。

④ 谢康、乌家培：《阿克洛夫、斯彭斯和斯蒂格利茨论文精选》，商务印书馆 2002 年版，第 4 页。

信息。民营企业特别是中小型民营企业所能够提供的担保措施较为有限，这是不争的事实。更为重要的是根据有关调查，中、小型民营企业不仅违约率高而且存在较多的恶意逃债行为①。这些信息叠加导致的后果是在当前从信用的角度实现民营经济高质量发展的着力点应该侧重于金融机构对民营企业信用的评判，因为信用作为民营企业获得融资信号发送的边际成本较高。

由于“一方是否通过信贷与另一方做交易，取决于他对债务人的特点、偿还能力和提供的担保的估计”②，从而金融自诞生之日起便与信用相联系。此外，作为企业法人的金融机构，如何盈利以及如何保证盈利是它们首要关心的问题，这更加凸显了信用的重要性。于是，从理论上讲金融机构必须精准地评判民营企业的信用。根据前面所述，我们不难知道金融机构能否精准地评判民营企业信用的关键在于能否破解金融机构与民营企业之间的信息不对称问题。从信息来源的角度看，金融机构与民营企业之间的信息不对称问题破解取决于金融机构搜寻到的信息量与民营企业提供的信息量。人是理性的自身满足度的最大化者，从而人类的一切行为都蕴含着追求自身效用最大化的动机与目的③。由一群（些）人所组成的民营企业亦是如此。基于此，民营企业有着天然地隐瞒信息的动机。这就决定了金融机构与民营企业之间拥有的信息量无限接近对称是常态。既然是常态，那么金融机构对民营企业信用的评判只能是画像式。由此，金融机构精准地评判民营企业的信用的实质性核

① 韩春明：《经济周期中我国民营企业融资问题研究》，首都经济贸易大学 2014 年硕士论文。

② ［英］戴维・M. 沃克：《牛津法律大辞典》，李双元等译，光明日报出版社 1989 年版，第 225 页。

③ 熊春泉、聂佳龙：《大数据时代中国法治建设——一种立法视角的分析》，中国政法大学出版社 2017 年版，第 49 页。

心问题其实是民营企业信用的精准画像。

既然民营企业信用精准画像是实现民营经济高质量发展之需，那么更为重要的问题则是如何给民营企业信用进行精准的画像。当前，由于大数据、人工智能等技术迅猛发展，可以说是大数据时代，也可以说是人工智能时代，等等。于是，在当前想要实现民营信用精准画像之目的不得不考虑大数据、人工智能等技术。事实上，有关部门已经注意到了这些技术在包括民营企业在内的企业信用精准画像中的作用，例如江西省人民政府于2019年2月2日出台的《关于金融支持民营经济发展的若干措施》提出，借助大数据、云计算、区块链、人工智能与物联网等技术，实现企业信用精准画像功能。“人类理性（或研究）的一切对象可以自然分为两种，就是观念的关系（Relations of Ideals）和实际的事情（Matters of Facts）。”[①] 依据前面所述，无论是观念的关系还是实际的事情都指向了这样一个结论：民营企业信用精准画像离不开风行于当前的大数据、人工智能等新一代信息技术。

民营信息信用精准画像的机理其实在上文已经有了曲折的表述：从信息不对称走向信息对称。信息对称意味着信息完全，而信息完全的实现之道是信息共享。信息共享会导致管理模式呈现出去中心化的特征[②]。而“去中心化与去信任化密切相关，若要去中心化首先需要完成去信任化”[③]。《经济学人》曾在其封面文章《建立信任的机器》（The trust machine）中将区块链技术比喻为创造信任的机器。之所以会得到这样的比喻，是因为区块链技术的核心是

① ［英］休谟：《人类理解研究》，关文运译，商务印书馆1995年版，第26页。

② 高兰亭：《基于信息共享的去中心化管理模式构建研究》，长安大学2017年硕士论文。

③ 孙国茂：《区块链技术的本质特征及其金融领域应用研究》，载《理论学刊》，2017年第2期。

“通过分布式网络、时序不可篡改的密码学账本及分布式共识机制建立彼此之间的信任关系，利用由自动化脚本代码组成的智能合约来编程和操作数据，最终实现由信息互联向价值互联的进化”①。由此不难知道，在众多的新一代信息技术中，区块链技术所具有的去中心化与去信任化特征使得其能与民营企业信用精准画像相契合。这样不难得出借助区块链技术对民营企业信用精准画像的结论。

如上所述，区块链不仅在金融领域还在公务服务领域都有用武之地，能够给社会存在带来诸多的积极影响。但区块链与大数据、人工智能等数字技术一样，也能给社会存在带来消极的影响，比如《监管区块链：代码之治》一书作者普里马韦拉·德·菲利皮（Primavera De Filippi）与亚伦·赖特（Aaron Wright）指出，“尽管区块链具有弹性和防篡改性质，但并非完全不会被损害或改变。如果只用一个区块链管理关键档案，它就变成了一个单一故障点，一旦出错，将会导致灾难性后果”，“即便是区块链使用基于假名的公共地址来存储信息，仍无法消除被重新识别的风险。只要区块链上的数据足够多，人们总是可以通过复杂的数据挖掘及大数据技术，将特定交易与特定身份关联起来”以及“一旦数据被存储到区块链上，就难以单方修改或删除，这导致隐私问题进一步恶化”②。据此可以说，区块链至少会带来安全和隐私风险。无论是何种风险，一旦它（们）在现实中上演都会导致公民权益遭受损害或者陷入被侵犯的境地。

① 董宁、朱轩彤：《区块链技术演进及产业应用展望》，载《信息安全研究》，2017年第3期。

② ［法］普里马韦拉·德·菲利皮、［美］亚伦·赖特：《监管区块链：代码之治》，卫东亮译，中信出版社2019年版，第121、123页。

第三章
“数据法”与数据法学体系

第一节　数据和相关的法律问题

一、数据的价值

从上一章的论述中不难知道，大数据、人工智能与区块链等数字技术对社会产生的积极的与消极的影响于上都指向数据。这说明了数据有着独特的价值而且这一（些）独特价值的重要性正日益凸显。那么数据有着怎样的独特价值以及造成这一（些）独特价值的原因是什么。这无疑是需要认真对待的问题。

电子计算机的软件由程序与数据构成。因而无论是向电子计算机输入信息还是将信息从电子计算机中输出，都会有至关重要的一环：表征为按照程序设定的运算规则而转化数字化形式的数据。例如，某人向电子计算机输入一条信息N，而程序设定的运算规则将其转化为了（N1，N2，N3……Nn）等数据；如果他想要从电子计算机中得到该条信息，只需按照运算规则对（N1，N2，N3……Nn）等数据进行处理即可。由此可知，“数据的基本用途为信息的收集和处理提供了依据”[①]。因而，信息链理论认为，数据是有意义的信息，而可以解释的信息则是知识。也就是说数据是信息的质料。

对于人类而言，想要有效地生活的前提条件是拥有足够数量的

① ［英］维克托·迈尔·舍恩伯格、肯尼思·库克耶：《大数据时代：生活、工作与思维的大变革》，盛杨燕、周涛译，浙江人民出版社 2012 年版，第 132 页。

信息。虽然数据本身并不等同于信息与知识，但是身处当前数字技术方兴未艾的时代，信息的获得更多来源于数据。这是因为一方面我们的生活、工作等越来越离不开数字技术，另一方面是因为人类的“强迫性重复”(the compulsion to repeat) 倾向导致包括人类网络行为在内的所有行为都具有规律性①。于是，在这种意义上讲，想要有效地生活的前提条件可以表述为拥有足够数量的数据。因此，数据有着帮助人们有效地生活的价值。

人们想要有效地生活除了自身外，还离不开国家等外部因素。虽然当前所能观察到的事实是数据价值更多体现在商业领域。但人们的生活领域更多的是诸如社交等这样的非领域。因此，数据不仅对公民有价值，还对国家有价值，而且这些价值不仅仅体现于商业领域还体现于非商业领域。总而言之，哪里需要利用数据则数据价值就会体现出来。

英国学者迈克尔·曼在《社会权力的来源》一书中提到：“人类是在无休止地、有目的地并且是有理性地为增进他们对生活中美好事物的享用而斗争，为此，他们有能力选择和追求适当手段，或者，他们这样做足以提供体现人类生活特征的活力 (dynamism)，并赋予他们其他类别所缺少的历史。……他们是权力的来源。”②无疑，数据之于现代人而言是生活中的“美好事物”，于是为了享受这些“美好事物”审慎地构建权力（利）也是人们有能力选择和追求适当手段的体现③。无论是权力还是权利的出现，它都表明了人

① 参见熊春泉、聂佳龙：《数据驱动型竞争异化风险的法律防控研究》，上海三联书店 2021 年版，第 25—27 页。

② ［英］迈克尔·曼：《社会权力的来源》(第 1 卷)，李少军、刘北成译，上海人民出版社 2002 年版，第 5—6 页。

③ 肖冬梅、文禹衡：《数据权谱系论纲》，载《湘潭大学学报（哲学社会科学版）》2015 年第 6 期。

们所追求的“美好事物”是有价值的且稀缺的，以及对其的享用而进行的斗争必然会引发相应的法律问题，因为“权利自身不外乎是一个在法律上受保护的利益”①，而且权利是“由人的各种天赋权利集合而成的”②。因此，数据具有价值必然会引发相应的法律问题。

二、数据价值引发的法律问题

（一）数据驱动型竞争异化风险③

遍览人类发展史都是围绕某一时期最为重要的生产要素的政治斗争都导致了社会分裂成不同的群体。基于此，以色列学者尤瓦尔·赫拉利认为：“在古代，土地是世界上最重要的资产，政治斗争是为了控制土地，而一旦太多的土地集中在少数人手中，社会就分裂成贵族和平民。到了现代，机器和工厂的重要性超过土地，政治斗争便转为争夺这些重要生产工具的控制权。等到太多机器集中在少数人手中，社会就会分裂成资本家和无产阶级。但到了21世纪，数据的重要性又会超越土地和机器。”④由于数据是如此的重要，因而不可避免地导致：其一，数据拥有者会对数据进行控制。“数据最值钱的部分就是它自身，所以最先考虑数据拥有者才是明智的。他们可能不是第一手收集数据的人，但他们能够接触到数据、有权使用数据或者将数据授权给渴望挖掘数据价值的人。”⑤

① ［德］耶林：《为权利而斗争》，郑永流译，商务印书馆2016年版，第24页。

② ［美］潘恩：《潘恩选集》，马清槐等译，商务印书馆1981年版，第143页。

③ 参见熊春泉、聂佳龙：《数据驱动型竞争异化风险的法律防控研究》，上海三联书店2021年版，第34—56页。

④ ［以色列］尤瓦尔·赫拉利：《今日简史：人类命运大议题》，林俊宏译，中信出版社2018年版，第72—73页。

⑤ ［英］维克托·迈尔·舍恩伯格、肯尼思·库克耶：《大数据时代：生活、工作与思维的大变革》，盛杨燕、周涛译，浙江人民出版社2012年版，第161页。

大型互联网企业等基于先天的优势，拥有了相当数量的数据。此外，由于数据能够给其拥有者带来经济利益，因而对于大型互联网企业等而言，对数据进行控制以及排除其他希望获取数据的市场主体无疑是最优的选择。其二，巨大商机进一步强化对数据的争夺与控制。“数据之于信息社会犹如燃料之于工业革命，是人们进行创新的力量源泉。”① 创新，在本质上是一种不同于常规思维的意识活动。创新一旦从意识变为经济行为则意味着盈利模式将会得到变革，以及将获得非常大的竞争优势。由此，数据拥有量的多寡在某种意义上可以等同于利润与竞争优势。于是，隐藏在数据背后的巨大商机不会被任何一个市场主体所漠视，相反，它们会想方设法争夺数据并予以控制。

对数据进行争夺与控制势必至少会引致如下的法律问题：

（1）数据垄断与数据强行获取

数据的共有性或非独占性② 决定了“一个数据经营者使用数据信息时，不得妨碍另一数据经营者同时使用该数据信息。这意味着，数据信息在物理上可以被共享和多次使用，并由此可能产生更大经济和社会价值”③。这些在理论上不仅能够证明当前我们不仅拥有海量的数据，而且还能够说明任何人至少在利用这些海量的数据机会是平等的。海量数据的价值得以实现需要云与算法提供支撑，前者解决数据存储的问题，后者解决处理与分析数据的问题。由于并非任何人都能够自行解决数据存储的问题，从而我们的真实世界

① ［英］维克托·迈尔—舍恩伯格、肯尼思·库克耶：《大数据时代：生活、工作与思维的大变革》，盛杨燕、周涛译，浙江人民出版社 2012 年版，第 230 页。

② 吴伟光：《大数据技术下个人数据信息私权保护论批判》，载《政治与法律》2016 年第 7 期。

③ 丁文联：《数据竞争的法律制度基础》，载《财经问题研究》2018 年第 2 期。

是更多的数据被存在少数经营者的云中。由此，虽然人类当前拥有海量的数据，但并非人人都可以平等地利用这些数据，从而产生了一定程度的数据垄断。

垄断对于经营者而言它的最大意义在于可以限制或排除竞争而获得巨额的经济利润。这样在理论上也就很难排除这种可能："在看到数据交易带来的回报背后，一些大公司对自己掌握的数据资源进行保护而拒绝交易，或者滥用市场支配地位恶意抬高或压低大数据的交易价格，侵害其他经营者和消费者的合法利益①。"即便是能够将这种理论上的可能在现实中予以排除，但也无法排除基于数据带来的利润等，网络运营者想尽办法获取更多的数据，尤其是能够独占或者至少具有先占优势数据的可能。"随着越来越多的事物被数据化，决策者和商人所做的第一件就是得到更多的数据。"②因此，在某种意义上讲，网络运营者会凭借网络平台等优势强行地获取数据，当强行获取的数据达到一定量后会带来数据垄断。

（2）大数据不正当竞争与隐私被侵犯

自人类进入信息时代，大至国与国之间的竞争，小至企业与企业之间的竞争，已不再是原来的劳动生产率的竞争，而是新型的知识生产率的竞争。"数据，是信息的载体、是知识的源泉，当然也就可以创造价值和利润，可以预见，基于知识的竞争，将集中表现为基于数据的竞争，这种数据竞争，将成为经济发展的必然。"③基于数据的竞争的最基础性前提则是数据的拥有量，而当前的事实

① 邹开亮、刘佳明：《试论大数据垄断的法律规制》，载《大庆师范学院学报》2017年第4期。

② ［英］维克托·迈尔·舍恩伯格、肯尼思·库克耶：《大数据时代：生活、工作与思维的大变革》，盛杨燕、周涛译，浙江人民出版社2012年版，第210页。

③ 涂子沛：《大数据：正在到来的数据革命，以及它如何改变政府、商业与我们的生活》，广西师范大学出版社2013年版，第303页。

是在任何领域内基本上都不存在单个网络运营者，从而难以垄断所有数据。虽然如此，但网络运营者，依然可以凭借这些海量的数据实现巨额的经济利益。如果为了获得巨额的经济利益违反公认的商业道德并破坏市场竞争秩序，那么这种行为便是大数据不正当竞争行为。

大数据不正当竞争的基础性条件虽然也是数据，但与数据垄断相比，所依赖的数据并不一定特别多，因为数据在大数据不正当竞争中更多扮演的是手段的角色。因为如此，大数据不正当竞争至少有隐私被侵犯等危害。由于人在本质上是一切社会关系的总和，从而任何人的行为等都要被他人评判而且此种评判对被评判对象产生正面或负面的影响。一般而言，正面的影响会被评判对象所接受，而负面的影响则会被拒绝。这是因为负面的影响往往带来的是名誉受损、心理痛苦等。于是，基于人的趋乐避苦的心理任何人都不会愿意将会给自己带来名誉受损、心理痛苦的行为等进入公共领域接受他人的评判。因此缘故便产生了隐私（Privacy）的观念。所谓的隐私指的是“自然人的不愿他人知悉或不便被他们知悉的与公共利益无关的个人信息，具体包括私人信息、私人生活、私人空间、身体隐私、私人通讯等”[①]。历史地看，隐私观念最初是以“风能进，雨能进，但国王不能进”的住宅为重心而建构的，其范围限于私人生活空间和私人生活，而 1974 年 12 月美国通过的《隐私法》则将范围拓展到了个人信息。之所以会有如此的变化，是因为在信息时代个人信息比以往更容易获得而且个人信息一经被侵犯所带的名誉受损与心理痛苦绝不亚于侵犯私人生活空间和私人生活。当今，在

① 熊春泉、聂佳龙：《大数据时代的中国法治建设——一种立法视角的分析》，中国政法大学出版社 2017 年版，第 151 页。

网络已经成为一个人生活、工作等不可或缺的工具的同时，我们在网络空间留下的数据也随之增长。数据的增长带来的后果是任何人变得越来越具有“可识别性”。这样，随着数字技术的不断发展，人类的隐私也将受到越来越严峻的挑战。更为重要的是，网络运营者等只要想以数据来排除竞争对手或者提高市场进入门槛，公民的隐私就不可避免地被侵犯[①]。

（二）数据安全与数据主权

公民隐私被侵犯在某种意义上讲是公民个人数据处于不安全的状态。根据《数据安全法》的规定，数据安全指的是通过采取必要措施，确保数据处于有效保护和合法利用的状态，以及具备保障持续安全状态的能力。数据是否处于安全状态表面地看与个人、组织的合法权益有关。卢梭曾言：“被认为是主权各个部分的那些权利都只是从属于主权的，并且要以至高无上的意志为前提，那些权利都只不过是在执行最高意志而已。”[②]因而，数据安全还与国家主权有关，甚至可以说如果无数据主权，公民隐私等权益则会难以得到保护与救济，至少在遭遇他国侵犯时是这样的。因此，言及数据安全必须要涉及国家主权。

从国家主权发展进程看，国家主权管辖的范围从物理空间发展到虚拟网络空间。但是，相较于物理空间而言，虚拟网络空间可以说是处于无政府（Anarchy）的状态[③]，这意味着虚拟网络空间中数据等不受国家主权的支配。数据不受国家主权的支配也就是国家丧失了数据主权（Data Sovereignty）。何谓数据主权？有的学者认为：

---

① 熊春泉、聂佳龙：《数据驱动型竞争异化风险的法律防控研究》，上海三联书店 2021 年版，第 34—56 页。

② ［法］卢梭：《社会契约论》，何兆武译文，商务印书馆 2003 年版，第 34 页。

③ 沈逸：《后斯诺登时代的全球网络空间治理》，载《世界经济与政治》2014 年第 5 期。

“数据主权是指国家享有对其政权管辖地域内的数据生成、传播、管理、控制、利用和保护的权力。”① 有的学者认为：“数据主权指一个国家对其政权管辖地域范围内个人、企业和相关组织所产生的数据拥有的最高权力。”② 还有的学者将数据主权界定为“一个国家对其政权管辖地域范围内（即领网）个人、企业和相关组织所产生的文字、图片、音视频、代码、程序等全部数据在产生、收集、传输、存储、分析、使用等过程拥有的最高管辖权”③。从这些学者关于数据主权定义中不难知道，数据主权的内容至少包括数据生产、利用等进行管理的权力与保护本国数据免遭他国侵犯的权力。这样数据主权可以界定为国家对数据生产、利用等进行监管与保护本国数据免遭他国侵犯的最高权力。

（三）数据（算法）歧视

虚拟网络空间与物理空间并无本质上的区别，因为“通过适当的编码（即数字介质）将当前一切事物的属性与规律传递到另外一个事物上，得以‘无损（或等同）’全息表达。”④ 数字与它“根植于其中的文化融合在一起”⑤。而人类文化中内含偏见因子。任何“技术的本质，其另一种表述就是对现象集合的有目的的编程”⑥，

---

① 肖冬梅、文禹衡：《数据权谱系论纲》，载《湘潭大学学报（哲学社会科学版）》2015年第6期。

② 沈国麟：“大数据时代的数据主权和国家数据战略”，载《南京社会科学》，2014年第6期。

③ 王永刚：《专家观点：完善立法，明确网络主权、控制数据主权》，载人民网，http://opinion.people.com.cn/n/2015/0205/c1003-26511363.html.

④ 熊春泉、聂佳龙：《数据驱动型竞争异化风险的法律防控研究》，上海三联书店2021年版，第11页。

⑤ ［英］托马斯·克伦普：《数字人类学》，郑元者译，中央编译出版社2007年版，第2页。

⑥ ［美］布莱恩·阿瑟：《技术的本质——技术是什么，它是如何进化的》，曹东溟、王健译，浙江人民出版社2014年版，第17页。

于是“人们在将自然逻辑输入机器的同时，也把技术逻辑带到了生命之中……机器人、经济体、计算机程序等人造物也越来越具有生命属性”[①]。因此缘故，即便是工程师们没有将他们的偏见写入支撑数字技术的软件与算法中，数据也不可避免地含有“歧视”基因[②]。

当前，很多人基于技术的“中立性”将通过数据所得到的信息、知识等同于“科学”。然而，包括数字技术在内的任何一项技术，它既不是好的，也不是坏的，但绝对也绝非是中性的。数据因为含有“歧视”基因，从而数字技术会给我们带来歧视是不言而喻的。这种歧视与数据、算法有关，可以称之为“数据（算法）歧视”。尽管现在看来，数据（算法）歧视问题似乎还是一个不需要重点关注的问题，但是“大数据杀熟”[③]等现象的存在在某种意义上警示着我们，警惕与防控数据（算法）歧视问题并非是杞人忧天。

第二节 “数据法”概述与数据法学体系简述

可以肯定的是，随着数字技术发展及应用广度、深度等进一步

---

① ［美］凯文·凯利：《失控——全人类的最终命运和结局》，新星出版社 2010 年版，第 4—5 页。

② 熊春泉、聂佳龙：《数据驱动型竞争异化风险的法律防控研究》，上海三联书店 2021 年版，第 125 页。

③ 所谓的大数据杀熟就是经营者通过相关数据分析出消费者的行为特征，向消费者进行歧视性提价而获利的现象。大数据杀熟在本质上是价格歧视。价格歧视并非歧视，它是一个用来描述经营者以不同的价格销售同一种产品的经济学术语。但更多的消费者则认为大数据杀熟是经营者利用数据对他们进行歧视。大数据杀熟究竟是不是歧视还待商榷，但它从侧面提出一个严肃的问题：经营者可能会为了不正当利益对消费者进行歧视性提价，损害其合法利益。见熊春泉、聂佳龙：《数据驱动型竞争异化风险的法律防控研究》，上海三联书店 2021 年版，第 57 页。

拓展，其带来的法律问题将会增加，上节所论述的问题仅仅是其中的一部分。但无论增加哪些法律问题，有一点始终是不会变的：法律担负着解决这些问题的重任，而且解决问题之道其中蕴含了立足于数字技术、数据等特性基础的要求。基于此，不妨将解决数字技术所带的法律问题的法律统称为“数据法”。

一、“数据法”的概述

从根源上讲，数字技术所带来的法律问题导致了“数据法”的产生。这些问题的出现意味着现有的法律制度还不足以保护人们的合法权益。合法权益得不到保护的潜台词：现有法律制度在这些问题方面处于“真空状态”，从而要求在法律制度中设定新的权利来予以保护。因而，“数据法”的产生遵循了“提出新兴权利—立法确认权利”的路径。于是，想要把握“数据法”可以从前述路径入手。

（一）与数据相关的新兴权利

1. 新兴权利的界定

正如卢梭在谈论政府的各种不同形式前，因为政府不曾很好地被人解说过而先要确定政府这个词的严格意义[①]一样，在谈论与数据相关的新兴权利之前也要先确定“新兴权利”这个词的严格意义。这是因为有学者质疑权利是否可能新兴，并认为“新兴权利的支持者犯了一种可理解的错误：他们为了强调权利的实践重要性，主张以新兴权利的方式来回应新的社会问题；然而，如果妥当理解了权利的重要性，那么就不需要诉诸新兴权利。如果权利真的是重要的，它们当然能够以某种方式应对社会的发展，虽然这些方式可能的确是新的，但背后的那个观念，即权利是重要的，这个重复了

① ［法］卢梭：《社会契约论》，何兆武译文，商务印书馆 2003 年版，第 71 页。

千百次的真理却是旧的”[①]。

关于新兴权利的研究论持久度与成果丰富度自然要首推姚建宗教授。姚建宗教授在早期研究成果《新兴权利论纲》一文中指出，各种“新兴”权利不断展现的过程是当代中国法治建设的过程在法律层面的一个显著体现。[②]但何为新兴权利，姚建宗教授在该文中并未给出严格的定义式概念界定，只是对其作了大体上的状态型描述与类型意义上的范围划定。姚教授这种做法，在表明“新兴”权利不是一个真正的法学范畴意义上的概念同时不可避免地中断了对新兴权利内涵的进一步深入研究。哈特曾指出：“定义（definition）……最初所指的就是在某类事物和它类事物之间划定或做区分的问题，这个界限乃是通过个别独立的语词在语言上所做的划分。”[③]定义的功能是“为我们提供了解释事物所必需的基本依据”。[④]由此，不难知道，新兴权利定义的缺位无疑不利于我们全面准确地认识其所表征的一系列不同类型和性质的权利以及其所描述的我国现实中存在的某些权利主张与具体权利诉求之现象。

美国社会学家英克尔斯在《社会学是什么——对这门学科和职业的介绍》一书中提出探讨社会学研究对象的途径有三：其一，“创始人、代表性人物说了些什么”；其二，“当代社会学家在做些什么”；其三，“理性的指示是什么”。[⑤]这三条归结起来就两条，

---

① 陈景辉：《权利可能新兴吗？——新兴权利的两个命题及其批判》，载《法制与社会发展》2021 年第 3 期。

② 姚建宗：《新兴权利论纲》，载《法制与社会发展》，2010 年第 2 期。

③ ［英］H. L. A. 哈特：《法律的概念》，许家馨、李冠宜译，法律出版社 2006 年版，第 13—14 页。

④ ［法］迪尔凯姆：《社会学方法的准则》，狄玉明译，商务印书馆 2007 年版，第 54 页。

⑤ ［美］英克尔斯：《社会学是什么——对这门学科和职业的介绍》，陈观胜等译，中国社会科学出版社 1981 年版，第 1—2 页。

即观念的关系（理论）和实际的事情（实践）。“人类理性（或研究）的一切对象可以自然分为两种，就是观念的关系（Relations of Ideals）和实际的事情（Matters of Facts）。”[①] 故而，探究新兴权利内涵的路径可以和探究社会学对象路径一样。由于新兴权利仅仅是个概念并非是一个理论，更不是学科，从而不会涉及当代学者们在做些什么。于是对新兴权利内涵的探究的路径只有“学者们说了些什么”与“理性的指示什么”。

（1）“学者们说了些什么”

尽管姚建宗教授没有对新兴权利作严格的定义式概念界定，但给出了权利之“新”的形式标准与实质标准。形式标准有时间和空间的标准，而实质标准有以权利的主体、客体、内容与境遇为核心的标准。这些标准可以帮助我们判断一项权利是否是“新兴”的。有学者给出了定义，例如新兴权利指的是“得到一定程度的社会认可但并未制度化、法律化的社会性权利”[②]。对这些学者们的观点予以细究，不难发现，都提出了判断新兴权利的标准，并对学者们提出的判别新兴权利的标准进行比较，可以发现以下几方面的共同点：其一，在一定程度上得到社会的认可；其二，没有被法律确认或被保障。由于内涵是所反映的事物的本质属性的总和，无论分析角度有何不同，前述判别新兴权利的标准始终是围绕新兴权利的内涵展开的。因此，新兴权利的内涵至少包涵了前面两点共同点是毋庸置疑的。

（2）“理性的指示是什么”

“新兴”权利与现有的权利于上都指向权利，都表征着人们的

---

① ［英］休谟：《人类理解研究》，关文运译，商务印书馆 1995 年版，第 26 页。

② 徐钝、郑记：《新兴权利救济：司法能动立场的证成与运作》，载《理论与改革》2010 年第 6 期。

利益诉求。“人们为之奋斗的一切，都同他们的利益有关”[①]，从终极意义上说，人们追求利益是为了更好地保有和发展自我。然而，利益诉求涉及“一个社会最全面的社会利益……权利诉求如果片面地追求狭隘的个别的私人利益、社会局部利益、部门本位利益等，就很有可能不仅在全局上破坏社会整体利益以及使各种社会利益失去微妙的平衡，而且也很有可能因错误或者不适当的社会利益调整信号的发出而使社会秩序出现混乱”[②]。因此，新兴权利的真正指向是行为的正当性，具体而言是此种行为在最低限度上对社会、对他人都是无害的。

美国法学家德沃金认为：“权利理论只是预先假设了三个东西：①一个符合规则的社会具有政治道德的某些观念，也就是说，它承认对于政府行为的道德限制；（2）该社会对于政治道德的特定观点——以及源于这种观点的法律判断——是‘理性的’，即对于相同的情况给予相同的处理，而且不允许矛盾的判断；（3）该社会相信它的所有成员生而平等，他们有权利受到平等的关心和尊重。”[③]可见，新兴权利真正指向的行为必须得到政府的善待。马克思曾指出：“权利的最一般形式即人权[④]。”人权要求利益必须是以“无害于人”的道德标准要求来实现的预设，从单个个体来看，就是“善待于人”的道德要求。善待的主体包括公权力和他人。因此，新兴权利必须为人权所统摄。

一如我们所知，人权是人之所以为人的权利，其指向的主体是

① 《马克思恩格斯全集》（第 1 卷），人民出版社 1995 年版，第 187 页。
② 姚建宗：《新兴权利论纲》，载《法制与社会发展》，2010 年第 2 期。
③ [美]罗纳德·德沃金：《认真对待权利》，信春鹰、吴玉章译，上海三联书店 2008 年版，第 16 页。
④ 《马克思恩格斯全集》（第 3 卷）人民出版社 1972 年版，第 229 页。

人。既然新兴权利为人权所统摄，那么其内涵范围必然在人权之内，超越人权约束的不成为新兴权利。由此，如果我们承认大自然享有的“不被污染的权利”、物种享有的“不被灭绝的权利”等等这些“权利”是新兴权利，那么权利就被庸俗化了是确定无疑的。

综上所述，从“学者们说了些什么”的路径分析，新兴权利的内涵包括在一定程度上得到社会的认可与没有被法律确认或被保障这两方面的内容。而从“理性的指示是什么”的路径分析，新兴权利的出现是为了实现人权服务的，为人权所统摄。于是，新兴权利可以界定为：为人权所统摄的在一定程度上得到社会认可但未被法律确认或被未保障的“权利束（丛）”。

2. 与数据相关的新兴权利列举

与数据相关的新兴权利肯定是相当的多，而且随着数字技术与数字经济的进一步发展还会有新的数据权利出现，因为法律也遵循着如梁漱溟先生所言的“经济进一步，政治进一步，循环推进”[①]的定律。于是，将与数据相关的新兴权利予以穷尽不现实。当今，没有一个国家和地区在面对数字技术与数字经济浪潮会无动于衷，对它们所带来的法律问题都会作出相应的反应。环视世界，欧盟无疑是走在了世界的前列，出台了《一般数据保护条例》这样的对数据权利作了较为全面和详细规定的法律。基于此，下面参照《一般数据保护条例》的相关规定，介绍相对于我国而言是新兴权利的被遗忘权等的权利。

（1）被遗忘权

与数据相关的新兴权利之中，最为人所熟知的无疑是被遗忘权（Right to be forgotten）。被遗忘权又称之为数据擦除权（Right to

① 梁漱溟：《梁漱溟全集》（第7卷），山东人民出版社2009年版，第3页。

erasure），它的出现与冈萨雷斯诉谷歌案有关。西班牙公民冈萨雷斯曾在 1998 年因为无力偿还债务而被报纸刊登了其房产因进入追缴社保欠费的扣押程序将会被强制拍卖的公告。后来冈萨雷斯通过谷歌搜索引擎输入自己名字发现会出现两个链接指向包含了 1998 年 1 月 19 日和 3 月 9 日的将拍卖房产偿还社保债务信息报道的两个网页。2010 年 3 月 5 日，冈萨雷斯以其已偿还了债务从而拍卖公告早已过时为由，向西班牙数据保护局（Spanish Data Protection Agency，AEPD）提出谷歌公司及谷歌西班牙公司删除或屏蔽这些信息的要求。2010 年 7 月，西班牙数据保护局作出裁决，支持了冈萨雷斯的诉求。随后，谷歌公司及谷歌西班牙公司不服裁决向西班牙全国高级法院（National High Court）提起诉讼，请求撤销西班牙数据保护局的裁决。西班牙全国高级法院基于搜索引擎服务在《欧洲议会和欧盟理事会 1995 年 10 月 24 日关于对与个人资料处理有关的个人进行保护以及资料自由流动的 95/46/EC 号指令》颁布之后才出现为由作出中止审理请求欧盟法院对相关法律适用作出初步裁决的决定。2014 年 5 月 13 日，欧盟法院作出裁决，认为搜索引擎服务商负有删除数据主体过时的、不相关信息的义务与责任。①

在冈萨雷斯诉谷歌案之后，2018 年 5 月 25 日生效的《欧盟一般数据保护条例》以立法的形式明确了被遗忘权。《欧盟一般数据保护条例》第 17 条第 1 款规定②：

---

① 见熊春泉、聂佳龙：《数据驱动型竞争异化风险的法律防控研究》，上海三联书店 2021 年版，第 110—111 页。

② 参见 https://eur-lex.europa.eu/legal-content/EN/TXT/HTML/?uri=CELEX:32016R0679&from=EN.

1. 数据主体有权要求控制者删除关于其个人数据的权利，有下列情形之一的，控制者应当及时删除个人数据：

（a）个人数据对于实现其被收集或处理的相关目的不再是必需的；

（b）数据主体撤回根据第6条第1款第（a）项①或第9条第2款第（a）②项进行处理的同意，且在没有其他法律依据的情况下进行处理的；

（c）数据主体反对根据第21条第1款③进行处理的，并且有充分正当理由的，或者数据主体反对根据第21条第2款④进行处理的；

（d）个人数据已被非法处理的；

（e）基于欧盟或成员国法律规定的义务，控制者必须删除个人数据的；

（f）已收集第8条（1）项⑤条所规定的信息社会服务相关

① 应当以合法、公正、透明的方式处理涉及数据主体的个人数据（"合法，公平和透明"）。

② 数据当事人已明确同意出于一个或多个特定目的的处理这些个人数据，但依照欧盟或成员国法律规定，数据主体无权解除第1款中规定的禁令的除外。

③ 根据第6（1）条（e）或（f）项进行数据处理（包括根据这些条款而进行的用户画像）的，数据主体有随时反对的权利。数据主体提出反对的，控制者应当立即停止个人数据处理行为，但控制者证明具有充分的正当理由需要进行处理，或者处理是为提起、行使或辩护主张的除外。其中第6（1）条（e）项和（f）项内容分别是控制者为了公共利益或依据官方赋予的权力执行任务而必须处理个人数据的；控制者或第三方所追求的正当利益而必须处理个人数据的，但不包括需要通过个人数据保护以实现数据主体特别是儿童的优先性利益或基本权利与自由。

④ 数据主体有权随时反对为直接营销目的的处理个人数据的行为，包括与直接营销相关的用户画像。

⑤ 第6条（a）项适用的情形，为儿童直接提供信息社会服务的请求，处理年满16周岁儿童的个人数据是合法的，处理不满16周岁儿童的个人数据只有获得对儿童具有父母监护责任的主体同意或授权才是合法的。其中，第6条（a）项内容是数据主体已同意出于一种或多种特定目的的处理其个人数据的。

个人数据的。

基于以上内容，被遗忘权实际上可以被定义为“数据主体在其个人数据不再需要时可以随时要求收集或处理其数据的数据使用者删除他们个人数据的权利”①。当然，数据主体行使被遗忘权不是不受任何限制的②，不得影响公共利益目的、科学或历史研究目的或统计目的的实现等。

2. 限制处理权

被遗忘权在某种意义上可以视为数据生产者限制控制者对其数

① 熊春泉、聂佳龙:《数据驱动型竞争异化风险的法律防控研究》，上海三联书店 2021 年版，第 112 页。

② 欧盟《一般数据条例》第 17 条第 3 款规定被遗忘权不适用于如下的情形：“（a）行使表达自由权和信息自由权的；（b）控制者执行或者为了执行基于公共利益的某项任务，或者基于被授予的官方权威而履行某项任务，欧盟或成员国的法律要求进行处理，以便履行其法律职责的；（c）基于第 9 条第 2 款（h）项和（i）项以及第 9 条第 3 款规定的公共卫生领域的公共利益考虑的；（d）第 1 款规定的权利会受严重影响的，或者会严重阻碍第 89 条第 1 款规定的公共利益目的、科学或历史研究目的或统计目的实现的；或者（e）项提起、行使或抗辩法律主张的。”其中，第 9 条第 2 款（h）项、（i）项和第 3 款的内容是：“为了预防或临床医学目的，评估雇员的工作能力，医疗诊断，提供保健或社会护理或治疗或管理保健或社会护理系统和服务，必须进行处理的，但需要基于欧盟或成员国法律或遵循和健康职业机构签订的契约并遵循并遵守第 3 款所述的条件和保障措施”、“出于公共卫生领域公众利益的考虑，有必要进行处理的，例如，在欧盟或成员国内已经为保障数据主体的权利与自由而采取合适与特定措施的法律基础上，处理对于预防严重的跨境健康威胁是必要的，或者为了保障医疗质量和安全、医疗产品或医疗设备的高质量和安全是必要的”和“根据欧盟或成员国的有权机构制定的法律或规则而负有保守职业性秘密责任的职业主体，或者根据欧盟或成员国的有权机构所制定的法律或规则而负有保守秘密责任的自然人，为了第 2 款（h）项规定的目的实现有权处理第 1 款规定的个人数据”。第 89 条第 1 款内容是：“为实现公共利益、科学或历史研究或统计目的的处理，应当采取符合本条例的恰当防护措施，保障数据主体的权利与自由。防护措施应当确保数据最小化原则且已采取技术与组织性的措施（可以包括匿名化，如果匿名化也能实现上述目的）。在进一步处理中实现对数据主体无法识别也可以实现上述目的，应当采取这种方式处理。”

据进行处理的一种极端情形。正常情况下，并非是任何的数据生产者都会如冈萨雷斯那样要求数据控制者删除其数据，但这并不意味着放任数据控制者对其数据可以任意处理，相反在某些情况下则会有从控制者处获得处理限制的要求。于是，欧盟《一般数据保护条例》第18条规定：

> 1. 在下列情况之一适用的情况下，数据当事人有权从控制者处获得处理限制：
>
> （a）数据主体对个人数据的准确性提出争议，其期限应使控制者能够核实个人数据的准确性；
>
> （b）处理是非法的，并且数据主体反对删除个人数据并要求限制其使用；
>
> （c）控制者不再需要出于处理目的的个人数据，而是数据主体为建立，行使或主张法律主张而需要的个人数据；
>
> （d）在核实控制者的合法理由是否凌驾于数据主体的合法理由之前，数据主体已反对根据第21条第1款进行处理。
>
> 2. 在根据第1款限制了处理的情况下，此类个人数据（除存储外）仅应在数据当事人的同意下，为确立，行使或抗辩法律主张或为保护其他自然人或法人的权利，或出于欧盟或成员国重要公共利益的考虑而进行处理。
>
> 3. 依照第1款获得处理限制的数据主体应在取消处理限制之前通知控制者。

从上述内容可知，所谓限制处理权是指数据生产者在对个人数据的准确性提出质疑等情况下所享有的从控制者处获得处理限制的权利。

3. 反对权

前面所引用的欧盟《一般数据保护条例》第18条规定中提及的“第21条”即是关于反对权的。该条内容是：

> 1. 根据第6（1）条（e）或（f）项进行数据处理（包括根据这些条款而进行的用户画像）的，数据主体有随时反对的权利。数据主体提出反对的，控制者应当立即停止个人数据处理行为，但控制者证明具有充分的正当理由需要进行处理，或者处理是为提起、行使或辩护主张的除外。
>
> 2. 数据主体有权随时反对为直接营销目的处理个人数据的行为，包括与直接营销相关的用户画像。
>
> 3. 数据主体反对为直接营销目的处理个人数据的，不得处理个人数据。
>
> 4. 第1款和第2款规定的权利应当最迟在和数据主体的第一次沟通中让数据主体明确知晓，且应当与其他信息区分开来，清晰地告知数据主体。
>
> 5. 在使用社会信息服务的情形中，数据主体有不受2002/58/EC指令影响，自动使用技术规范行使异议权的权利。
>
> 6. 根据第89条第（1）款，基于科学研究、历史研究或统计目的处理个人数据，数据主体应基于与其特定情况相关的理由反对处理有关个人数据的权利，但基于公众利益的除外。

反对权和限制处理权都是数据生产者对数据控制者处理其数据行为的限制，但不同的是前者针对的是数据控制者对其数据进行删除等表现为消极的处理行为，而后者则针对的是数据控制者对其数据进行用户画像等表现为积极的处理行为。基于这一认识，结合关于限制处理的定义，可以将反对权界定为：数据生产者在数据控制者对其数据进行用户画像等情况下所享有的控制者不得处理其数据或立即停止处理其数据行为的权利。

有必要指出，根据《欧盟一般数据保护条例》的规定，数据生产者还有权反对完全依靠自动化处理（保护用户画像）对数据主体产生法律效力或对数据主体产生类似的重大影响的决策。当然，这种反对有相应的限制，如果这种决策是“数据主体与数据控制者之间订立或履行合同所必需的”“控制者做出的决策已获得欧盟或成员国法律的授权，并且还制定了适当的保护数据主体权利，自由和合法利益措施的；或者基于数据主体明确同意的”等情形作出的则数据生产者无权反对。

4. 数据携带权

从逻辑上讲，存在于网络各类平台的数据应该归属于其生产者。由此，数据随着其生产者流动而流动是不言而喻的，且这种流动不仅仅表现为数据在主权国家内不同系统、平台的迁移、保存，还表现为因为生产者的跨境导致的数据跨境流动。基于这样的认识产生了“数据携带权”，例如《欧盟一般数据保护条例》第20条规定：

> 1. 有下列情形的，数据主体有权获得提供给控制者经过整理的、普遍使用的和机器可读的相关个人数据，有权无障碍地将此类数据从控制者那传输给另一控制者：
>
> （a）处理是根据第6条第（1）款（a）项[①]或第9条第2

① 数据主体已同意出于一种或多种特定目的处理其个人数据的。

款（a）项[①]的同意或第6条第（1）款（b）[②]项的合同进行的；和

（b）加工是通过自动化方式进行的。

2. 数据主体有权根据第1款的规定在技术上可行的情况下将个人数据直接从一个控制者传输到另一个控制者。

3. 行使本条第1款规定的权利不得影响第17条的规定。本条第1款规定的权利不适用于控制者为公共利益，或者为根据官方被授权进行的必要处理。

4. 行使本条第1款权利时不得对他人的权利和自由产生不利影响。

从上述内容中，可以将数据携带权概括为：数据生产者享有要求控制其数据的控制者协助其实现数据合法流动的权利。

从关于数据携带权的定义中不难知道，数据携带权的实现主要有赖于控制者的协助。基于此，或许有人会提出这样的质疑：如果控制者不协助或者不完全协助，那么设置数据携带权将会变得没有意义或者意义不大。实际上，“设置该权利考量的因素有二：其一，在当前及以后的‘寡头格局’中，用户自行采集数据并不太现实；其二，即便用户能够凭借其掌握的技术或工具直接在网络环境中自行采集其所产生的数据，但从成本与收益上分析，并不是最有效率的。给数据主体配置数据可携权能够保障其低成本地获取其个人数据，这符合‘权利带来便利’的逻辑，让用户使用其数据成为

① 数据当事人已明确同意出于一个或多个特定目的处理这些个人数据，但依照欧盟或成员国法律规定，数据主体无权解除第1款中规定的禁令的除外。

② 为了完成某项数据主体所参与的契约或者在签订契约前基于数据主体的请求，处理个人数据的。

了可能”。[①]也就是说，即便是设置了数据携带权在现实中尽管会遭遇数据生产者难以使用其数据的困境，但如果没有数据携带权该困境将永远是困境。申言之，我们不能因为数据携带权不能完全解决数据生产者难以使用其数据的困境而成为拒绝设置该权利的理由，更应该深究导致这一困境的原因，进而提出包括数据携带权在内的方案。

除了上述这些所列举的权利，《欧盟一般数据保护条例》还规定了“更正权”[②]等权利。这说明了当前我们无法完全穷尽与数据相关的新兴权利，但也预示着我们将要进入一个“数字权益时代”。

（二）数据法律关系

实证分析法学代表性人物奥斯丁（Austin）认为“权利之特质在于给所有者以利益”[③]。从语义上说，利益是指对人们未来有好处的事物。[④]在本质属性上，利益首要表征的是需要，因为“一切人类生存的第一个前提也就是一切历史的第一个前提……就是：人们为了能够‘创造历史’，必须能够生活。但是为了生活，首先就需要衣、食、住以及其他东西”。[⑤]对于现实存在的个体而言，“他自己的实现表现为内在的必然性，表现为需要”[⑥]。由此可见，需要是现实存在个体自身存在的必然性，而要想实现需要的满足，人们必

---

① 肖冬梅、文禹衡：“数据权谱系论纲”，载《湘潭大学学报（哲学社会科学版）》2015年第6期。

② 欧盟《一般数据条例》第16条规定：“数据主体有权从控制者那里获得有关他或她的不正确个人数据的更正的权利。考虑到处理的目的，数据主体应有权使不完整的个人信息完整，包括通过提供补充声明的方式。”

③ Austin. *The Province of Jurisprudence Determined*, Weidenfeld & Nicholson, London, 1954, p.140.

④ 《辞海》编辑部：《辞海》，上海辞书出版社1989年版，第1955页。

⑤ 《马克思恩格斯全集》（第1卷），人民出版社1972年版，第32页。

⑥ 《马克思恩格斯全集》（第42卷），人民出版社1979年版，第129页。

须从事生产。在多人社会中，“人们之间是由物质联系的。这种联系是由需要和生产方式决定的”[①]，“利益本身已经是社会所决定的利益，而且只有在社会所创造的条件下并使用社会所提供的手段，才能达到；也就是说，私人利益是与这些条件和手段的再生产相联系的[②]”。因此，人们为了生产和生活必然会结成各种不同类型的社会关系，人们的需要通过结成的社会关系转化为利益，而且利益只有在结成的社会关系中才能得到实现和满足。基于此，与数据相关的新兴权利及其确定为法律权利的潜台词都与数据法律关系有关。

数据法律关系指的是“数据法”在规范调整数据社会关系的过程中所形成的以权利和义务为内容的社会关系。一般认为，法律关系的要素包括法律关系主体、法律关系客体和法律关系内容。由此，数据法律关系也由数据法律关系主体、数据法律关系客体和数据法律关系内容构成。

（1）数据法律关系主体

当今所能够观察到的事实是数据的生产者与控制者是相互分离的，申言之，生产出来的数据首先被存储于相应的平台之中，而这些数据由平台的控制者自己处理或者（和）第三方处理。由此，数据法律关系的主体应当包括数据生产者、数据控制者和数据处理者。由于现实中，数据控制者往往是数据处理者，反之亦然。这样数据法律关系主体分为了数据生产者和数据控制者与处理者两类。在“生产—控制”的二元格局中，数据生产者和数据控制者与处理者的地位在事实上显然不对等[③]。这意味着数据生产者的权益将会

---

① 《马克思恩格斯选集》(第 1 卷)，人民出版社 1972 年版，第 81 页。

② 《马克思恩格斯全集》(第 46 卷)，人民出版社 1979 年版，第 102—103 页。

③ 参见熊春泉、聂佳龙:《数据驱动型竞争异化风险的法律防控研究》，上海三联书店 2021 年版，第 134 页。

受到数据控制者与处理者的侵害，处于一种不安全的状态。“为了关心公民的安全，国家必须禁止或限制仅仅直接涉及行为者、其后果是违反他人权利的行为。”① 因而，数据法律关系主体还应包括国家。

（2）数据法律关系客体

法律关系客体指的是权利和义务所指向的对象，从前面所论述的内容中不难知道，数据权利与义务皆指向数据。因而，数据是数据法律关系客体是不言而喻的。马克思曾指出：“只是由于我表现我自己，只是由于我踏入现实的领域，我才进入受立法者支配的范围。对于法律来说，除了我的行为外，我是根本不存在，我根本不是法律的对象。我的行为就是法律处置我时所应依据的唯一的东西，因为我的行为就是我为之要求生存权利，要求现实权利的唯一东西，而且因此我才受到现行法的支配。”② 据此，数据法律关系客体除了数据外，还有与生产、处理与控制数据的相关行为。有必要特别指出一点，现在都将行为界定为人的有意识、有目的的身体动静，但尤其是处理数据的主体除了人外，还有人工智能等。因此，作为数据法律关系的行为应该被理解为人的和归于人的与生产、处理与控制数据的相关行为。

（3）数据法律关系内容

数据法律关系内容就是数据权利和数据义务。从上面的论述可知，被遗忘权、限制处理权、反对权、数据携带权、更正权等都应该是数据权利。由此，数据法律义务则应该是：数据控制者和处理者负有及时擦除个人数据；“通知数据生产者更正或删除个人数据

① ［德］威廉·冯·洪堡：《论国家的作用》，林荣远、冯兴元译，中国社会科学出版社2009年版，第121页。

② 《马克思恩格斯全集》第1卷，人民出版社1995年版，第121页。

或限制处理”；“在无充分的正当理由时应当立即停止个人数据行为”；“在技术可行的情况下将个人数据直接从一个控制者传输到另一个控制者”；“更正数据产生者不正确个人数据”等义务。此外，数据生产者还享有要求国家对其数据权益进行救济的权利，与之对应的义务则是遵守国家关于数据的法律法规，不损害国家、公共利益和他人合法权益。数据处理者和控制者负有接受国家监管的义务，享有合法权益受到国家保护的权利。

法律关系是法律规范调整的表征为权利与义务的社会关系。因而，数据法律关系的形成不仅仅意味着本本上的法转化成了现实中的法，更意味着与数据相关的新兴权利不仅得到了立法上的确认成为了法律权利，还在现实生活中真真切切地规范着人们的行为。简言之，数据法律关系的形成意味着“数据法”的存在，因为任何一种法律关系得以形成的前提是法律规范的存在。

二、数据法学体系简述

（一）数据法学的界定

对于任何法律而言，其效力“只能在毫不脱离民众生活实际情况下才能实现，否则民众生活就会拒绝服从它；一项法律只有在其实际运用于大多数情况下时都能指望切实可行时，才会‘产生效力’。因为……法律实质上不仅是欲然和应然，而且还是人民生活中的一种实际有效的力量”[①]。也就是说，法律只有在人民生活中出现了需要其解决的社会问题时才会出现。因而，在时序上法律一般滞后于业已存在的社会问题。对于人类而言，社会问题的出现意味着秩序处于或将转化为全部或局部的无序状态。如果无序状态一旦

---

① ［德］拉德布鲁赫：《法学导论》，米健译，中国大百科全书出版社 1997 年版，第 2 页。

上演势必会危及人类的生活与生存。“所有秩序，无论是我们在生命伊始的混沌状态中所发现的，或是我们要致力于促成的，都可以从法律引申出它们的名称”①，因此，社会问题的解决或多或少地会求助于法律。

如何通过法律的方式解决社会问题则需要对该问题的产生原因、根源等进行分析与研究，由此产生能够指导解决该社会问题的理论、学说、方案等即法学。“面对法律，法学家的任务有三：解释、构造、体系。”②也就是说，法学与法律因为社会问题而相伴而生。基于此，在言及数据法的时候还应当言及数据法学，哪怕是极为简单的。

近几年随着数字经济与数字社会的发展，我们一方面受益于该发展，另一面也越来越面临着个人隐私、信息等遭受侵犯的危险。在此社会背景与语境下，需要通过法律的方式和手段来规范数据领域的活动，通过保护数据的方式确保个人隐私、信息等的安全，因而数据法学③在近几年中得以兴起。由此可知，数据法学是因为需要通过法律规范数据处理、控制等所涉数据利用行为解决数据隐私、数据安全等社会问题而产生的。这些社会问题的解决其目的在于确保任何一个人在比特世界或数字社会中能够过上有尊严的、自

① ［德］拉德布鲁赫：《法学导论》，米健译，中国大百科全书出版社1997年版，第1页。

② ［德］拉德布鲁赫：《法学导论》，米健译，中国大百科全书出版社1997年版，第169页。

③ 数据法学经历了从概念到学科的发展过程。“‘数据法学’的概念最初缘起已难考证，这一概念的兴起亦与清华大学法学院密切相关。2017年，清华大学法学院组织首届‘迈向数据法学’研讨会；2018年，何海波教授在《清华法学》第4期组织‘迈向数据法学’专题中，一次性刊发9篇论文，使‘数据法学’之概念备受学界瞩目”，而“2019年年中，江西财经大学在本科招生中新增法学（数据法学）专业方向，使‘数据法学’概念的存在空间得到突破性扩展。”见苏宇：“‘信息技术＋法学’的教学、研究与平台建设：一个整体性的观察与反思”，载《中国法学评论》，2021年第6期。

由平等的生活。而尊严、自由、平等于上都指向人权。基于此，本书认为数据法学可以界定为：

以保护数字人权为宗旨的通过法律规范数据和数据利用行为来实现对数据的保护，进而解决数据隐私、数据安全等社会问题的学科。

（二）数据法学的内容

根据数据法学的定义可知，其包含了数据利用、数据保护和数字人权等内容。

1. 数据利用

在数字经济中数据已成为一种生产要素，因此在本书中数据利用主要指的是经济方面利用。数据这种生产要素的价值的挖掘离不开海量的数据与算法这两个前提性基础[①]。数据相对于算法而言，它不主要甚至不是数据控制者与处理者生产的，拥有了海量的数据在某种意义上就拥有了某种市场优势地位，因而对于数据的争夺与控制不可避免地在现实中上演。“数据的基本用途为信息的收集和处理提供了依据”[②]，而从数据中所得到的信息能够帮助“经营者实现或提高经济利润”[③]。由于数据包含了个人隐私、个人信息等因子，从而存在着个人隐私、个人信息等遭受侵犯的风险。即便是不存在这种风险，仍然还有通过数据实施垄断和不正当竞争行为谋利从而危及国家经济安全的风险。无论是哪种风险都要求数据利用要符合安全的原则。

---

① 熊春泉、聂佳龙：《数据驱动型竞争异化风险的法律防控研究》，上海三联书店 2021 年版，第 79 页。

② ［英］维克托·迈尔—舍恩伯格、肯尼思·库克耶：《大数据时代：生活、工作与思维的大变革》，盛杨燕、周涛译，浙江人民出版社 2012 年版，第 132 页。

③ 熊春泉、聂佳龙：《数据驱动型竞争异化风险的法律防控研究》，上海三联书店 2021 年版，第 31 页。

2. 数据保护

对数据保护首先要确定其权属，即生产者对其生产的数据享有怎样的权利。正如习近平总书记所言的“数字经济是全球未来的发展方向”[①]，因而不能因为生产者对其生产的数据享有权利而影响、阻碍数字经济的发展。因而，要以数据安全利用来保护数据，也就是说数据权利的行使而非权利的设置要受到数据安全利用的限制。也就是说，数据生产者对其数据享有权利，只是因为数据经济发展的需要要以实现数据最大经济价值的方式由控制者和（或）处理者来行使。这种既要保护数据又要实现数据安全利用的思路其实就是在资源稀缺的情况下，确立使用资源的适当规则。而这些适当的规则是兼顾数据经济价值的实现与社会公共利益。而这些适当规则最终通过立法的方式予以确定，并具有法律效力。因此，对数据保护要制定相应的法律。

3. 数字人权

人权，简单地讲就是人之所以为人的权利。但“人权”自从开始提出那一天起就充满了不确定性。正因为如此，权利主张的扩张导致了人类不断地解释人权。而导致这种情况原因之一是科技进步，因为从以往经验来看，每次科技革命会导致人权形态的历史转型，而每次转型则又会丰富人权概念的内容。当前，随着以大数据、人工智能等为代表的新一代信息技术的迅猛发展，当前的时代处于以数字技术为代表的第四次科技革命浪潮中已是不争的事实。数字技术方兴未艾导致人类社会形态越来越呈现出智慧化与数字化特征，进而改造与重塑着人权。由此，需要提炼出“数字人权”概念，之后则是如何普及数字人权理念以及如何通过法律的方式来保

① 新华网，http://www.xinhuanet.com/2020-11/20/c_1126767334.htm.

护数字人权。因此，数字人权包含着数字技术对人权的影响，数字人权的内容、理念普及与法律保护等内容。

以上这些内容也就构成了数据法学分论的体系。由此，简单地讲，数据法学在体系上由总论与分论构成，其中分论包括数据利用、数据保护与数字人权三部分内容，即如图 1 所示。

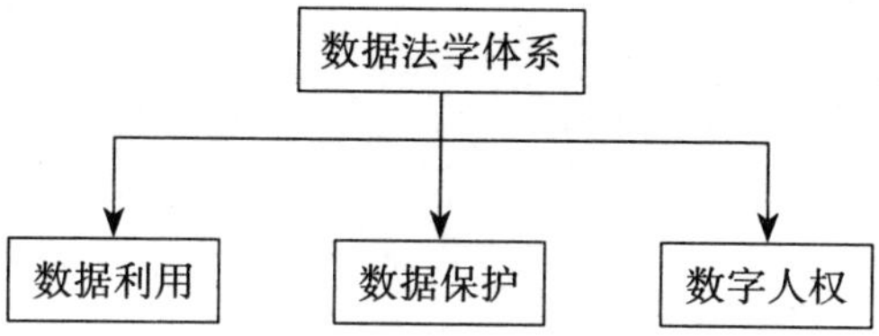

图 1 数据法学体系图

第二编

数据法学体系（一）：数据利用

第四章
数字经济与数据利用

第一节　数字经济概述

一、经济形态发展简史

自从人类诞生之日起便面临着生存的问题，因为“一切人类生存的第一个前提也就是一切历史的第一个前提……就是：人们为了能够‘创造历史’，必须能够生活。但是为了生活，首先就需要衣、食、住以及其他东西”①。无论何种形式的生存都以消耗一定物质能量为代价。这些物质能量虽然最终都是来源于自然，但是这些物质能量对于人类而言并不能满足生存所需，而且更多以不能直接满足人类生存所需财富的形态存在着。这样，用稀缺的资源创造出更多财富以确保生存便成了人类孜孜以求的奋斗目标。

任何财富的创造归根到底都与劳动有关，正如英国经济学家琼·罗宾逊（Joan Robinson）所言的“生产中的基本要素是劳动。没有人类劳动，任何生产都不可能进行，甚至机器人也必须靠人来制造……人类靠劳动来维持生活是他们最关切的事情”②。而人类靠劳动来维持生活又与土地紧密联系，因为它是“一切财富的原始源泉”③。于是，人类的劳动最早体现为耕种这样的劳动。这样，人类

① 《马克思恩格斯全集》（第 1 卷），人民出版社 1972 年版，第 32 页。

② ［英］琼·罗宾逊、约翰·伊特韦尔：《现代经济学导论》，陈彪如译，商务印书馆 1982 年版，第 78 页。

③ 《马克思恩格斯选集》（第 2 卷），人民出版社 1972 年版，第 451 页。

第一经济形态自然而然是农业经济。

以现在的眼光来看，农业经济虽然是人类社会得以发展的基础性经济，但也是一种弱质经济。这种弱质不仅仅体现为单位产出的收益比较低，还体现在受自然因素制约比较深和需要投入大量的劳动力。于是，人类自古幻想并且尝试着能够造出像人一样能够从事繁重农业体力劳作的东西，例如《列子·汤问》中的“偃师献技”①故事，列子就幻想出了用皮革、木头等材料制作而成的如真人一般能歌善舞的人偶。虽然这种人偶是幻想出来的，但正是这种幻想促使着人类制造出了诸如“记里车”②等具有“自主能力”的机械。这些机械虽然有一定的“自主能力”，但动力来源是人力和风力等，从而这些机械并没有帮助人类摆脱粘在土地上③从事着繁重体力劳动的境地。历史证明，真正帮助人类摆脱这种

① 周穆王西巡狩，越昆仑，不至弇山。反还，未及中国，道有献工人名偃师。穆王荐之，问曰：“若有何能？”偃师曰：“臣唯命所试。然臣已有所造，愿王先观之。”穆王曰：“日以俱来，吾与若俱观之。”翌日偃师谒见王。王荐之，曰：“若与偕来者何人邪？”对曰：“臣之所造能倡者。”穆王惊视之，趋步俯仰，信人也。巧夫！领其颅，则歌合律；捧其手，则舞应节。千变万化，惟意所适。王以为实人也，与盛姬内御并观之。技将终，倡者瞬其目而招王之左右侍妾。王大怒，立欲诛偃师。偃师大慑，立剖散倡者以示王，皆傅会革、木、胶、漆、白、黑、丹、青之所为。王谛料之，内则肝胆、心肺、脾肾、肠胃，外则筋骨、支节、皮毛、齿发，皆假物也，而无不毕具者。合会复如初见。王试废其心，则口不能言；废其肝，则目不能视；废其肾，则足不能步。穆王始悦而叹曰：“人之巧乃可与造化者同功乎？”诏贰车载之以归。

② 有众多古代文献都有关于“记里车”的记载，如《古今注》《晋书》《隋书》。《古今注·舆服》：“大章车，所以识道里也，起于西京。亦曰记里车。车上为二层，皆有木人，行一里，下层击鼓，行十里，上层击镯。《尚方故事》有作车法。”《晋书·舆服志》：“记里鼓车，驾四，形制如司南。其中有木人执槌向鼓，行一里则打一槌。”《隋书·礼仪志五》：“记里车，驾牛。其中有木人执槌，车行一里，则打一槌。”

③ 我国著名社会学家费孝通先生在《乡土中国》说“直接靠农业来谋生的人是粘在土地上的”。见费孝通：《乡土中国 生育制度》，北京大学出版社 1998 年版，第 7 页。

境地的是蒸汽、电力等动力先后被发明创造出来。这些动力的出现与应用最终导致了人类经济形态由原先的农业经济进入了工业经济。

在工业经济时代，人类依靠大规模的机器生产等，“资产阶级在它不到一百年的阶级统治中所创造的生产力，比过去一切时代所创造的全部生产力还要多，还要大”①，社会财富比起之前应该可以说极为丰富。比起社会财富，更为重要的是人类在较大程度上从繁重的体力劳动中得以解脱出来。即便是这样，不仅没有熄灭制造出能够让人类彻底摆脱繁重体力劳动的“自主能力”的机器，相反让人类看到了能够将“自主能力”的机器制造出来的希望。在上述信念的指引下，“Automaton”（机械人）这样的一个新词在 1611 年出现了。“思想本身好像一团星云，其中没有必然划定的界限。预先确定的观念是没有的。在语言出现之前，一切都是模糊不清的”，于是“思想按本质来说是浑沌的，它在分解时不得不明确起来。因此，这里既没有思想的物质化，也没有声音的精神化，而是指的这一颇为神秘的事实，即‘思想—声音’就隐含着区分，语言是这在两个无定形的浑然之物形成时制定它的单位的”②。正如法国著名作家帕斯卡所言：“人不过是一根苇草，是自然界最脆弱的东西；但他是一根能思想的苇草……因而，我们全部的尊严就在于思想。正是由于它而不是由于我们所无法填充的空间和时间，我们才必须提高自己。因此，我们要努力好好地思想，这就是道德的原则。”③正因为如此，人也就是语言的动物。“一个新语词的出现必然是因为

① 《马克思恩格斯选集》（第 1 卷），人民出版社 1995 年版，第 277 页。

② ［瑞士］费尔迪南·德·索绪尔：《普通语言学教程》，高名凯译，商务印书馆 2009 年版，第 157—158 页。

③ ［法］帕斯卡尔：《思想录》，何兆武译，商务印书馆 1985 年版，第 157—158 页。

新的事物出现在了人们的现实生活或想象之中，而它能够被普遍使用并成为语言的一部分，则是因为很多人都分享着它所表达的现实体验或想象。”[①] 因此，“Automaton”一词的出现意味着人类有了可以用机械模拟人的想法或者认知。

机械能否模拟人首先取决于是否拥有成熟的技术。19 世纪自然科学尤其是物理学取得了突破性进展这一事实激发了诸多哲学的热情，他们设想通过观察、统计、分析人的行为发现类似于自然规律那样的社会规律。社会发展尤其是规律性，这一点是毋庸置疑的。恩格斯曾言：“正像达尔文发现有机界的发展规律一样，马克思发现了人类历史的发展规律，即历来为繁芜丛杂的意识形态所掩盖着的一个简单事实：人们首先必须吃、喝、住、穿，然后才能从事政治、科学、艺术、宗教等等；所以，直接的物质的生活资料的生产，从而一个民族或一个时代的一定的经济发展阶段，便构成基础，人们的国家设施、法的观点、艺术以至宗教观念，就是从这个基础上发展起来的，因而，也必须由这个基础来解释，而不是像过去那样做得相反。”[②] 正是因为马克思发现了人类历史的发展规律从而社会主义由空想转变为科学。同样的道理，如果这些社会规律一经发现则意味着人类便可拥有“研究现状以便推断未来”[③] 的能力。而人类真正地拥有这一能力的前提条件就是拥有足够的数据以及处理这些数据所需的计算能力[④]。显然在 19 世纪人类并不完全地具备这些条件。即便是如此依然出现了“Android”（人形机器）一

① 郑戈：《人工智能与法律的未来》，载《探索与争鸣》2017 年第 10 期。

② 《马克思恩格斯选集》（第 3 卷），人民出版社 1995 年版，第 776 页。

③ ［法］奥古斯特·孔德：《论实证精神》，黄建华译，商务印书馆 2001 年版，第 12 页。

④ 熊春泉、聂佳龙：《数据驱动型竞争异化风险的法律防控研究》，上海三联书店 2021 年版，第 60 页。

词。该词的词根源于古希腊文中的“andro”（人）与“eides”（形状）[①]。该词的出现标志着通过自然科学尤其是物理学的方式可以制造出像人一样可以推断未来的机器。随着工业革命的出现以及推进，机器可以替代人类一部分体力劳动成为了现实，“机器人”一词也随之出现。捷克作家卡雷尔·卡佩克（Karel Čapek）创作的剧本 *Rossumovi univerzální roboti*（《罗素姆的机器人》）将波兰语中的“Robota”（强迫劳动）和“Robotnik”（工人）两次进行整合创造出了“roboti”一词[②]。该词的英文是“robot”。

从词的角度看，如果说“Automaton”的出现意味着人类萌芽了机器替代人的幻想，那么“Android”的出现则可以视为该幻想有了实现的可能，而“robot”则是该幻想的部分实现。这也就预示着人类在机器替代人幻想的实现方面还有很长的路要走。

存在于世界所有生物中人类可谓是唯一拥有智慧的，于是大脑成为了人类感到最为骄傲的部分。之所以如此，“不仅因为它是人脑中最大的部分，而且作为整体而言，人的大脑在比例上比其他任何动物的都大（人的小脑也比大多数其他动物的大）。大脑和小脑具有比较薄的灰色物质外表面，以及具有白色物质的更大的内部区域。人们把这些灰色物质的区域分别称为大脑皮层和小脑皮层。灰色物质正是实行不同类计算任务的地方，而白色物质是由很长的神经纤维所组成，负责从头脑中一个部分传信号到另一部分”[③]。其中人脑传递信号的原理大致是这样的：“一个信号是沿着神经纤维移动的一个区域，其中具有相反的电荷不平衡（也就是现在内部是正

① 郑戈：《人工智能与法律的未来》，载《探索与争鸣》2017 年第 10 期。

② 吕超：《科幻小说中的人工智能伦理》，载《文化纵横》2017 年第 8 期。

③ ［英］罗杰·彭罗斯：《皇帝新脑——有关电脑、人脑及物理定律》，许明贤、吴忠超译，湖南科学技术出版社 1995 年版，第 433 页。

的，外部是负的）。想象有人位于神经纤维这种方向带电区域之前方。当这个区域靠近时，它的电场在细胞膜上打开了成为钠门的小'门'；这允许钠离子从外面往里面流回去（由电力和因浓度差引起的压力，亦即'渗透压'的结合效应）。结果使内部带正电而外部带负电。这些发生过后，构成信号的反转电荷区域即到达我们的位置。它现在促使另外一个小'门'（钾门）打开，这门允许钾离子从里面往外面流回去，这样开始恢复内部超量的负电荷。信号现在就通过了！最后，随着信号再次远离而去，泵缓慢而坚决恢复了神经纤维的静态，并为下一个信号做好准备。"①

当人脑的构造以及信号传递原理逐渐被弄清楚，人类也就逐渐拥有了通过机器模拟人脑传递信号的理论知识。1935—1936年，英国著名的数学家、逻辑学家兼电脑科学的开山鼻祖阿伦·图灵（Alan Turing）提出的"图灵机"则让人类看到了通过机器模拟人脑传递信号的希望。后来，图灵在 *Commuting Machinery and Intelligence*（《计算机与智能》）中进一步提出，"计算机"与神经系统从数学的角度看具有功能相似性，因而数字计算机可以模仿人类且具有思维。这是一个极具争议的观点，图灵尽管对各种质疑进行了回应与反驳②，但此后还是有人提出了质疑，比如牛津大学的教授罗杰·彭罗斯。针对根据图灵检验所定义的智慧认为计算机具有像人一样的思维或智慧这一问题，罗杰·彭罗斯进行了反驳与论述，其论断是："正如皇帝没有穿衣服一样，电脑并没有头脑。电脑具有智慧吗？人们的共识是用通过图灵检验来定义智慧。彭罗斯

① ［英］罗杰·彭罗斯：《皇帝新脑——有关电脑、人脑及物理定律》，许明贤、吴忠超译，湖南科学技术出版社1995年版，第451—452页。

② 参见［英］玛格丽特·博登：《人工智能哲学》，刘西瑞、王汉琦译，上海译文出版社2001年版，第68—91页。

认为要制造出满意的通过这种检验的机器还是非常遥远的事。即使它真的通过了，我们还是不能断定其真有理解力，西尔勒中文屋子的理想实验强有力地表明，用图灵检验来定义智慧还是远远不够充分的。”①也正是这样的原因，彭罗斯将其著作命名为《皇帝新脑——有关电脑、人脑及物理定律》一书。

尽管图灵的相关观点遭到了诸多的质疑，但实际上这些质疑并没有埋没图灵观点中所蕴藏的真知灼见，因为这些真知灼见在电子计算机出现的历史中得到了较为充分且有力的证明。出于美国奥伯丁武器试验场计算弹道的需要，世界上第一台通用计算机 ENIAC（Electronic Numerical And Calculator）于 1946 年 2 月 14 日问世于宾夕法尼亚大学。1989 年被称之为 World Wide Web 的分类互联网信息的协议的提出，以及 1991 年明尼苏达大学开发出第一个连接互联网的友好接口，计算机的功能除了计算外，还有信息传递等。“互联网的出现，实现了地理位置不同且功能相互独立的计算机及其外部设备之间的资源共享与信息传递，从而突破了人们之间交流的时空限制。作为互联网基本元素的计算机在理论上由运算逻辑单元、控制器、输入与输出设备、记忆单元五大单元组成。这样，互联网中留下的数据都能够被记忆。这一特性也就决定了互联网具有‘记忆成为常态，遗忘成为例外’的特点。随着互联网逐渐成为了人们生活、工作不可或缺的工具，大量反映个人在真实世界活动的数据在互联网之中被记忆。”②基于此，著名的未来学家阿尔文·托夫勒 1980 年在《第三次浪潮》一书中预言第三次浪潮

---

① ［英］罗杰·彭罗斯：《皇帝新脑——有关电脑、人脑及物理定律》，许明贤、吴忠超译，湖南科学技术出版社 1995 年版，第 2 页。

② 熊春泉、聂佳龙：《数据驱动型竞争异化风险的法律防控研究》，上海三联书店 2021 年版，第 2—3 页。

到来，且大数据会成为“第三次浪潮文明”时期的华彩乐章。但大数据真正成为一种技术却是2013年后的事情。在大数据技术成熟的过程中，人工智能（Artificial Intelligence，简称AI）、区块链（Blockchain）、云计算（Cloud）、边缘计算（Edge Computing）、物联网（Lot）等数字技术也在逐渐成熟并实现了具体的应用。

从当前来看，大数据等数字技术不仅让“实体的事物可以‘数字化’，即由数字符码来标识各种各样的实体物品，而且，人们的思想观点和行为活动以及它们的动态变化等，也都可以经过‘数字化转换’，畅行于虚拟的数字网络空间”①。因此，这些技术不仅仅是技术工具的存在，还引致了经济形态越来越呈现出了“数字”特征，由此形成了数字经济这样一种经济形态。

二、数字经济的时代特征与定义

（一）数字经济的时代特征

承上所述，虽然表面看来数字经济是数字技术导致的结果，但我们予以深究的话不难发现它的出现是一种时代的必然。这种必然性导致了实体的事物可以“数字化”，而因此产生的数据成为一种核心生产要素。据此，数字经济的时代特征至少有：

1. 数字经济是数字技术驱动的结果

美国学者布莱恩·阿瑟在《技术的本质——技术是什么，它是如何进化的》一书中提出了这样一个论断，即“我们无法抛弃技术而去谈时代，因为技术总比其他任何事物都更能代表一个时代的特征。我们活在技术的潮流之中，时代的更迭与技术的发展息息相

① 李一：“‘数字社会’的发展趋势、时代特征和业态成长”，载《中共杭州市委党校学报》2019年第5期。

关”[①]。由此，数字经济的时代特征首先与数字技术有关。前面已述及，数字技术主要有大数、人工智能、区块链、云计算、边缘计算、物联网等。也就是说这些数字技术塑造了当前数字经济的时代特征。这点我们可以从大数据技术对商业模式的影响窥见一斑。大数据技术最核心的功能是预测，这是由“数据—信息—规律”这一大数据处理数据原理决定的。基于大数据技术的预测功能所得的信息或（和）规律可以帮助经营者实现或提高经济利润，因此缘故数据驱动型商业模式[②]也就随之出现[③]。从数据驱动型模式出现中不难知道，数字经济无疑是数字技术驱动的结果。

2. 数据成为了一种生产要素

对于数字经济是数字技术驱动的结果的结论，或许有人会提出这样的质疑，数字技术最为核心也是最为关键的技术——电子计算，早在20世纪40年代就诞生并随后不久就在经济领域得以应用，那么为什么那时没有出现数字经济？这是因为“在传统经济中，信息技术只是经济发展的辅助手段，通过信息化的方式，简化业务流程和提高业务流转效率。因此信息技术迟迟未能进入核心业

---

① ［美］布莱恩·阿瑟:《技术的本质——技术是什么，它是如何进化的》，曹东溟、王健译，浙江人民出版社2014年版，第51—55页。

② “数据驱动型商业模式的核心要素除了大数据及分析技术外，还有客户、价值主张、价值网络和创收逻辑。这些要素之间的逻辑关系是：企业借助大数据及其分析技术精准发掘用户的个性化需求与客户实时互动，在此基础上创造差异化的市场等并借助定制化等营销手段与实时、互动价值的传递等来实现经济利润。由此可以知道，相较于传统的商业模式，数据驱动型商业模式之所以能提升经营者的竞争力，以及带来经济利益的原因是对于消费者需求更具有针对性，从而更能满足消费者个性化的需求。对于任何经营者而言，其生产的逻辑起点与落脚点均是通过满足消费者某种需求而实现经济利润。”见熊春泉、聂佳龙:《数据驱动型竞争异化风险的法律防控研究》，上海三联书店2021年版，第32页。

③ 熊春泉、聂佳龙:《数据驱动型竞争异化风险的法律防控研究》，上海三联书店2021年版，第31—32页。

务决策，也未能成为经济发展的驱动力”[①]。申言之，在数字经济出现之前，仅有数字技术而没有数据资源或者说数据没有成为一种资源。也就是说，数字经济它并不是“数字技术＋经济”而是“数字技术＋数据资源”产生的经济形态。在这一经济形态中，数据居于相当重要的位置。“在经济分析中，基本因素之一是投入物同商品产出量之间的关系。投入物是生产过程所必需的要素或生产资料。”[②]于是，在任何经济形态中具有重要位置的是生产要素，比如在农业经济中生产要素是土地，而在工业经济中则是资本、机器等。据此，可以说数据之于数字经济则是一种生产要素。

（二）数字经济的定义

以上的数字经济的时代特征有助于我们定义数字经济，因为“定义就是通过揭示某一概念所反映的对象的本质属性或特有对象范围来明确概念的逻辑方法”[③]，而特征是本质属性的体现。但因为上面所描述的数字经济时代特征的不完全性则导致仅仅依靠它们来界定数字经济无疑是有困难的甚至是不可能的。“在社会科学问题上有一种最可靠的方法，它是真正养成正确分析这个问题的本领而不致淹没在一大堆细节或大量争执意见之中所必需的，对于用科学眼光分析这个问题来说是最重要的，那就是不要忘记基本的历史联系，考察每个问题都要看某种现象在历史上怎样产生、在发展中经过了哪些主要阶段，并根据它的这种发现去考察这一事物现在是怎样的。”[④]基于此，下面将史海钩沉，对作为概念“数字经济”予以

① 杜庆昊：《中国数字经济协同治理研究》，中共中央党校 2019 年博士论文。

② ［英］琼·罗宾逊、约翰·伊特韦尔：《现代经济学导论》，陈彪如译，商务印书馆 1982 年版，第 78 页。

③ 张大松、蒋新苗：《法律逻辑学教程》（第 3 版），高等教育出版社 2013 年版，第 163 页。

④ 《列宁选集》（第 4 卷），人民出版社 1995 年版，第 26 页。

"考古"，因为概念是"我们进行思考、批评、辩论、解释和分析的'工具'"①，也是时代的提示器。

最早提出"数字经济"概念的学者是美国IT咨询专家泰普斯科特（Tapscott），他于1995年在著作《数字经济》一书中提出了该概念。之后，尽管泰普斯科特先后出版《数字经济时代》（1996）、《数字经济蓝图》（1998）、《数字化成长：网络世代的崛起》（1998）等著作都有"数字经济"这一概念，但他始终没有对数字经济概念进行具体分析。这也就导致了关于"数字经济"的内容往往莫衷一是。例如，Neal Lane（1999）认为，数字经济是"计算机技术和通信技术在因特网中的融合，并引发的信息与技术交流促进了所有的电子商务与大量的组织变革"；Paul Miller & James Wilsdon（2001）认为，"数字经济不应当仅仅局限在技术融合及影响或者电子商务的层面，而应当具有更加广泛的内涵。他们指出：数字经济代表一场技术革命——改变我们商业、工作和生活的因特网革命；数字经济代表创新行为——驱动新经济的动力；数字经济代表可持续发展——运用数字化技术来减少我们对环境的影响；数字经济代表平等——因特网一定程度上加强社区合作和社会联系性"；Beomsoo Kim（2002）则直接将数字经济界定为"商品和服务以数字化形式进行交易的一种特殊经济形态"②。不仅学者对"数字经济学"概念的理解不同，政府的理解也是各异。1997年5月日本通产省将数字经济描述为了广义的电子商务，并在此基础上提出了数字的四个特征，即"（1）没有人员、物体和资金的物理移动的经济是可能的；（2）合同签订、价值转移和资产积累可用

① ［英］安德鲁·海伍德：《政治学核心概念》，吴勇译，天津人民出版社2008年版，第4—5页。

② 何枭吟：《美国数字经济研究》，吉林大学2005年博士论文。

电子手段完成；（3）作为‘数字经济’基础的信息技术将高速发展；（4）电子商务将广泛拓展，数字信息将渗入人类生活的各个方面”，而1999年10月，美国统计局公布了的 *Measuring Electronic Business Definitions, Underlying Concepts, and Measurement Plans* 则是将数字经济内涵分为了（电子化企业的）基础建设、电子化企业、电子商务、计算机网络等四部分①。

如果上面介绍的不同学者和国家关于“数字经济”内涵论述之所以没有取得普遍共识有其数字经济时代还未到来这样的客观原因，那么随着互联网、数字技术与经济社会的深度融合，数字经济已日益成为经济社会的新动能的现在就不得不尽可能且尽快地达成普遍共识。在这样的背景下，2016年召开的G20杭州峰会将数字经济作为了主要议题，并且发布了会议成果《二十国集团数字经济发展与合作倡议》。此次峰会将数字经济定义为“以使用数字化的知识和信息作为关键生产要素、以现代信息网络作为重要载体、以信息通信技术的有效使用作为效率提升和经济结构优化的重要推动力的一系列经济活动”，并且进一步指出“互联网、云计算、大数据、物联网、金融科技与其他新的数字技术应用于信息的采集、存储、分析和共享过程中，改变了社会互动方式。数字化、网络化、智能化的信息通信技术使现代经济活动更加灵活、敏捷、智慧”②。

从上述内容中不难知道，我们对于数字经济的内容的认识逐渐从模糊走向清晰，其中G20杭州峰会关于数字经济的界定可以说就是一个很好的例证。但不得不承认，G20杭州峰会关于数字

① 何枭吟：《美国数字经济研究》，吉林大学2005年博士论文。

② 载中国网信网，http://www.cac.gov.cn/2016-09/29/c_1119648520.htm.

经济的界定并不能表明我们关于数字经济的内容的认识已经达到了完全清晰的程度。尽管因为此种缘故，2016 年 G20 杭州峰会关于数字经济内涵的界定不能说是完美无缺，但因为它有着能够代表甚至是主导未来国际经济发展的国家所达成的这样的背书，将其视为一种蓝本也未尝不可。2021 年 9 月 1 日施行的《广东省数字经济促进条例》第 2 条将数字界定为以数据资源为关键生产要素，以现代信息网络作为重要载体，以信息通信技术的有效使用作为效率提升和经济结构优化的重要推动力的一系列经济活动。2022 年 3 月 1 日实施的《河南省数字经济促进条例》第 2 条将数字经济界定为以数据资源为关键生产要素，以现代信息网络为重要载体，以数字技术促进效率提升和结构优化的经济形态。2022 年 3 月 1 日《浙江省数字经济促进法》第 2 条将数字经济界定为以数据资源为关键生产要素，以现代信息网络为主要载体，以信息通信技术融合应用、全要素数字化转型为重要推动力，促进效率提升和经济结构优化的新经济形态。显然这些地方立法关于数据的定义都是以 2016 年 G20 杭州峰会关于数字经济内涵的界定为蓝本。基于此，结合上面所论述的数字经济时代特征，数字经济可以这样界定：

数字经济指的是以使用数据作为关键生产要素、以现代数字技术的有效使用作为效率提升和经济结构优化的重要推动力的一系列经济活动。

从上述定义中可以知道，数字经济的内涵除了数据与数字技术之外，还应该包括数字平台、电子商务等。这些内涵都是因为数据利用而黏合在一起。关于数据利用则是下一节的主题。

第二节 数据的价值与数据利用

一、数据的经济价值

数字经济形态的出现或者说进入数字经济时代是历史的必然。这也就意味着数据并非只有到了数字经济时代才具有价值，只能说在数字经济时代，数据的价值得到了前所未有的凸显。“如果没有一种对于过去的整合，那么，既不能回溯我们过去的足迹，也不能找到未来的指导路线。”①遍览人类社会发展史，就能很容易发现无论是已经成为历史的漫长过去，还是当下以及可以预见的未来，税收都会存在着。无论是在过去还是当下与未来，国家向纳税主体征税则需要人口等方面的数据。因此，能够说明数据在非经济时代也有价值的显见例子就是前面所提及的税收。

从税收的例子中可以进一步地知道，国家的管理离不开数据。由此可以说，在数字经济时代之前，“数据更多的时候是在扮演国家管理工具的角色”②。也就是说，数据在数字经济时代之前，其价值更多体现在管理方面而非经济方面。这其中的原因主要有数据难以被记忆与机会成本考量等③。历史地看，导致前述原因消失的是因为计算机与因特网的诞生。计算机与因特网的诞生导致了一切皆可以数据化。再着重说明一点，数据化不等于数字化。维克托·迈尔-舍恩伯格与肯尼思·库克耶两位学者在《大数据时代：生活、

① ［美］哈罗德·J. 伯尔曼：《法律与革命——西方法律传统的形成》，贺卫方、高鸿钧、张志铭、夏勇译，中国大百科全书出版社 1993 年版，第Ⅴ页。

② 熊春泉、聂佳龙：《数据驱动型竞争异化风险的法律防控研究》，上海三联书店 2021 年版，第 15 页。

③ 熊春泉、聂佳龙：《数据驱动型竞争异化风险的法律防控研究》，上海三联书店 2021 年版，第 19—20 页。

工作与思维的大变革》一书中以醒目的小标题提出“数据化，不是数字化”，并进一步指出“数字化指的是把模拟数据转换成用 0 和 1 表示的二进制码”，而数据化则是指“一种把现象转变为可制表分析的量化形式的过程”①。在两位学者看来数字化与数据化大相径庭。数字化与数据化不同也就意味着数字与数据的不同。这一结论点从语义的角度也可以得出，汉语言中的数据与数字的最大不同在于数据有特定的价值或用途，而在外文中“数据”（data）意思是“已知”或被理解为“事实”，“数字”（number）更多指的是序数、自然数和基数。

一切皆可以数据化意味着从数据中可以得到描述“已知”“事实”的信息等。“信息这个名词的内容就是我们对外界进行调节并使我们的调节为外界所了解时而与外界交换来的东西。接收信息和使用信息的过程就是我们对外界环境中的种种偶然性进行调节并在该环境中有效地生活着的过程……所谓有效地生活就是拥有足够的信息来生活。”②申言之，一切皆数据化可以帮助人们有效地生活。这在经济领域表现得最为明显。即便是我们不去深究背后的原因，也应该能够感知信息在经济领域的重要性。那么信息在经济中扮演着怎样的角色或者说起着何种作用呢？这就有必要介绍下信息经济学，因为它是“从信息角度研究经济问题所形成的理论结果或知识体系”③。

“信息经济”一词被学者雅各布·马尔萨克（Jacob Marschak）

① ［英］维克托·迈尔-舍恩伯格、肯尼思·库克耶：《大数据时代：生活、工作与思维的大变革》，盛杨燕、周涛译，浙江人民出版社 2012 年版，第 103 页。

② ［美］N. 维纳：《人有人的用处——控制论和社会》，陈步译，商务印书馆 1978 年版，第 9 页。

③ 谢康、乌家培：《阿克洛夫、斯彭斯和斯蒂格利茨论文精选》，商务印书馆 2002 年版，第 14 页。

于 1959 年提出来，信息经济学在肯尼思·阿罗（Kenneth J. Arrow）、乔治·施蒂格勒（George J. Stigler）、威廉·维克里（William S. Vickrey）、詹姆斯·莫里斯（James A. Mirrless）、乔治·阿克洛夫（George A. Akerlof）、迈克尔·斯彭斯（A. Michael Spence）、约瑟夫·斯蒂格利茨（Joseph E.Stiglitz）等众多荣获了诺贝尔经济学奖的学者，以及其他学者共同努力之下日益成为了主流经济学的重要组成部分。在斯蒂格利茨看来，信息经济学就是一种观察经济现象和规律的透视法。国内有学者将信息经济学归纳为这样五个方面："第一个角度是从不完全信息和非对称信息的假设出发分析经济现象，第二个角度是从统计决策的角度，研究如何利用信息实现最优信息经济，第三个角度是从企业管理和信息管理角度研究经济信息，第四个角度是从信息产业角度分析信息经济现象，第五个角度是从信息经济的统计测算角度分析信息经济现象。"[①] 从这些研究角度中可以知道，"和普通商品一样，信息也是一种很有价值的资源，它能够提高经济主体的效用和利润"[②]。

由上可知，数据的经济价值体现在能够提高经济主体的利润上。那么数据是怎样提高经济主体的利润的呢？我们可以以大数据为例来回答这个问题，因为大数据在本质上是数据集[③]，而且"大数据的掌握程度可以转化为经济价值的来源"[④]。大数据能够提高经

① 谢康："国外信息经济学研究"，载《科学决策》2000 年第 4 期。

② 高鸿业：《西方经济学（微观部分）》，中国人民大学出版社 2007 年版，第 397 页。

③ 大数据指的是那些大小超出了一般数据库软件的采集、储存、管理和分析等能力的，人类通过交换、整合和分析相应数据能够得到巨大社会价值的数据集。见熊春泉、聂佳龙：《大数据时代的中国法治建设——一种立法视角的分析》，中国政法大学出版社 2017 年版，第 100—101 页。

④ [英] 维克托·迈尔—舍恩伯格、肯尼思·库克耶：《大数据时代：生活、工作与思维的大变革》，盛杨燕、周涛译，浙江人民出版社 2012 年版，第 15 页。

济主体的利润的奥秘在于它能够预测人的行为规律。人的行为之所以具有规律或者说呈现出规律性主要是因为人类具有“强迫性重复”（The Compulsion To Repeat）的倾向。“强迫性重复”倾向是著名心理学家弗洛伊德在众多精神分析治疗事件中发现的[①]。在弗洛伊德看来，人类之所以会有这种倾向是为实现心理力量保存导致的，即“一种本能就是在活动的有机物中先天存在的一种倾向，这种有机物促使它恢复一种早期的条件，这是一种在外部干扰力量影响下它必须抛弃的倾向——一种机体的灵活性，或者换一种说法，有机体生命中惰性的表现”[②]。正是因为这样的缘故，经济主体研究现有数据可以推断消费者未来的消费行为，从而通过有针对性地推送和个性化营销等方式和手段销售商品，最终达到提高利润的目的。

二、数据的经济价值在于数据利用

既然信息能够提高经济主体的利润，而且从数据中可以得到信息，那么数据对经济主体而言是一种有价值的资源是自然而然的。由于人为之奋斗一切都与利益有关，从而“天下熙熙，皆为利来；天下攘攘，皆为利往”。这样，经济主体为了实现数据的经济价值

① “在儿童游戏中，我们似乎发现，儿童甚至会因为另一个原因而重复快乐的体验，因为通过他自己的活动，能比只通过被动的体验更加彻底地更多地控制这种强烈的印象。……儿童则会不厌其烦地央求重复一个他给他们看过的或者和他们一起玩过的一种游戏，直到这个成年人拒绝再玩或实在筋疲力尽为止。同样，如果给儿童讲一个很有趣的故事，他就纵向一遍又一遍地听这个故事，而不听其他新故事；而且他会严厉地规定，重复得必须一模一样，并纠正讲故事的人可能误漏的每一差错——虽然他们可能实际上是想通过插嘴来获得新的赞许。所有这一切和快乐原则并不矛盾；显然，这种重复，这种同一事物的重新体验本身就是快乐的一个根源。”见［德］弗洛伊德：《自我与本我》，杨韶刚译，长春出版社 2004 年版，第 27 页。

② ［德］弗洛伊德：《自我与本我》，杨韶刚译，长春出版社 2004 年版，第 28 页。

必然会利用数据。

（一）数据利用的前提之一：数据生产

《大数据时代：生活、工作与思维的大变革》一书的两位作者维克托·迈尔-舍恩伯格和肯尼思·库克耶指出：数据价值的关键是它的潜在价值，从而比起收集数据更为重要的是利用数据，“因为大部分的数据价值在于它的使用，而不是占有本身”[①]，但这并不能否定拥有数据是数据利用的前提条件之一。

想要拥有数据的就得有数据生产。当前，数据被世界各国普遍视为“数字经济的基础设施”[②]。在此背景下，相应的国家和地区为了促进和鼓励数据生产甚至不惜在立法层面作出相应的调整，最为典型的是欧盟。在欧盟众多关于数据的立法成果中，最为著名的无疑是《一般数据保护条例》（*General Data Protection Regulation*，GDPR）这部旨在保护个人数据隐私与安全的法律文件。但是，时隔一年后，欧盟立法就转向到保护个人数据隐私与安全的同时兼顾非个人数据利用上来，最为显见的证据就是2017年10月出台的《构建欧洲数据经济》（*Building a European Data Economy*）文件中创设了“数据生产者权”（Data Producer's Right）。

数据生产者权，欧盟委员会将其初步界定为：“数据生产主体使用或者授权他人使用非个人数据的权利”。[③]这也就预示着“欧盟数据生产者权尚未构建完成，也并未投入实施，关于权利范围、归属以及行使例外等诸多问题，当前仍在广泛征集社会意见的阶

---

① [英]维克托·迈尔—舍恩伯格、肯尼思·库克耶：《大数据时代：生活、工作与思维的大变革》，盛杨燕、周涛译，浙江人民出版社2012年版，第156页。

② Organisation for Economic Cooperation and Development：Data driven innovation：big data for growth and well-being，OECD Publishers，2015，pp.403—438.

③ European Commission，Building a European Data Economy [EB/OL]，https://eur-lex.europa.eu/legal-content/EN/TXT/?uri=COM: 2017: 9: FIN.html，2017-1-10.

段。在历经利益攸关方数轮博弈，优化与完善后或将问世”[①]。同时也昭示着非个人数据已然成为一种独立的经济资源，其生产的数量、质量等将会决定数字经济的成色。因此，可以预见在未来非个人数据生产将会是数据能够得以利用的前提所在。

也许有人会提出这样的质疑：仅仅依靠非个人数据就认为证成了“拥有数据是数据利用的前提条件之一”这一结论至少在逻辑上是不严谨的，因为数据除了非个人数据之外，还包括个人数据。从欧盟的《一般数据保护条例》内容来看，个人数据属于个人隐私或信息的范畴，其利用要遵循“合法、公平和透明”“目的限制”“数据最小化”“准确性”等原则[②]。也就是说，个人数据可以利用，只不过是相较于非个人数据而言，法律对其利用的要求更加严格而

---

① 蒋林君：“欧盟数据生产者权及其对我国的启示”，载《湖南科技大学学报》（社会科学版）2021 年第 2 期。

② 《一般数据保护条例》第 5 条规定：

1. 对于个人数据，应遵循下列规定：

（a）应当以合法、公正、透明的方式处理涉及数据主体的个人数据（“合法、公平和透明”）；

（b）应当以有具体的、清晰的、正当的目的收集个人数据，且对个人数据的处理不应当违反初始目的。根据第 89（1）条之规定，出于公共利益，科学研究或历史研究目的或统计目的而进行存档的进一步处理，不应视为违反初始目的不符（“目的限制”）；

（c）应当以适当的、相关的和必要的方式处理个人数据来实现数据处理目的（“数据最小化”）；

（d）应当准确，并在必要时保持最新；考虑到处理目的，必须采取一切合理步骤以确保不准确的个人数据被删除或纠正而不会造成延误（“准确性”）；

（e）对于能够识别数据主体的个人数据，其储存时间不得超过实现其处理目的所必需的时间，但为了实现公共利益、科学或历史研究目的或统计目的，以及保障数据主体的权利和自由，并采取了本条例第 89（1）条规定的合理技术与组织措施的除外（“存储限制”）；

（f）应当使用适当的技术或组织措施（“完整性和机密性”）以确保适当保护个人数据安全的方式进行处理，包括防止未经授权或非法处理以及防止意外丢失，破坏或损坏。

2. 控制者应对第 1 款（“问责制”）负责，并能够证明符合该款的规定。

已。既然个人数据可以利用，那么个人数据的生产也就不言而喻。

综上所述，可以说数据利用的前提之一便是数据生产。

（二）数据利用的前提之二：算法

单从人的行为角度看，数据产生有其规律性，生产出来的数据也会遵循相应的规则有序地存储于网络空间中。但是，随着时间段推移，积累于网络空间中的数据会变得杂乱无章。那么要想从存在于网络空间中杂乱无章的数据获得蕴藏其中的信息或规律无疑需要相应技术的支持。“神经脉冲可以很清楚地看作是两值符号，它的含义是：无脉冲时表示一个值（在二进制数字中为0），脉冲出现时表示另一个值（在二进制数字中为1）……因此，它们可以用一种特殊的、逻辑作用的符号（二进制数字中的0或1）来表示。”① 基于此种认识，计算机以及能够处理海量数据的计算机程序相继被人类发明创造出来，其中后者被称之为“算法”(algorithm)。也就是说，算法是从海量的杂乱无章的数据中获得蕴藏其中的信息或规律的技术。

虽然算法可以理解为处理海量数据的技术，但这种理解毕竟过于简单化。关于算法的界定，不同的学者提出了不同的观点，例如迈克尔·T. 古德里奇与罗伯托·塔马西亚认为，“算法（algorithm）是在有限的时间内一步步完成某个任务的过程”②；塞奇威克与韦恩认为，“算法是一种有限、确定、有效的并适合用计算机程序来实现的解决问题的方法”③；迈克尔·西普塞认为，“算法是为实现某个任务而构造的简单指令集。在日常用语中，算法有时称为过程或

① ［美］约翰·冯·诺依曼：《计算机与人脑》，甘子玉译，商务印书馆2001年版，第32页。

② ［美］迈克尔·T. 古德里奇、［美］罗伯托·塔马西亚：《算法设计与应用》，乔海燕、李忞炜、王烁程译，机械工业出版社2018年版，第1页。

③ ［美］塞奇威克、［美］韦恩：《算法》（第4版），谢路云译，人民邮电出版社2012年版，第1页。

处方”[①]，等等。综合这些学者的观点可以知道，算法在本质上就是计算机执行计算或者解决问题时所运行的一系列指令，通过这些指令处理数据可以得到信息或规律等。

出于处理海量数据的需要，“人类自进入数字时代以来，先后出现了 MPI（Message Passing Interface）并行计算与编程方法、Hadoop Map Reduce 大数据处理系统及其编程方法、Spark 大数据处理系统与编程方法和 Flink 大数据处理系统与编程方法”[②]。这些算法的问世让人类获得和拥有了从数据中得到信息或规律的能力，以及这种能力得到了极大的提升。这种能力在经济领域里转化成了竞争力或竞争优势。这种竞争力或竞争优势体现为因为能够满足消费者个性化需求而获得巨额的利润。正因如此，甚至有人预言在未来包括经济领域在内的各个领域将会被算法支配[③]。即便是我们不去深究此种预言能够成真，但依然能让我们感知到算法的作用：没有算法则无法实现数据的利用。

三、数据利用风险

现有的诸多事例反复证明了数据利用在带来了巨额利润等好处的同时，也带来了诸多的副作用。“什么是副作用？副作用就是行为人在行为之前视其为目的主作用以外的可以容忍的作用。”[④]以此

① ［美］迈克尔·西普塞：《计算理论导引》，段磊、唐常杰等译，机械工业出版社 2015 年版，第 114 页。

② 熊春泉、聂佳龙：《数据驱动型竞争异化风险的法律防控研究》，上海三联书店 2021 年版，第 82 页。

③ 学者马科斯·奥特罗（Marcos Otero）不仅认为未来人类世界将会被算法支配，还指出了真正支配人类世界的算法有合并排序、快速排序与堆排序等 10 种，载搜狐网，http://www.sohu.com/a/260189762 _355140，最后访问日期 2021 年 11 月 10 日。

④ ［德］彼得·科斯洛夫斯基：《伦理经济学原理》，孙瑜译，中国社会科学出版社 1997 年版，第 6 页。

观照，数据垄断、“大数据不正当竞争”可以算是数据利用带来的副作用。当然，数据利用带来的副作用除了前述所列举的数据垄断等外，还有其他。但对于数据利用带来的副作用没有必要进行“面面俱到”的描述。实际上，数据垄断、数据强行获取与利用数据实施不正当竞争这些副作用的存在就能够昭示数据利用的过程中已经衍生了一定的风险，即数据利用风险。

（一）数据垄断的风险

尽管在理论上“数据垄断”命题有着真伪之争，或者说“数据垄断”命题饱受质疑[①]，但是这并不能否定这样的事实：数据掌握在某个或者几个经营者手中，随着数据积累到一定程度后这些经营者“能够独立于其他竞争者、最终独立于消费者行为，从而在相关市场上阻碍有效竞争”[②]。这种能够使经营者在相关市场上具有一定支配地位的事实，被 Maurice E. Stucke 等学者称之为“数据垄断”[③]。具言之，数据垄断就是掌握了海量数据的经营者为了在相关市场上获得竞争优势而阻碍有效竞争的行为。无论是何种垄断都会导致市场在资源配置方面的决定性作用难以实现甚至是无法实现。于是，为了预防和制止平台经济领域垄断行为和保护市场公平竞争[④]，国务院反垄断委员会根据《反垄断法》制定了《国务院反垄断委员会关于平台经济领域的反垄断指南》(以下简称《指南》)。

---

① 参见梅夏英、王剑：《“数据垄断”命题真伪争议的理论回应》，载《法学论坛》，2021 年第 5 期。

② See Judgment in United Brands v. Commission, Case 27/76, ECLI:EU:C:1978:22.

③ Maurice E. Stucke, Allen P. Grunes.Big data and competition policy［M］.Oxford: Oxford University Press, 2016: 277—282.

④ 《国务院反垄断委员会关于平台经济领域的反垄断指南》第 1 条指南的目的和依据规定：“为了预防和制止平台经济领域垄断行为，保护市场公平竞争，促进平台经济规范有序创新健康发展，维护消费者利益和社会公共利益，根据《中华人民共和国反垄断法》(以下简称《反垄断法》) 等法律规定，制定本指南。”

从《指南》的内容[①]来看，数据垄断至少可能带来“会使得某些大型企业确立更加优势的垄断位，……会使得让具有垄断地位的企业排斥竞争对手进入市场，……会让企业没有约束地收集与使用用户数据”[②]等风险。

（二）数据强行获取与利用数据实施不正当竞争的风险

在数字经济时代，“数据，是信息的载体、是知识的源泉，当然也就可以创造价值和利润，可以预见，基于知识的竞争，将集中表现为基于数据的竞争，这种数据竞争，将成为经济发展的必然”[③]。基于数据的竞争的最基础性前提则是数据的拥有量。“随着越来越多的事物被数据化，决策者和商人所做的第一件事就是得到更多的数据。”[④]为了得到更多的数据，网络运营者凭借网络平台等

---

① 第 11 条规定，认定或者推定经营者具有市场支配地位，结合平台经济的特点，可以具体考虑“经营者的市场份额以及相关市场竞争状况”“经营者控制市场的能力”“经营者的财力和技术条件”“其他经营者对该经营者在交易上的依赖程度”“其他经营者进入相关市场的难易程度”等因素。第 14 条规定：“认定相关平台是否构成必需设施，一般需要综合考虑该平台占有数据情况、其他平台的可替代性、是否存在潜在可用平台、发展竞争性平台的可行性、交易相对人对该平台的依赖程度、开放平台对该平台经营者可能造成的影响等因素。”第 17 条规定，分析是否构成差别待遇，可以考虑“基于大数据和算法，根据交易相对人的支付能力、消费偏好、使用习惯等，实行差异性交易价格或者其他交易条件”，“实行差异性标准、规则、算法”，“实行差异性付款条件和交易方式”等因素。第 20 条规定，评估平台经济领域经营者集中的竞争影响，结合平台经济的特点，可以具体考虑“经营者在相关市场的市场份额”“经营者对市场的控制力”“相关市场的集中度”“经营者集中对市场进入的影响”“经营者集中对技术进步的影响”“经营者集中对消费者的影响”等因素。

② 丁晓东：“论数据垄断：大数据视野下反垄断的法理思考”，载《东方法学》，2021 年第 3 期。

③ 涂子沛：《大数据：正在到来的数据革命，以及它如何改变政府、商业与我们的生活》，广西师范大学出版社 2013 年版，第 303 页。

④ ［英］维克托·迈尔·舍恩伯格、肯尼思·库克耶：《大数据时代：生活、工作与思维的大变革》，盛杨燕、周涛译，浙江人民出版社 2012 年版，第 210 页。

优势可以强行地获取消费者的个人数据。此种强行获取消费者个人数据的行为尽管不一定会带来数据垄断，但可以肯定的是它有违反公认的商业道德并破坏竞争秩序的风险①。这种破坏竞争秩序的风险最为典型的是大数据不正当竞争。所谓的大数据不正当竞争指的是经营者利用大数据技术对消费者个人数据进行挖掘、分析等所得之信息来获取竞争优势和不正当利益，损害其他经营者和消费合法利益的行为。大数据之所以成为法律规制对象是因为它使卖方知晓的买方信息从不完全走向完全，而正当竞争的本质是买方知晓的卖方信息从不完全走向完全②。大数据不正当竞争行为的存在显然会危害市场秩序与消费者权益。

尽管以上所简述的风险是数据利用风险的冰山一角，但我们依然可以从以上关于数据利用风险的论述中知道，如果任由这些风险发展，最后必然会导致小至个人隐私大至国家经济等都处于一种不安全的状态。“当前我国国家安全内涵和外延比历史上任何时候都要丰富，时空领域比历史上任何时候都要宽广，内外因素比历史上任何时候都要复杂，必须坚持总体国家安全观，以人民安全为宗旨，以政治安全为根本，以经济安全为基础，以军事、文化、社会安全为保障，以促进国际安全为依托，走出一条中国特色国家安全道路。”③经济若处于不安全状态则会危及国家安全。因此，数据利用风险不可以也不能轻视、忽略。

对于单个个体而言，数据利用风险所导致的不安全给他们带来

---

① 黄晓锦：《大数据时代数据分享与抓取的竞争法边界》，载《财经问题研究》2018年第2期。

② 熊春泉、聂佳龙：《数据驱动型竞争异化风险的法律防控研究》，上海三联书店2021年版，第47—52页。

③ 载人民网，http://cpc.people.com.cn/n/2014/0416/c64094-24900492.html.

的最为直观的感受无非是或多或少地体验到无能为力之感。“我们所体验到的那种无能为力并不是个人失败的标志，而是反映出我们的制度无能为力。我们需要重构我们曾经有过的这些制度，或者建立新的制度。”[①] 由此，数据利用风险，以及由此带来的不安全的克服最终会落脚于国家相关制度的构建。在众多的制度中，建立在法律制度基础上的法治迄今为止被证明是防控风险最为有效的方式。于是，数据利用风险被人们所感知到或者业已成真的时候，人们自然而然地希望通过构建相应的法律制度对此风险进行防控。因此，如何通过构建法律制度防控数据利用风险，进而实现数据安全利用之目的，无疑是一个需要予以认真对待的问题。这是下一章的主题。

---

① ［英］安东尼·吉登斯：《失控的世界：全球化如何重塑我们的生活》，周红云译，江西人民出版社 2000 年版，第 15 页。

第五章
数据利用安全的法律制度构建

乌尔里希·贝克在《风险社会》一书中提及："风险并不是现代性的发明。任何一个出发去发现新的国家和大陆的人——比如哥伦布——当然已经认识了'风险'。"[①]正因为如此，人类文明能够得到向前发展实际就是在克服形形色色的风险过程中获得的。申言之，"风险概念表明人们创造了一种文明，以便使自己的决定将会造成的不可预见的后果具备可预见性，从而控制不可控制的事情，通过有意采取的预防性行动及相应的制度化的措施战胜种种副作用"。[②]虽然这证明了构建法律制度防控数据利用风险的思路是正确的，但是它并不能为我们提供一套如何构建相应法律制度的指导方案。因为问题是法学研究的出发点和所强调的重点，而剖析问题的背后的原因是解决问题的先决条件[③]。基于此种认识，本章将基本上按照"分析问题—解决问题"的程式行文。

第一节　数据利用风险产生的原因分析

一、网络效应

如果究数据能成为一种有经济价值的生产要素的根底，必然会

① ［德］乌尔里希·贝克：《风险社会》，何博闻译，译林出版社2004年版，第18页。

② ［德］贝克·威尔姆斯：《自由与资本主义》，路国林译，浙江人民出版社2001年版，第121页。

③ 参见胡德胜：《法学研究方法论》，法律出版社2017年版，第42—45页。

涉及网络。网络的价值取决于节点的数量，即节点数量越多网络的价值越大。这一特性最早由乔治·吉尔德于1993年提出。但学术界将这一特性命名为梅特卡夫定律（Metcalfe’s Law）。梅特卡夫（Metcalfe）是3Com公司的创始人，以其姓氏命名是为了表彰他在以太网上作出的突出贡献。所谓的梅特卡夫定律，我们先用一个例子直观展示：假设有一个小镇计划每天给居民安装一部电话，并且规定每部电话的价值等于它能与其他电话通话的个数，而每部电话的成本M。这样价值与成本表是：

表1　电话价值与成本表

电话数量	1	2	3	4	5	…	N
价　　值	0	2	6	12	20	…	N（N－1）
成　　本	M	2M	3M	4M	5M	…	NM

从上表中不难知道，每部电话的价值随着电话数量增加而增加。在经济学中，将一种产品对于给定占有者和消费者的价值或效用与这一产品其他使用者的数量显著正相关的现象称为网络效应。由此，梅特卡夫定律其实是网络效应的体现，尽管它被表述为网络的价值等于该网络中节点数的平方且与联网的用户数的平方成正比。

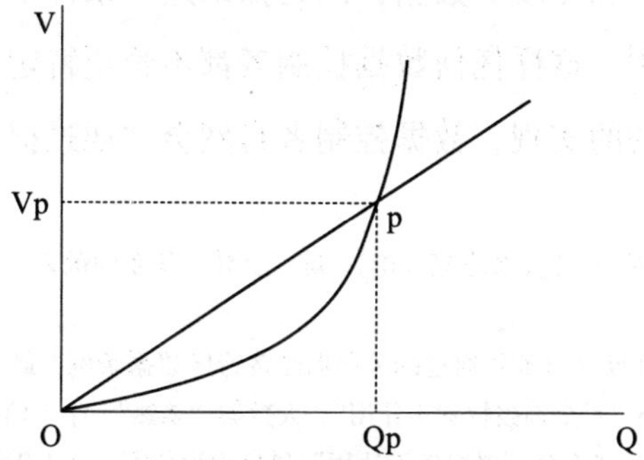

图2　电话网络效应图

我们从上表中还可以知道，想获利的前提就是 N（N−M−1）> 0，也就得使得电话数量要超过图 2 中的 p 点对应的 Qp，因为 Qp 对应的利润 Vp = 0。

如果将上述分析推广到数据方面，我们可以推断出“经济主体想要拥有足够多的数据就得拥有足够多的用户或者在用户数量恒定的时候就得尽可能地获取用户生产的所有数据”这样的结论。或许有人会质疑这一结论，认为这是通过类比的方式得到的。其实这是一种误解，因为在网络中的节点除了诸如电话这样的硬件，也包括有生命的人等，因为“信息以生物的运算为条件……运算绝不完全等于处理信息……生命是一个运算的组织，而正是由于这一点，包含着一个本身未分化的认识的方面。这个认识并不自我认识机构，它不直接运算感觉接受器分选和编码的刺激，而是运算它的神经元做出的运算结果”①。既然结论没有问题，那么我们就不难理解数字平台等数据控制者为何“大数据杀熟”，以及 App 要授权获取不影响其使用的联系人、麦克风等的信息等这些行为在现实中频繁地上演②。

对于数据控制者而言，数据的经济价值的实现是其重点所关注的。受限于上述结论，想要实现数据的经济价值，自然会竭力地拥有足够多的用户和（或）数据，因为如果这个条件不成立，数据控制者就不能盈利。这样任何数据控制者都不希望特定的领域有竞争者。要想该目的的实现，数据控制者自然会“通过提取其他竞争对

① ［法］埃德加·莫兰：《复杂思想导论》，陈一壮译，华东师范大学出版社 2008 年版，第 120 页。

② 有报道称，2021 年 7 月 6 号通过的《深圳经济特区数据条例》最大亮点当属对市民深恶痛绝的 App“不全面授权就不让用”、大数据“杀熟”、个人信息收集任性等问题说“不”。尤其是“不全面授权就不让用”早已沦为公害，让人无法忍受，治刁蛮得用法。载腾讯网，https://new.qq.com/rain/a/20210707A01GG900.

手无法获取到的个人数据，并使用这些数据来排除竞争对手或者提高进入壁垒的行为”[①]。尽管数据控制者无论是使用数据排除竞争对手还是提高进入某个领域的壁垒在本质上都是限制市场竞争，但并不能以此来判定数据控制者实施了限制竞争的行为。这是因为数据控制者如果没有足够多的数据，数字经济就是“空中楼阁”。也就是说，数据控制者拥有足够多的数据并不是问题。真正的问题是数据控制者利用其拥有的数据实施限制竞争的行为。因此，只能说网络效用是导致数据垄断等数据利用风险的必要条件而非充分条件，或者说是数据垄断等数据利用风险的原因之一。

二、数据产权不明晰

承上所述，网络效应只是导致数据利用风险的原因之一，那么也就意味着还有其他的原因。以数据利用为核心的数字经济的发展与发达自然会增长社会财富。“在发达的现代性中，财富的社会生产系统伴随着风险的社会生产。相应地，与短缺社会的分配相关的问题和冲突，同科技发展所产生的风险的生产、界定和分配所引起的问题和冲突相重叠。”[②]无论是短缺社会还是非短缺社会，财富的分配都与社会风险有关。从人类发展史来看，财富分配首先要定分，因为这样才能止争。这让我们想起了《商君书》中一个这样的故事：“一兔走，百人逐之，非以兔可分以为百，由名之未定也。夫卖兔者满市，而盗不敢取，有名分已定也。故名分未定，尧、舜、禹、汤且皆如骛焉而逐之；名分已定，贪盗不取。”[③]这个故事

① 孙林玉：《大数据时代下我国竞争政策问题研究——以我国首例大数据不正当竞争纠纷案为视角》，载《黑龙江工业大学学报》2017 年第 8 期。

② ［德］乌尔里希 · 贝克：《风险社会》，何博闻译，译林出版社 2004 年版，第 15 页。

③ 《商君书 · 定分 第二十六》。

有好多种的理解是自然而然的，因为“理解作为筹划是这样一种此在的存在方式，在这种方式中此在就是它的作为种种可能性的可能性”[①]。既然理解可以有多种，那么能确保逻辑上的自洽即可。基于此，我们认为产权也是该故事的一种理解。除此之外，还因为产权是主体对具有使用价值的稀缺资源进行控制和利用的权利[②]，明晰的产权具有激励财富创造、提高未来预期准确性、预防和抵御风险，以及明晰行为界限、减少纠纷等功能。而这些功能在该故事中都能逻辑自洽地言说。

当前一个不会有任何争议的事实是个人无论是作为消费者还是其他社会角色，使用网络、各种 App 等都生产了一定数量的数据。但这些数据都是存储在平台等数据控制者的服务器等之中。这些数据个人并不能掌控，而真正能掌控的是数据控制者。对于个人而言，其所生产的数据中内含了个人信息、隐私等，因而不能掌控数据也就意味着至少面临着信息、隐私等泄露的风险。但对于数据控制者而言，个人所生产的数据被其控制意味着能够实现数据的经济价值。这样就造成了这样一个局面：个人生产数据而不掌握数据，因此缘故面临风险，从而数据对其而言可能是有害的，但数据控制者因掌握数据能实现其经济价值，从而数据对其而言是有利的。

将上述事实与前面的故事进行对比就不难发现，产权的思路可以用于分析数据利用，以及可以由此推测数据利用风险产生的原因与数据产权不明晰有关。

前面已述及数据控制者拥有足够多的数据并不是问题，也就是

① 洪汉鼎：《理解与解释——诠释学经典文献》，东方出版社 2001 年版，第 114 页。

② 产权不同于所有权。产权在本质上是对所有者或他人有益或有害的权利，而所有权是对所有者有益的权利。参见盛洪：《现代制度经济学》（第二版）（上册），中国发展出版社 2009 年版，第 87 页。

说必须允许且保障数据控制者拥有数据并以此来实现数据的经济价值。但是数据的经济价值的实现，必须建立在这样一个毋庸置疑的前提基础上：数据控制者利用所拥有的数据不得以损害个人权益或者不得导致个人信息、隐私等面临风险。波斯纳定理表明，如果市场交易存在成本，那么权利应赋予那些对权利净值评价最高并且最珍视它们的人；事故责任应该归咎于能以最低成本避免事故而没有这样做的当事人。个人信息还是隐私等对于任何一个人来说是至关重要的，它们关乎一个人的尊严与价值的评判，因为“个人的尊严来自行为端正，以及他所获得的赞许……人的价值……是需要从外界获得的”①。由于数据控制者相较于个人，其更有能力——比如算法方面的能力——防控数据利用风险是不言而喻的。因此，结合波斯纳定理，数据产权应该是这样分配：个人享有对其生产的数据权利，而数据控制者则有承担防控数据利用风险的义务。

以依据波斯纳定理得出的数据产权分配方案观照上面论述的事实能够得出数据产权不明晰会导致数据利用风险。申言之，数据产权不明晰也是导致数据利用风险的原因之一。

三、小结：安全是数据利用应有之义

亚当·斯密的《国民财富的性质和原因的研究》早已阐明，尽管经济主体盘算的是自己的利益，他们会“去尽力达到一个并非他本意想要达到的目的。也并不因为是非出于本意，就对社会有害。他追求自己的利益，往往使他能比在真正出于本意的情况下更有效地促进社会的利益”②。但想要实现亚当·斯密如前所说的，市场必

① ［美］费正清：《美国与中国》，张理京译，世界知识出版社 1999 年版，第 125 页。

② ［英］亚当·斯密：《国民财富的性质和原因的研究》，郭大力，王亚南译，商务印书馆 1974 年版，第 27 页。

须是充分竞争的。习近平总书记指出："经济发展就是要提高资源尤其是稀缺资源的配置效率，以尽可能少的资源投入生产尽可能多的产品、获得尽可能大的效益。理论和实践都证明，市场配置资源是最有效率的形式。市场决定资源配置是市场经济的一般规律，市场经济本质上就是市场决定资源配置的经济。"①限制竞争行为的存在是必然会阻碍市场在资源配置中的基础性作用的发挥。市场在资源配置中的基础性作用得不到发挥意味着社会财富的增长受滞。社会财富增长受滞轻则会影响就业、民生改善等，重则会影响国家的兴衰与繁荣。无论实际上影响程度如何都会导致社会处于不安全之中。

经济发展离不开资源或者生产要素。当前，存在于网络之中的数据已成为了如石油一般重要的生产要素已是不争的事实。但是，数据与石油有点不同，因为前者内含了信息，从而能够从数据中得到信息。基于此，维克托·迈尔·舍恩伯格和肯尼思·库克耶两位大数据专家认为："今天，技术专家都默认大数据的发展和计算机的变革是同步的。但事实并不是这样的。毫无疑问，是现代信息系统让大数据成为了可能，但是大数据发展的核心动力来源于人类对测量、记录和分析世界的渴望。信息技术变革随处可见，但是如今信息技术变革的重点在'T'(技术)上，而不是在'I'(信息)上。现在，我们是时候把聚光灯打向'I'，开始关注信息本身了。"②关注信息本身是因为内含在数据中的信息小至与个人隐私、商业秘密等相关，大至与国家秘密等相关。于是，习近平总书记反复强调网络安全的重要性，将其上升到了国家安全的高度："在信息时

① 《十八大以来重要文献选编》(上)，中央文献出版社2014年版，第499页。

② [英]维克托·迈尔·舍恩伯格、肯尼思·库克耶:《大数据时代：生活、工作与思维的大变革》，盛杨燕、周涛译，浙江人民出版社2012年版，第103—104页。

代，网络安全对国家安全牵一发而动全身，同许多其他方面的安全都有着密切关系”；“没有网络安全就没有国家安全，没有信息化就没有现代化”；“安全是发展的前提，发展是安全的保障，安全和发展要同步推进。我们一定要认识到，古往今来，很多技术都是‘双刃剑’，一方面可以造福社会、造福人民，另一方面也可以被一些人用来损害社会公共利益和民众利益。从世界范围看，网络安全威胁和风险日益突出，并日益向政治、经济、文化、社会、生态、国防等领域传导渗透。特别是国家关键信息基础设施面临较大风险隐患，网络安全防控能力薄弱”①。从总书记这些关于网络安全的话语中我们不难知道，如果任由数据利用所产生的副作用——如前面所列举的数据垄断、算法黑箱与算法歧视——发展，最后国家乃至全世界都会处于不安全之中。因此，发展数字经济不得丢掉安全这个前提，因为这个安全是数据利用的应有之义。

如何确保数据利用是在确保安全的前提下进行的？习近平总书记给出的答案是依法治网。习总书记反复强调，网络不是“法外之地”②。既然网络不是“法外之地”，那么确保数据利用安全方式自然就是法治。运用法治方式确保数据利用安全，这是下一节的主题。

---

① 载中国网信网，http://www.cac.gov.cn/2018-02/02/c_1122358894.htm.

② 2015年9月22日习总书记接受美国《华尔街日报》书面采访时表示：“互联网作为20世纪最伟大的发明之一，把世界变成了‘地球村’，深刻改变着人们的生产生活，有力推动着社会发展，具有高度全球化的特性。但是，这块‘新疆域’不是‘法外之地’，同样要讲法治，同样要维护国家主权、安全、发展利益。”2015年12月16日在习总书记第二届世界互联网大会开幕式上讲话时表示：“网络空间不是‘法外之地’。网络空间是虚拟的，但运用网络空间的主体是现实的，大家都应该遵守法律，明确各方权利义务。要坚持依法治网、依法办网、依法上网，让互联网在法治轨道上健康运行。”载中国网信网，http://www.cac.gov.cn/2018-02/02/c_1122358894.htm.

第二节 数据利用安全的法治保障

一、数据利用安全法律制度的国外经验

尽管我国移动支付、网络购物等数据利用新模式新业态走在了世界的前列，但一个不争的事实是相较于欧盟、美国等地区和国家我国在数据利用安全方面的法律制度建设方面还有一定差距。对于法治处于后进态势的国家而言，需要从这些地区和国家汲取数据利用安全法律制度建设的经验和教训作为借鉴，因为“不知别国法律者，对本国法律便也一无所知”①。基于此，首先要简要地介绍相关国家与地区的法律制度，然后才是经验与借鉴。

（一）国外数据利用安全法律制度概况

数据全球化时代，数据成为各国博弈新领域。数据与日俱增，数据安全风险相伴而生，不仅关系市场组织数字化发展、未来商业模式及竞争力，也关系国家安全。在政治方面，美国“棱镜门”事件，以及后续“微软爱尔兰存储数据案”②推动了各国政府将数据跨境流动与国家安全、国家主权等政策逐渐挂钩，加剧了世界各国在网络空间的战略博弈和数据资源争夺。为此，全球多个国家和地区均就数据安全问题出台了相应的法律及其他相关规定。其中有美国的《澄清境外数据的合法使用法案》(Clarifying Lawful Overseas Use of Data Act，简称“CLOUD”③)、《加州消费

---

① ［日］大木雅夫：《比较法》，范愉译，法律出版社1999年版，第68页。

② 2013年，美国纽约联邦地区法院签发了一份搜查令，要求微软公司协助一起毒品案件的调查，将一名用户的电子邮件内容和其他账户信息提交给FBI。由于该名用户的电邮内容数据存储在微软位于爱尔兰的数据中心而非美国境内，微软表示拒绝向FBI提供，并提出废除搜查令的动议。双方就此展开拉锯战。

③ 因简称“CLOUD”(云)缘故，该法案又称之为云法案。

者隐私法》(California Consumer Privacy Act，简称“CCPA”)；欧盟的《一般数据保护条例》(General Data Protection Regulation，简称“GDPR”)、《European Data Protection Board》(简称“EDPB”)《网络安全法》《非个人数据自由流动框架条例》《电子隐私条例》《GDPR 域外适用指南》《数据共享指南》①，新加坡的《个人数据保护法》(《Personal Data Protection Act》，简称“PDPA”)、《网络安全法》；澳大利亚的《1988 年隐私法案》《隐私法修正案（加强隐私保护）》《隐私法修正案（数据泄露通报制度）》，以及韩国的《个人信息保护法》，等等。

纵观上述所列举的法律的内容，至少有着这样几方面的特点：其一，较少针对数据利用安全专门立法，更多融入个人信息和个人隐私保护之中；其二，针对非个人数据自由流动、数据共享等特定的数据利用所引发的安全问题或者针对特定数据利用安全问题如数据泄露专门立法；其三，制定了包括数据安全利用内容的基本法律，这方面欧盟最为典型；其四，大多都有域外效力的规定，例如，除欧盟的《GDPR 域外适用指南》外，新加坡的《个人数据保护法》也有新加坡企业和在新加坡有居住地或设立常设机构的企业或其他机构在新加坡收集、适用或披露个人数据都要接受该法的管辖，以及向新加坡电话号码发送营销信息的所有域外个人和组织也需遵守办法相关的“请勿致电登记”(Do Not Call Registry)的规定②。

（二）经验与借鉴

从比较法的角度看，研究他国法律的最为主要的目的就是汲取

---

① 在这些法律的基础上，欧盟成员国结合本国的实际情况制定了涉及数据利用的建议，如比利时制定了《关于直销数据处理活动的建议》。

② 参见何渊：《数据法学》，北京大学出版社 2020 年版，第 77 页。

其中的经验和教训为己所用从而少走弯路，但绝不是照搬照抄。“目的是全部法律的创造者。”[①]以此目的为观照，我们认为至少有如下几点经验值得我国借鉴：

第一，立法模式可以采用非专门立法模式，即不针对数据利用安全问题专门立法。但这并不意味着可以针对数据利用中典型的突出的安全问题进行专门性立法。但采用何种立法模式有一点是确定无疑的，那就是法律术语等以及它们的内容应该一以贯之。

第二，针对数据制定基本法律的经验值得借鉴。美国法学家哈罗德·J. 伯尔曼曾指出：“无论是在理论上还是实践上，20 世纪的法律都越来越不被看作一个连贯一致的整体、一个体系和一个法令大全了，而越来越被视为一盘大杂烩，一大堆只是由共同的‘技术’联结起来的支离破碎的特殊判决和彼此冲突的规则。”[②]之所以会导致这样的问题，或多或少地与单项立法有关：一是不同单行立法的任务、目标、时机与条件等不同导致它们难以内在协调，二是老的单行立法的修订与新的单行法制定难以避免规则的“逸出”[③]。而基本法则可以避免这个问题。

第三，不能混淆个人数据与个人信息。从数据来源看分为个人生产和机器生成。如前所述个人生产的数据内涵了信息、隐私等内容。于是，与机器生成的数据相比，个人生产数据在性质上不仅仅具有财产属性，还具有人身属性。之于个人而言，人身属性自然比

① ［美］埃德加·博登海默：《法理学：法律哲学与法律方法》，邓正来译，中国政法大学出版社 1999 年版，第 115 页。

② ［美］哈罗德·J. 伯尔曼：《法律与革命——西方法律传统的形成》，贺卫方、高鸿钧、张志铭、夏勇译，中国大百科全书出版社 1993 年版，第 44 页。

③ 吕忠梅：“中国环境立法法典化模式选择及其展开”，载《东方法学》2021 年第 6 期。

财产属性更值得珍视。于是，侧重保护个人数据这点值得我国借鉴。侧重保护个人数据并不等于侧重于保护个人信息，因为数据只是信息的质料[①]。也就说，不能将个人数据与个人信息相混淆。这点域外立法做得不错，例如欧盟《一般数据保护条例》第4条将“个人数据”界定为了“与已识别或可识别的自然人（“数据主体”）有关的任何信息；可识别的自然人是指可以直接或间接识别的自然人，特别是可以参考诸如姓名，识别号，位置数据，在线标识符之类的标识符，或者可以参考特定于身体，生理，该自然人的遗传，心理，经济，文化或社会身份”[②]。

第四，赋权给数据生产主体。为了实现数据的经济价值必然要赋权给数据生产主体。以欧盟为例，《一般数据保护条例》规定了数据主体的数据携带权等能够实现数据经济价值的权利；除此之外，通过《构建欧洲数据经济》（Building a European Data Economy）等文件初步创设了前面已述及的数据生产权。欧盟创设的这些权利其目的之一就是通过增强数据的流动性与可交易性和消除法律壁垒[③]等，进而实现数据的经济价值。

第五，规定域外效力。网络的出现使得人们之间的交流突破了物理时空的限制。而其中的原因就是数据在网络空间中自由流动。数据自由流动表面看是发生在不同主体之间，但是实际上有可能是

① 参见熊春泉、聂佳龙：《数据驱动型竞争异化风险的法律防控研究》，上海三联书店2021年版，第29—30页。

② 参见 https://eur-lex.europa.eu/legal-content/EN/TXT/HTML/?uri=CELEX：32016R0679&from=EN.

③ 欧盟有待消除的法律壁垒有数据所有权（data ownership）、数据访问与再利用（access to and re-use of data）以及合同外责任（extra-contractual liability）等。参见蒋林君：“欧盟数据生产者权及其对我国的启示”，载《湖南科技大学学报》（社会科学版）2021年第2期。

跨越了国界。由于“数据归根到底是社会的镜像”①之特性，网络世界在本质上与“世界本身是对等的，或者说是同构的”②。这就不可避免地带来了这样一个问题：如果一国所生产的数据被另一国掌握了，国家主权安全被弱化或者存在被侵犯的风险③。从这点看，国外相关法律规定域外效力的经验值得我国借鉴。

二、我国数据利用安全法律制度现状的检视

尽管我国数字经济起步晚于欧盟等发达国家，但无论是规模还是质量和这些国家相比一点都不逊色，甚至在某些方面更优。“上帝因魔鬼而存在。”与这些成绩相伴随的是无序竞争、违规获取个人信息等问题与日俱增。这些行为“不仅损害了市场公平竞争和消费者合法权益，更不利于充分激发全社会创新创造活力、促进平台经济创新发展、构筑经济社会发展新优势和新动能”④。习近平总书记反复强调，数字经济的发展要用法治来保障，例如2021年10月18日在中共中央政治局推动我国数字经济健康发展的第三十四次集体学习指出，要完善数字经济治理体系，健全法律法规和政策制度⑤。在此背景下，近年来我国加快了涉及数据利用安全方面

① 熊春泉、聂佳龙：《数据驱动型竞争异化风险的法律防控研究》，上海三联书店2021年版，第83页。

② 李德伟：《同构关系：大数据的数理哲学基础》，载《光明日报》2012年12月5日第12版。

③ 2021年根据公告，为防范国家数据安全风险，维护国家安全，保障公共利益，依据《中华人民共和国国家安全法》《中华人民共和国网络安全法》，网络安全审查办公室按照《网络安全审查办法》，国家网信办对“滴滴”“运满满”“货车帮”“BOSS直聘”等赴美上市企业实施网络安全审查。这从侧面反映了数据一旦被他国掌握就会损害国家主权安全。

④ 杨东、周鑫：《数字经济反垄断国际最新发展与理论重构》，载《中国应用法学》，2021年第3期。

⑤ 载新华网，http://www.xinhuanet.com/politics/leaders/2021-10/20/c_1127975334.htm.

的立法工作，先后出台一批法律法规：国家层面主要有《国家安全法》（2015）（通过年份，下同）、《网络安全法》（2016）、《电子商务法》（2018）、《密码法》（2019）、《民法典》（2020）、《数据安全法》（2021）等；地方政府层面主要有《天津市数据安全管理办法（暂行）》（2019）、《贵州省大数据安全保障条例》（2019）、《浙江省数字经济促进条例》（2020）、《深圳经济特区数据条例》（2021）、《广东省数字经济促进条例》（2021）、《河南省数字经济促进条例》（2021）等。

上述法律法规的出台为我数字经济发展提供了法治保障，而且都或多或少地强调了安全[①]，但是“与数字经济高速发展的现实相比，仍存在法律规范滞后、立法速度迟缓的缺憾”[②]。具言之，表现在如下几个方面：

其一，缺乏针对数据的权威性立法。

从目前已有的法律法规内容来看，对数据的规定最为全面的当属《深圳经济特区数据条例》。但这并不能据此认为我国不缺乏针对数据的专门立法，因为该条例是一部先行先试的地方性数据立法且具有“探索性”色彩，无论是从前者还是后者看都能得出其难以做到面面俱到的结论。这也就决定该条例只能作为一个可供比较的蓝本。该条例规定了个人数据、公共数据、数据要素市场、数据安全等七章的内容。其中个人数据涵盖了告知与同意、个人数据处理等内容；公共数据涵盖了公共数据共享、公共数据开放与公共数据

① 例如《浙江数字经济促进条例》第 3 条规定：“发展数字经济是本省经济社会发展的重要战略，应当遵循优先发展、应用先导、数据驱动、创新引领、人才支撑、包容审慎以及保障数据安全、保护个人信息的原则。”《河南省数字经济促进条例》专门设立了“数字经济安全保障”一章。

② 陈兵：《促进数字经济立法至关重要》，载《中国社会科学报》，2021 年 5 月 11 日第 008 版。

利用等内容；数据要素市场涵盖了市场培育、市场竞争等内容；数据安全涵盖了数据安全管理与数据安全监督等内容。需要特别指出的一点是该条例将数据、个人数据分别定界为“任何以电子或者其他方式对信息的记录”和“载有可识别特定自然人信息的数据，不包括匿名化处理后的数据”。虽然《民法典》①《电子商务法》②等法律有涉及个人数据的规定，但将相关条款内容与《深圳经济特区数据条例》关于数据与个人数据的规定比较看就能发现将数据与信息、个人数据与个人信息相混淆了。至此，可以说即便是以《深圳经济特区数据条例》作为比较的蓝本依然可以知道现有国家层面的法律要么是与个人信息混淆，要么只是针对数据安全。基于此就可以知道我国缺乏针对数据的权威性立法。

其二，数据生产主体与数据权益主体区分模糊。

从国家层面看，只有《数据安全法》对数据作了界定，即指任何以电子或者其他方式对信息的记录。从该定义可以得出数据生产主体应该是指任何数据生产的主体。但从该法的内容来看——第7条规定“国家保护个人、组织与数据有关的权益，鼓励数据依法合理有效利用，保障数据依法有序自由流动，促进以数据为关键要素的数字经济发展”——可以得出数据权益主体是个人与组织。那么这样产生了两个概念：数据生产主体和数据权益主体。如果说“数据产权体系是否形成，并不以法律文本中是否出现‘数据产权’字

① 第111条规定：“自然人的个人信息受法律保护。任何组织或者个人需要获取他人个人信息的，应当依法取得并确保信息安全，不得非法收集、使用、加工、传输他人个人信息，不得非法买卖、提供或者公开他人个人信息。”

② 第18条规定：“电子商务经营者根据消费者的兴趣爱好、消费习惯等特征向其提供商品或者服务的搜索结果的，应当同时向该消费者提供不针对其个人特征的选项，尊重和平等保护消费者合法权益。”

眼为标志”[①]，那么数据生产主体与数据权益主体就是数据产权导致的不同主体，因为这种安排符合前面所述的产权要求。如果忠于法律文本，这两个不同的概念并非是同义互换的。这样无论作何种解释，都需要对两者进行区分。但稍显遗憾的《数据安全法》并没有对此进行明确的区分。这样在实施过程中就可能会出现将数据生产主体等同于数据权益主体的情况。如果这样无疑会阻碍“促进数据开发利用”这一立法目的的实现。

或许有人对上述结论会提出这样的质疑：以《数据安全法》为例，论述没有区分数据生产主体和数据收益主体的目的是什么？首先，连《数据安全法》都没有区分数据生产主体和数据收益主体，那么其他混淆了数据与信息、个人数据与个人数据主体的其他法律法规更不会区分两者，即便有也是对信息主体与信息权利主体的区分。其次，如果区分了数据生产主体和数据收益主体，那么就给数据生产者权留了空间，从而可以给不同的数据生产主体赋权。

其三，我国数据经济法治存在进一步明确的地方。

《数据安全法》第 2 条第 2 款规定：“在中华人民共和国境外开展数据处理活动，损害中华人民共和国国家安全、公共利益或者公民、组织合法权益的，依法追究法律责任。”该条款规定应该在某种意义上明确了我国法律对境外数据利用行为有域外效力。但是，如果将《数据安全法》[②]和前面提到的《深圳特区特区数据条例》[③]这两个法律文本关于“数据处理”的规定，会发现有“公开”

---

① 文禹衡：《数据产权的私法构造》，中国社会科学出版社 2020 年版，第 346 页。

② 《数据安全法》规定，数据处理，包括数据的收集、存储、使用、加工、传输、提供、公开等。

③ 《深圳特区特区数据条例》规定，数据处理，是指数据的收集、存储、使用、加工、传输、提供、开放等活动。

与“开放”的区别。参照《政府信息公开条例》有关规定[①]，公开针对的是政府部门掌握的信息，而且原则上是免费的。实际上，从信息技术看也是如此：“公开是信息层面的，是一条一条的；开放是数据库层面的，是一片一片的。开放也不一定代表免费，企业的数据，可以以收费的形式开放。开放也是有层次的，可以对某个群体、某个组织，也可以对整个社会开放。”[②]简言之，公开针对的是政府掌握的信息，而且原则上是免费的，而开放主要针对的也是公共数据和政府数据，但也包括个人数据与企业数据，因此缘故可以收费。不能否定当前政府接收了让人难以置信的海量数据，但“掣肘于意识、制度和技术等多个原因，政府的海量数据多处于‘休眠’状态”[③]。因而公开政府掌握的数据有其必要性。但是，除了政府之外，大型互联网公司或平台也掌握了海量数据，出于利益的考量这些公司或平台一般都不会公开自己掌握的数据，“屏蔽封杀”就是最好的例证。也就是说，即便我们不考虑信息技术上“公开”与“开放”的区别，依然会得出范围狭窄的结论。此外，“不同于物质性的东西，数据的价值不会随着它的使用而减少，而是可以不断地处理。”[④]于是，《广东省数字经济促进条例》第40条规定：“自然人、法人和非法人组织对依法获取的数据资源开发利用的成

① 《政府信息公开条例》第2条规定：“本条例所称政府信息，是指行政机关在履行行政管理职能过程中制作或者获取的，以一定形式记录、保存的信息。”第42条规定：“行政机关依申请提供政府信息，不收取费用。但是，申请人申请公开政府信息的数量、频次明显超过合理范围的，行政机关可以收取信息处理费。”

② 涂子沛：《大数据：正在到来的数据革命，以及它如何改变政府、商业与我们的生活》，广西师范大学出版社2013年版，第350页。

③ 刘叶婷、唐斯斯：《大数据对政府治理的影响及挑战》，载《电子政务》，2014年第6期。

④ ［英］维克托·迈尔-舍恩伯格、肯尼思·库克耶：《大数据时代：生活、工作与思维的大变革》，盛杨燕、周涛译，浙江人民出版社2012年版，第132页。

果，所产生的财产权益受法律保护，并可以依法交易。”总而言之，“公开”相较于“开放”不仅范围窄，而且还有可能掣肘数字经济的发展。

当然，这样的质疑是避免不了的，因为《深圳经济特区数据条例》与《数据安全法》从效力位阶角度看，前者是下位法，后者是上位法，两者关于“数据处理”界定的不同根据“上位法优于下位法”原则应以后者的界定为准，那么上面的分析也就没有意义了。从法律效力的角度看，上面的分析确实没有意义。但是换种角度看也就有意义了，这种角度是出台的时间。为了更能说明问题，比较的对象增加《广东省数字经济促进条例》。《数据安全法》《广东省数字经济促进条例》与《深圳经济特区数据条例》(简称为“一法两条例”）关于“数据处理”的规定见表 2。

表 2　“一法两条例”关于“数据处理”规定情况表

法律文本	通过的时间	关于“数据处理”规定
《数据安全法》	2021 年 6 月 10 日	数据处理，包括数据的收集、存储、使用、加工、传输、提供、公开等（第 3 条）
《广东省数字经济促进条例》	2021 年 7 月 30 日	数据的收集、存储、使用、加工、传输、提供、公开等处理活动，应当遵守法律、法规，履行数据安全保护义务，尊重社会公德和伦理，遵守商业道德和职业道德，诚实守信，承担社会责任（第 41 条）
《深圳经济特区数据条例》	2021 年 6 月 29 日	数据处理，是指数据的收集、存储、使用、加工、传输、提供、开放等活动（第 2 条）

从上表中可以看出，《广东省数字经济促进条例》与《数据安全法》关于“数据处理”规定是一致的，且从时间顺序的角度也好理解。但以时间顺序来看，《深圳经济特区数据条例》就反常了，因为按照常理深圳市人民代表大会常务委员会应该知道《数据安全

法》的内容[①]。这种反常能够得到合理解释的只能是深圳市人民代表大会常务委员会拥有全国人大及其常委会的授权，以及国家鼓励这样的探索，因为在《立法法》[②]和2019年8月发布的《中共中央国务院关于支持深圳建设中国特色社会主义先行示范区的意见》[③]中能够支持这种解释的权威性依据。既然如此，那么仅这一例就表明了当前我国数据经济法治方面还有着需要通过探索予以进一步明确的地方。

三、以“党管数据”模式的数据信托为核心构建数据利用安全法律制度

既有“他山之石”的介绍，也有我国数据利用安全法律制度不足之处的分析，按照惯例就是在这基础给出完善数据利用安全法律制度的答案。马克思在《集权问题》中指出：“一个时代的迫切问题，有着和任何在内容上有根据的因而也是合理的问题共同的命运：主要的困难不是答案，而是问题。因此，真正的批判要分析的不是答案，而是问题。”[④]基于此，下面将围绕“数据”展开论述，因为它是导致各种利用风险的源头和关键所在或者说它是问题发生源。需要特别指出，我们的本意绝非是因为数据是问题的发生

① 21世纪经济报报道的《争议深圳数据条例征求意见稿：创新还是越权？细化个人信息保护法还是立法冲突？》一文中提到，随着《个人信保护法》和《数据安全法》二审稿出台，深圳在立法完善过程中同样紧贴上位法。载腾讯网，https://view.inews.qq.com/a/20210605A05WWP00.

② 《立法法》第74条规定，经济特区所在地的省、市的人民代表大会及其常务委员会根据全国人民代表大会的授权决定，制定法规，在经济特区范围内实施。

③ 2019年8月发布的《中共中央　国务院关于支持深圳建设中国特色社会主义先行示范区的意见》中指出：“探索完善数据产权和隐私保护机制，强化网络信息安全保障。”载中国政府网，http://www.gov.cn/zhengce/2019-08/18/content_5422183.htm.

④ 《马克思恩格斯全集》(第40卷)，人民出版社1982年版，第289页。

源而主张消灭数据，而是在直面数据日益重要的事实基础上提炼出“元”问题，并以此基础给出答案。这个“元”问题就是前面或明或暗反复提及的“数据权属”问题或者说是数据生产者与数据控制者的具体利益互动关系。

正如《今日简史：人类命运大议题》一书所说：“‘把数据拥有权握在自己手上’听起来更具有吸引力，但我们其实说不清楚这是什么意思……讲到要拥有数据，我们就没有太多经验。”① 从当前的实际情况来看，按照法理数据生产者对其生产的数据拥有权利，但数据并不为其所掌握，而数据处理者并不能因为掌握数据而能把数据拥有权握在自己手上。这样就不可避免地造成了这样的局面：数据拥有权本该握在数据生产者手上但因为没有掌握数据而被“虚化”，数据处理者事实上可以把数据拥有权握在自己手上但却缺乏法律依据。简言之，数据所有权和数据控制、处理权分离。

在已有的法律制度中，解决所有权和控制权相分离的制度很多，但移植用来解决数据所有权和数据控制、处理权分离问题的则是信托制度，其中最为显见的证据就是在《麻省理工科技评论》于2021年2月24日发布的“全球十大突破性技术”榜单中有“数据信托”(Data Trusts)。当前仅凭这一点并不能说在我国也应当利用信托制度解决数据所有权和数据控制、处理权分离问题。《个人信息保护法》第21条规定：“个人信息处理者委托处理个人信息的，应当与受托人约定委托处理的目的、期限、处理方式、个人信息的种类、保护措施以及双方的权利和义务等，并对受托人的个人信息处理活动进行监督。受托人应当按照约定处理个人信息，不得超出

① ［以色列］尤瓦尔·赫拉利：《今日简史：人类命运大议题》，林俊宏译，中信出版社2018年版，第75页。

约定的处理目的、处理方式等处理个人信息；委托合同不生效、无效、被撤销或者终止的，受托人应当将个人信息返还个人信息处理者或者予以删除，不得保留。未经个人信息处理者同意，受托人不得转委托他人处理个人信息。”从该条的规定可以看出，在我国也可以利用信托制度数据所有权和数据控制、处理权分离问题。这样，我们首先就面临着这样的疑问，即为什么选择信托制度？何谓“数据信托”？

《信托法》第 2 条规定：“本法所称信托，是指委托人基于对受托人的信任，将其财产权委托给受托人，由受托人按委托人的意愿以自己的名义，为受益人的利益或者特定目的，进行管理或者处分的行为。”从这一定义中我们可以看出，信托不同于传统的赋权保护财产权的模式，它采用的是“行为控制模式”。“信托的成立、信义义务的产生、受托人控制权的实现、信托的权利配置架构同样适用于数据主体与控制人，两者之间存在天然的一致性与内在协调性。”① 因此缘故，信托制度从众多所有权和控制权相分离的制度中脱颖而出。也因此缘故，通过移植信托制度形成的数据信托被评价为“尽管存在着种种问题，但它却因能够为隐私和安全问题提供潜在的解决方案而闻名”②。

数据信托的理论可以追溯到 20 世纪 90 年代肯尼斯·劳登的“信息信托人”（information fiduciaries），且杰克·巴尔金、西尔维、尼尔·劳伦斯、本·麦克法兰、基隆·奥·哈拉、英国开放数据研究所（Open Data Institute，ODI）等对数据信托进行了系统

① 冯果、薛亦飒：《从“权利规范模式”走向“行为控制模式”的数据信托——数据主体权利保护机制构建的另一种思路》，载《法学评论》2021 年第 3 期。

② 10 Breakthrough Technologies 2021，MIT Technology Review（24 February 2021），https://www.technologyreview.com/2021/02/24/1014 369/10-breakthrough-technologies-2021.

深入的研究，但遗憾的是目前并没有形成统一的认知[①]。这表明在当前给数据信托下一个定义不合适。但即便如此，数据信托也不可能超脱信托的基本框架。从《信托法》的规定看，信托的框架中至少包含了委托人与受托人的信任关系和数据信托的标的这样两方面的内容。于是，数据信托必然会涉及前述两方面的内容。因此，数据信托可以描述为委托人与受托人基于信任关系管理数据的法律制度。

根据上面关于数据信托的描述，该制度构建最为重要的核心就是委托人与受托人信任关系的建立。多位学者已论述信任的重要性，如西美尔（Simmel）认为“离开了信任，社会自身将会变成一盘散沙。因为，很少有什么关系建立在对他人确定的认知上”[②]，塞缪尔·亨廷顿（Huntington）也认为“彼此不信任和人心不齐使社会变为一盘散沙”[③]。信任很重要但又很脆弱，从而被有的学者比喻成“赌博”[④]。“数据控制人获取的数据并非一般商品，而是数据主体的‘生命密码’，与数据主体的隐私、情感、社会评价息息相关。因此，有关数据的交易与一般商品交易存在本质区别。”[⑤]于是，数据生产者只能将其数据信托给最为信任的受托人这是必须保证的。从我国实际情况看，最为信任的受托人无疑是中国共产党，原因主要有二：

---

① 参见翟志勇：《论数据信托：一种数据治理的新方案》，载《东方法学》，2021 年第 4 期。

② ［德］西美尔：《货币哲学》，陈戎女等译，华夏出版社 2002 年版，第 111 页。

③ ［美］亨廷顿：《变化社会中的政治秩序》，王冠华等译，上海人民出版社 2008 年版，第 24 页。

④ ［波］什托姆普卡：《信任：一种社会学理论》，程胜利译，中华书局 2005 年版，第 33 页。

⑤ 冯果、薛亦飒：《从“权利规范模式”走向“行为控制模式”的数据信托——数据主体权利保护机制构建的另一种思路》，载《法学评论》2021 年第 3 期。

其一，中国共产党自成立之日起就以全心全意为人民服务为根本宗旨。践行该根本宗旨不得有自己的利益也不得代表特定群体的利益。习近平总书记在中国共产党成立100周年讲话中指出："中国共产党始终代表最广大人民根本利益，与人民休戚与共、生死相依，没有任何自己特殊的利益，从来不代表任何利益集团、任何权势团体、任何特权阶层的利益。"由此决定了中国共产党只能为了数据生产者的利益而管理他们的数据。这样，数据生产者将其数据信托给中国共产党无疑是最佳的选择。

其二，表面地看，数据利用风险影响最为直接的主体是数据生产者，但往深层次看也会危及国家安全。这是因为当前存在于网络之中的数据是海量的，而且通过大数据等技术可以从中挖掘、分析出涉及国家安全的信息等。中国共产党领导是中国特色社会主义最本质的特征决定了党的领导是维护国家安全的根本保障。而中国共产党所肩负的历史使命和最高政治力量决定了其是维护国家安全的坚强保障。因此，数据生产者可以放心地将其数据信托给中国共产党。

综上所述，应在我国建立"党管数据"模式的数据信托制度。该制度的主要内容如下：

（1）委托人。根据前面分析，委托人应该是数据生产者，其中最为重要的是公民。当前网络日益成为工作、生活、学习等不可或缺的部分几乎所有的公民都有机会成为数据生产者。于是，委托人不能像《信托法》[①] 那样要求是具有完全民事行为能力。但限制民事行为能力和无民事行为能力的公民毕竟受年龄、精神状况的影响

---

① 《信托法》第19条规定："委托人应当是具有完全民事行为能力的自然人、法人或者依法成立的其他组织。"

实际上难以行使权利，因而他们生产的数据由其监护人代理信托给委托人，但监护人不得以他们不同意为由拒绝数据信托。法人或者依法成立的其他组织自行决定将其生产的数据信托给受托人。委托人的权利主要有了解其信托数据的管理运用、处分情况，查阅、抄录或者复制与其信托数据有关文件等。

（2）受托人（受益人）。在“党管数据”的数据信托模式中，受托人应当是各级党组织。考虑到当前数据生产者的数据主要被政府和各类平台所掌握的现实，作为受托人的各级党组织负责的信托的数据应以与之对应的政府及在该政府管辖范围内平台所掌握的数据为原则予以确定。如果平台的主要营业地等发生变化则受托人也随之发生变化。如果委托人的数据被遗忘等则受托人对这些数据不再负有责任。如果委托人对数据的处理危及国家安全、社会公共利益等的，受托人有权先行要求相关政府和平台限制委托人对其数据处理行为进行限制，并将此情况与线索移送给有关部门依法处置。

（3）标的。“党管数据”的数据信托模式本质上是运用信托机制解决数据经济利用的风险，从而该模式必然要建立在信托的基座上。信托的标的是财产，但不能据此认为“党管数据”的数据信托模式中的信托标的就是数据财产权，因认为会导致出现这样的悖论，即：“数据交易市场的欣欣向荣使人们对数据极具价值这一论断深信不疑，同时数据的‘非独占性’又与法律保护的财产概念背道而驰。”[①] 基于此，“党管数据”的数据信托模式中的信托标的应该界定为数据的权益。数据的权益不仅仅包括数据生产者的数据财

① 冯果、薛亦飒：《从“权利规范模式”走向“行为控制模式”的数据信托——数据主体权利保护机制构建的另一种思路》，载《法学评论》2021 年第 3 期。

产权和数据人格权，也包括国家在数据方面的安全权益等。

当前，我国初步建立起了以《个人信息保护法》与《数据安全法》为主体的保护数据安全法律制度。这些制度固然对防范数据经济利用风险提供了坚实的法治保障，但是，在强调保护数据安全的同时也应当要促进数据的利用。数据信托理念就是在此背景下提出的。但我们必须清楚将解决数据经济利用风险的所有希望寄托于“党管数据”的数据信托模式显然不现实，还需要其他的法律制度的配合。因此，当前我国应当以“党管数据”的数据信托模式为核心制定促进数字经济发展等数据安全利用法律。这些法律内容至少要涉及数据要素市场培育、数据控制者与处理者对“党管数据”开发利用中的权利与义务等内容。

尽管以“党管数据”的数据信托模式为核心构建数据安全利用法律制度最后落脚于发展和促进数字经济的发展，但永远不要忘了安全这一前提。那么如何强化这一前提无疑是一个要予以认真对待的问题。这是接下来两章的主题。

第三编

数据法学体系（二）：数据保护

第六章
数字社会与数据保护

第一节　数字社会概述

一、社会存在形态的数据化

（1）网络技术导致社会存在形态的数据化

从历史维度看，数据利用只是社会发展到一定阶段的产物，因为社会形态伴随网络技术的发展逐渐数字化。数据利用也好，社会形态逐渐数字化也罢，都是与网络技术有关。网络技术的出现对社会最为直观的改变就是使交流突破了时空的限制与束缚。但是，导致网络技术出现的核心动力却不是交流，而是计算。计算的目的之一就是得到信息。通过计算得到信息的前提条件是数据。怎样获得数据？怎样保存与分析获得的数据？这是获得信息必须要解决的系列问题。历史地看，人类早期获得数据方式主要有计量等，例如2000年前的埃拉托色尼利用夏至日阳光直射塞恩而不直射亚历山大这一现象，并借助于皇家测量员的测地资料中塞恩与亚历山大之间的距离计算出了地球的圆周长。尽管通过测量等方式能够获取数据，也可以通过文字和相关的数学公式等解决保存与分析数据的问题，但是在网络技术等技术之前，社会形态并没有数字化。这其中的原因无疑值得认真地思考。

网络技术的出现与电子计算机的出现不无关系。从前面所述中，可以知道最初电子计算机更多地是解决了保存与分析数据的问题。而当分布在不同地方的计算机通过某种协议相互连接就能实现资源共享与信息传递，这种不受时空限制与数据的资源共享与信息传递无疑给人们带来了极大的便利。因为这种便利，人们自然会尽可能地选择网络技术来生活、工作、学习等。毕竟在网络技术中电子计算机等设备是不可或缺的，而这些设备都是以 0 和 1 表示的二进制编码方式保存和处理数据，而且这些数据并不会被设备所遗忘。因此缘故，随着时间的推移和网络技术的普及必然会导致存储于网络的数据指数级增长，有海量之多。只要对这些海量的数据进行处理就可以得到信息。尽管得到这些信息也需要计算，但是这些工作是由电子计算完成的。如果计算工作是由信息需求者完成，估计大多数人的选择是除非该信息相当重要，否则不会承受计算之苦。

心理学研究表明，人类乐于过有序的生活是因为“秩序是一种对重复行为的强迫，当一条规律被永久性地确定下来时，秩序就决定做事的时间、地点和方式；于是在相似的情况下，人们就不会犹豫不决了。秩序的益处是不可辩驳的。它使人们能最大限度地利用时空，同时又能保存他们的心理力量。”[①] 在弗洛伊德看来，人类之所以会有重复行为的强迫之倾向是由于其能够帮助人类神经系统节省能量和减少紧张。“紧张可以被认为是一种对有机体的高度刺激‘超载’，它可以打破有机体的保护屏障。人们可用活动的高水平考虑紧张，并注意到超过那种促进活动的临界点，刺激过度可以成为破坏性的和瓦解的。这种紧张可能产生永久的机体损伤。”[②] 这种机体损伤在临床医学上表现为头痛、心悸、腹背疼痛等心理和

① ［德］弗洛伊德：《一种幻想的未来　文明及其不满》，严志军、张沫译，河北教育出版社 2003 年版，第 83 页。

② ［美］G. 墨菲、J. 卡瓦奇：《近代心理学历史导引》，林方、王景和译，商务印书馆 1982 年版，第 509 页。

（或）生理上的痛苦。基于趋乐避苦的动机，人类在面对痛苦时会产生防御机制（defense mechanism）。所谓的防御机制，在儿童精神分析学家安娜·弗洛依德（Anna Freud）看来就是“自我在正常发展过程中与神经症中用来回避痛苦或者不仅仅是冲突这样的不快情感的方式与方法”[①]。防御机制的存在说明了人类除了有免受“劳其筋骨”之需外还有“苦其心志”之需。

网络技术因为免除了为了得到信息的计算之苦，这样势必会带来这些相关联的后果：（1）人们更加倾向选择甚至是依赖网络技术得到信息；（2）为了更加便利地得到更多的信息会倾向于将一切尽可能地量化。这样新的技术即数字技术被不断创造、开发出来。从现在的情况来看，这些数字技术越来越融入日常生活、工作、学习等方面，带来了极大的便利，比如 2020 年遭遇突如其来的新冠肺炎疫情，借助远程会议、在线课堂等实现了在家工作、学习等。而这些技术以及这些技术的应用，任何人越来越能感知到自己成为了一个量化的自我（Quantified Self，简称 QS）。而导致这一变化的原因是给我们带来便利且我们也享受这种（些）便利的产品与服务，它们所采用的智能测定技术（smart metering）将各种数据上传到了云等存储介质之中，从而任何人也就越来越成为了一个量化的自我。社会形态越来越数据化不只是体现为个人成为了一个量化的自我，还体现为城市管理与服务等方面。遍布于城市各处的声音识别、指纹识别、虹膜识别、人脸识别、智能电表、智能安保系统等都无时无刻不在采集、存储的数据。这样城市也和个人一样成为了一个量化的“自我”。

个人和城市等成为了一个量化的“自我”，这些现象的出现与

---

① Midgley，N. Reading Anna Freud. New York Routledge，2012：59.

存在预示着社会存在形态越来越数据化。

（2）社会存在形态数据化与泛计算主义

从上面的论述中我们不难知道社会存在形态的数据化是数字技术所带来的。但不能因此将数字技术当成导致社会存在形态数据化的唯一变量，因为社会形态的变化是由多种因素相互作用的结果。“科学和社会的繁荣昌盛都有赖于科学和社会两者之间的正确关系。”[①]通过制度等方式确立科学与社会之间的正确关系首先得有思想来指引，因为思想是行动的先导。基于此以及后面的需求，有必要先介绍下社会存在形态的数据化相关的思想。

在众多和社会存在形态数据化相关的思想中泛计算主义（Pancomputationalism）尤其值得关注。泛计算主义简单地讲就是“当代的一些前沿科学家和哲学家提出的一种新的世界观，这种世界观认为，所有的物理系统都是计算系统，宇宙是一个巨大的计算机”[②]。之所以会出现泛计算主义，如果追溯的话不得不提图灵。图灵从“图灵机概念”出发认为“人的大脑应当被看作是一台离散态机器。尽管大脑是由黏糊糊的生物物质组成，电子计算机是由生硬的金属物质组成，但它们的本质则是相同的。离散态机器的行为原则上能够被写在一张行为表上，因此与思想有关的大脑的每个特征也可以被写在一张行为表上，因而能被一台计算机所仿效”[③]。几乎与图灵同时，冯·诺依曼也从计算的角度思考生命的本质，前面《计算机与大脑》集中展现了这一思考。受图灵与冯·诺依曼的影

① ［英］J.D. 贝尔纳：《科学的社会功能》，陈体芳译，商务印书馆 1982 年版，第 28 页。

② 李建会、夏永红：“宇宙是一个计算机吗？——论基于自然计算的泛计算主义”，载《世界哲学》2018 年第 2 期。

③ 李建会：《走向计算主义：数字时代人工创造生命的哲学》，中国古籍出版社 2004 年版，第 208 页。

响，越来越多的科学和哲学开始从计算的角度思考大脑、生命，进而拓展了宇宙，因为他们发现“一旦从计算主义的视角来审视个体和世界，就会发现无论是人的大脑、人的行为还是人与整个物理世界、虚拟世界的交往过程，都变成了一个庞大复杂的计算系统，人与人、人与信息之间的传播过程也不例外”①。

泛计算主义将大脑、人的行为与交往乃至整个世界、宇宙都泛化为一个计算系统的观点和主张虽然遭受了弗洛里迪和皮西尼尼等学者的批评，但由于它“把宇宙展现为一个在不同组织水平上的能动者（同时包括了人和物）的网络，各种层级的能动者通过相互之间的信息交互或交换，构造了一个处于不同层级动态过程中的能动世界”②，从而还是为我们理解非生命与生命连接提供了一种视角。泛计算主义认为非生命与生命连接的桥梁是算法。由此，在泛计算主义中算法是一个重要的概念。“算法是求解某类问题的通用法则或方法，即符号串变换的规则。人们常常把算法看成是用某种精确的语言写成的程序。算法或程序的执行和操作就是计算。”③当前已有人④意识到了认为存在控制着我们所关心的人和事之间盈亏的数学法则或算法。这样，无论是否接受泛计算主义的观点和主张，我们都不应将算法排除关于社会存在形态数据化的思考之外，或者说算法应成为思考社会存在形态数据化这一客观事实的基点。

---

① 刘庆振、钟书平、牛新权：《计算传播学：缘起、概念及其计算主义视角》，载《西部学刊》2019 年第 8 期。

② 李建会、夏永红：《宇宙是一个计算机吗？——论基于自然计算的泛计算主义》，载《世界哲学》2018 年第 2 期。

③ 李建会、夏永红：《走向计算主义》，载《自然辩证法通讯》2003 年第 3 期。

④ See Michael Rundle. Zuckerberg：Telepathy is the Future of Facebook. Wired UK，July 1，2015. http://www.wired.co.uk/article/facebook-zuckerberg-qa-the-future.

二、数字社会的一般性描述

自从人类社会进入监控技术得到前所未有发展的19世纪下半叶，“我们习惯于被各种高精度的文档和数据库记录在案，因此，对我们来说，很难想象在一个没有影像和身份资料的社会中如何确定个人身份，这是一件相当费劲的事”①。19世纪下半叶的人们面临还只是个人身份确定的问题，而当前的人们面临的却是“那些任由自己被‘移动电话’装置捕获的人——无论驱使他的欲望有多强烈——无法获得一种新的主体性，他得到的只是一个号码，他最终因为这个号码而被控制”②。这种变化是社会数据化的表征。关于社会数据化的现象，当前大多学者的论述中都有“数字社会”（digital society）这样的一个概念。但是关于这一概念内涵与外延，国内外学者却又是语焉不详，例如“数字社会是由于数字化技术的推动，在大数据、人工智能等基础上所形成的社会系统。数字社会可以从多个层面进行分析，比如数字经济、数字商业、数字生活、数字社会治理等”③，在社会结构、制度、文化和意识领域，数字社会把现代社会分别改造成了“网络社会”（Network Society）、“弹性社会”（Flexible Society）、“虚拟社会”（Cyber Society）和“内在导向社会”（Self-directed Society）④。这至少说明在当前界定“数字社会”是有困难的。实际上“过于刻板的定义又有使精神知识被阉割的危险”⑤。也就是说定义是种冒险，但是描述可以提供帮助。因此，立

① ［意］吉奥乔·阿甘本：《裸体》，黄晓武译，北京大学出版社2017年版，第91—92页。

② ［意］吉奥乔·阿甘本：《论友爱》，刘耀辉等译，北京大学出版社2017年版，第25页。

③ 陈刚、谢佩宏：《信息社会还是数字社会》，载《学术界》2020年第5期。

④ 参见［韩］金文朝等：《数字技术与新社会秩序的形成》，柳京子等译，社会科学文献出版社2018年版，第6—8页。

⑤ ［英］J. D. 贝尔纳：《科学的社会功能》，陈体芳译，商务印书馆1982年版，第13页。

足于当下对数字社会进行一般性描述虽属无奈之举但却不失为一种可行的方法。

有学者认为数字社会具有“跨域连接与全时共在”“行动自主与深入互动”“数据共享与资源整合”“智能操控与高效协作”等特征[①]。也有学者认为，数字社会在本体论上“不能看成一种纯粹的数字算法的客观性系统，而是看成带有行为者和参与者痕迹的社会存在的关系网络”[②]。从中我们可以知道，当前关于数字社会的描述至少有数字技术与社会关系这样两种路径。这两种路径从理论上都可行，因为它们是基于不同视角而得到的必然性。当存在至少两种路径的时候，那么我们就面临着选择的问题。根据上面的关于泛计算主义所得的结论与结合前述学者的看法，我们认为把数字社会描述为这样可能比较容易接受：它是数字技术形塑的表征为建立在数据这一基点上的社会存在的网络关系之社会形态。

（1）数字社会是一种数字技术形塑的社会存在形态

任何技术的出现与运用都会对社会形态带来一定的影响。但是纵览人类发展史，能够形塑社会形态的技术却是近来以机器为代表的技术，因为“机器是一种工具，是一种机械（机械是利用力学原理组成的各种装置），以机器为代表的近代技术的诞生，表明了人类的技术从人体性技术发展为工具性技术，从生理性技术发展为机械性技术，从与人不可分离的技术转化为可以同人分离的技术……技术成了真正的技术”[③]。由于近代的技术是机械性技术，从而一方面它必然要受限于真实的物理世界，另一方面它仅仅是取

① 李一：“‘数字社会’运行状态的四个特征”，载《学时时报》，2019 年 8 月 2 日第 008 版。

② 蓝江：“数字时代下的社会存在本体论”，载《人民论坛 · 学术前沿》2019 年第 14 期。

③ 林德宏：《科技哲学十五讲》，北京大学出版社 2004 年版，第 236 页。

代和优化了人的体能。这样的社会形态无论命名为“蒸汽时代”还是“电力时代”，它们都没有超越物理世界的范畴，都是“固态社会”①，与农业社会并无本质上的区别。

实际上，对于劳动者而言其劳动水平能够发挥到何种程度除了工具外，还与大脑功能发挥水平有关，而后者更为重要。由此现代技术与近代技术必然要质的变化：它不仅要取代和优化人的体能，还要取代和优化人的智能，而且后者是主要的。取代和优化人的智能意味着社会的流动不再只是表现为受真实的物理世界限制的人和物的位移，更多是不受时空限制的数据传输。这样社会就成了既立基于真实的物理世界又超越了真实的物理世界的社会。由此，社会存在形态不再是“固态”的，更多表现为“液态”，确切地说是以“固态社会”为基的“液态社会”。

不受时空限制的数据传输的实现有赖于数字技术。也就是说社会存在形态从“固态社会”转变为以“固态社会”为基的“液态社会”是数字技术所带来的。因此，可以说数字社会是数字技术形塑的一种社会存在形态。

（2）数字社会是建立在行为者和参与者数据这一基点上的社会存在的网络关系

“I leave no trace of wings in the air but I am glad I have had my flight.（天空没有翅膀的痕迹，而我已飞过。）”这句出自泰戈尔《飞鸟集》中的话在“固态社会”中不会有人质疑其正确性。但是在“液态社会”中这句话无疑是有问题的，因为任何人的行为都以数据形式被记录在网络之中。这意味着任何人的行为都会有痕迹而

① 马长山：《数字社会的治理逻辑及其法治化展开》，载《法律科学（西北政法大学学报）》2020 年第 5 期。

且这种痕迹并不会随时间的流逝、记忆淡忘而消失，真正让这些痕迹消失的只能是构成这些痕迹的数据被彻底地删除。这还意味着任何人的痕迹都能够随时复现。“数据就像一个神奇的钻石矿，当它的首要价值被发觉后仍能不断给予。它的真实价值就像漂浮在海洋中的冰山，第一眼只能看到冰山的一角，而绝大部分都隐藏在表面之下。”① 也就是说，如果将复现任何人的痕迹视为数据首要价值的话，复现的痕迹可以是真实存在过的痕迹，也可以是不曾存在的新的痕迹。

在“固态社会”中，人与人之间社会关系的建立、维系与消除都能落脚于行为以及关于行为的记忆。这是因为以往“在所有经验模式中，我们总是把我们的个别经验置于先前的脉络中，以确保它们真的明白易懂；先于任何个别经验，我们的头脑已经预置了一个纲要框架和经验事物的典型形貌。感知一个事物或者对它有所为，就是把它放到预期体系中。感知者的世界以历时经验来规定，是建立在回忆基础上的一套有序的期待”②。也因为如此，真实存在过的痕迹进行复现时极有可能失真。而失真的痕迹并不会成为新的痕迹，正如谎言重复千万遍依然是谎言一样。根据上面的论述，在“液态社会”对真实存在过的痕迹复现不会存在失真的问题，同时不曾存在的新的痕迹因为数据是真的从而复现后也是真的。

基于上述分析，不能将带有行为者和参与者痕迹的社会存在的关系网络理解为该社会存在的关系网当成是“固态社会”存在的关系网络的镜像，它远比“固态社会”存在的关系网络复杂。这种复

① ［英］维克托·迈尔·舍恩伯格、肯尼思·库克耶：《大数据时代：生活、工作与思维的大变革》，盛杨燕、周涛译，浙江人民出版社 2012 年版，第 127 页。

② ［美］保罗·康纳顿：《社会如何记忆》，纳日碧力戈译，上海人民出版社 2000 年版，第 1 页。

杂体现在它既有“固态社会”存在的关系网络，也有因该关系网络而创造的新的关系网络等。但是，无论是哪种关系网络究其根底都是建立在行为者和参与者痕迹即数据这一基点之上。

第二节 数字社会风险与数据保护的必要性

一、数字社会风险面临的风险

正如卡斯帕尔所言“人是一根会思考的芦苇”，在成分构成上，人与芦苇确实没有任何的不同，都是碳水化合物。但是人却成为了主体，而芦苇只能是客体。其中的奥秘无非是人会思考，有精神，有思想，有智慧。数字社会如前所述的那样，它是建立在行为者和参与者数据这一基点之上的社会存在的关系网络。尽管这并没有否定人的主体性地位，但是却在一定程度上消解与解构了人的主体性地位。这意味着人是“宇宙之精华，万物之灵长”①“惟人万物之灵”②这样的且千百年来被奉为圭臬的正确性与合理性都将遭受危机。

如果确定主体的原则是会思考，因为人会思考所以是主体是正确的，那么按照这一逻辑人造的智能体也理应是主体。如果承认人造的智能体是主体，那就得承认需求，因为它是主体发展的动力。马斯洛的需求层次理论认为，人有生理需求（physiological needs）、安全需求（safety needs）、隶属与爱的需求（belongingness and love need）、自尊需求（self-esteem needs）、认知和理解的需求（need to know）和自我实现需求（self-actualization needs）③。这些需求都

① ［英］莎士比亚：《莎士比亚全集》（9），人民出版社1978年版，第49页。

② 孔颖达：《尚书正义》，北京大学出版社1999年版，第270页。

③ 参见［美］A. H. 马斯洛：《动机与人格》，许金声、程朝翔译，华夏出版社1987年版，第40—54页。

是消耗一定数量的客体为代价。可以肯定，人造的智能体不可能有这些需求。这样就不得不修改需求的概念。无论以何种方式对需求的概念进行修改，有一点是可以肯定的，那就是人与人造的智能体共同的需求。

随着神经科学的出现与发展，人会思考的奥秘也逐渐地被人类发现。人造的智能体开始实际上模拟人脑思考原理的人造物。该人造物能够像人脑一样会思考，主要依赖于数据和算法，而数据是人生产的，算法是设计的。但是随着科技尤其是人工智能技术的大发展，人造的智能体能够自己解决数据与算法。也就是说，人造的智能体即便有需求也能够不依赖于人和客体而得到满足。而人则不同，人的需求满足则会依赖人工智能体。这种依赖则会导致“精神离场与人类思想之稀释”“行动离场与人类自由的失落”与“身体离场与人类尊严的沦丧”[①]。精神、行动和身体都离场应该等同于作为主体的人的离场。

这样就出现了人需要人造的智能体而人造的智能体不需要作为主体的人和客体的局面。这一局面意味着人与人造的智能体在需求方面不会有交集。马克思认为对于个体而言，“他们的需要即他们的本性”[②]。假设能够通过改造需求的概念将人造的智能体纳入主体范畴，也只能是削足适履。无论是对“足”削多少，伤害的只会是“足”而不是“履”。总而言之，对需求的概念进行修改，此路不通。既然对需求这一概念修改将人造的智能体纳入主体范畴行不通，那么我们就得接受作为主体的人的离场这一可能。

基于人是主体而且是唯一的主体这样公认的认知，我们所有的

---

① 谢晖:《数字社会的“人权例外”及法律决断》，载《法律科学（西北政法大学学报）》2021年第6期。

② 《马克思恩格斯全集》(第3卷)，人民出版社1974年版，第514页。

知识、理论、制度等最终都指向了“认识自我”。因而卡西尔认为：“认识自我乃是哲学探究的最高目标——这看来是众所公认的。在各种不同哲学流派之间的一切争论中，这个目标始终未被改变和动摇过：它已被证明是阿基米德点，是一切思潮的牢固而不可动摇的中心。即使连最极端的怀疑论思想家也从不否认认识自我的可能性与必要性。他们怀疑一切关于事物本性的普遍原理，但是这种怀疑仅仅意味着去开启一种新的和更可靠的研究方式……怀疑论往往只是一种坚定的人本主义的副本而已……”①如果作为主体的人离场，那无疑意味着基于人是主体这一认知的知识、理论、制度等会贬值甚至是没有任何的价值。对此，或许有人会说它们的贬值甚至是无用从范式的角度看意味着新的范式的出现。确实是这样的，尽管当前我们还不能清楚该范式，但必然有人造的人工智能体的一席之地。

如果将人造的智能体放在该范式之中的主体范畴，那就必然会导致上面所述的问题。如果将人造的智能体放在该范式之中的客体范畴，那么智能就不能等同于人的思考。假设这是对的，但是人依赖于人造的智能体造成精神退场一旦成为了现实，作为主体的人离场问题依然会存在。如果该范式没有主体与客体的概念，我们能够想象的图景应该不是“人类智能在感知、推理、归纳和学习等方面具有机器智能无法比拟的优势，机器智能则在搜索、计算、存储、优化等方面领先于人类智能，两种智能具有很强的互补性。人与计算机协同，互相取长补短将形成一种新的‘1 + 1 > 2’的增强型智能，也就是融合智能，这种智能是一种双向闭环系统，既包含人，又包含机器组件。其中人可以接受机器的信息，机器也可以读取人

① ［德］恩斯特·卡尔西：《人论》，甘阳译，上海译文出版社 1985 年版，第 3 页。

的信号，两者相互作用，互相促进”[①]，而是更多的人成为人造的智能体跟班甚至是奴役。人成为了主体取得了主体地位，被有的学者视为“历史终结”[②]的一个表征。人成为人造的智能体跟班甚至是奴役意味着并不是历史的终结而是人类一直都想方设法摆脱的历史借助人造的智能体之“尸”“返魂”。正如吉奥乔·阿甘本所言的：“与历史终结论恰恰相反，事实上，我们正在见证这部机器无休止的、尽管也是无目的的运动。通过对神学上的家政（oikonomia）做出十足的滑稽模仿，这架机器接过了神意治理世界的遗产；然而，这架机器非但没有救赎我们的世界，反而正在把我们引向灾难（这忠于神意原初的末世论天职）。”[③]

上面的分析很容易被人理解为主张应该停止人造的智能体开发与应用，让社会形态退出数字社会。这种理解显然是一种误解。人造的智能体也好，数字社会也罢，它们的出现都源于人的需求，因而数字社会的出现是历史的必然，是不可逆的发展趋势。因此，上面的分析只是从理论从逻辑的角度指出数字社会存在着风险。

那么数字社会存在着怎样的风险呢？这个问题显然比数字社会是否存在风险这个问题还难回答。虽然当前我们已身处数字社会中，但我们更多感知的是其带来的便利，我们目前已知的风险也只是诸如数字或算法歧视、算法黑箱，等等。

（1）数字或算法歧视的风险

算法在本质上是一种计算机技术工具。对于技术工具，人们一般都认为它是客观中立的或者说与价值无涉。但是，无数的事实

---

① 李平、李政银：《人机融合智能：人工智能3.0》，载《清华管理评论》2018年第7期。

② ［美］弗朗西斯·福山：《历史的终结及最后之人》，黄胜强等译，中国社会科学出版社2003年版，第1页。

③ ［意］吉奥乔·阿甘本：《论友爱》，刘耀辉等译，北京大学出版社2017年版，第28页。

证明了“科技既不是好的，也不是坏的，但也绝不是中性的”。例如，“在概念上，歧视性人工智能的现象可以追溯到三种不同的缺陷：有缺陷的数据收集……有缺陷的数据聚合……和标准的无响应……即便没有任何人旨在造成任何伤害，人工智能也可能表现出歧视性行为”①。这种歧视被有的学者称为数字歧视，即“依据算法所作自动决策实施的直接或间接歧视性行为”②。从该定义中可以知道，数字歧视在某种意义上也可以称之为算法歧视。算法歧视当然与算法有关。具体到算法，“因算法自身的‘黑箱’化特征以及技术应用不当，在实然层面又难免陷入偏私与歧视”③。这种由算法技术所导致的偏私与歧视就是算法歧视④。虽然从算法歧视产生技术原因——人类文化中固有的偏见因子不可能不被嵌入到算法系统中⑤，即编码凝视（coded gaze）——来看，其难以消除，但相较于传统歧视而言，算法歧视在算法技术的加持下变得更加不易被感知。传统歧视针对的是特定的群体，基于质相同或类似的人或事进行不合理区别对待这一歧视的显著特征⑥，从而人们容易感知到遭受歧视。而算法歧视针对的却是单个个体：歧视你“并非因为你是个女性或黑人，而是因为你就是你”或者你的特质，从而“你不

① ［德］托马斯·威施迈耶：《人工智能与法律的对话2》，李辉等译，上海人民出版社2020年版，第115页。

② ［英］凯伦·杨等：《驯服算法：数字歧视与算法规制》，林少伟等译，上海人民出版社2020年版，第91页。

③ 谭九生，范晓韵：算法“黑箱”的成因、风险及其治理，载《湖南科技大学学报（社会科学版）》2020年第6期。

④ 有学者指出，算法歧视并非法律体系中的规范表达，学界对算法歧视的探讨主要集中于算法社会、技术限定与特定领域这三种语境且论证重点有所差异。参见曹博：算法歧视的类型界分与规制范式重构，《现代法学》2021年第4期。

⑤ 参见熊春泉、聂佳龙：《数据驱动型竞争异化风险的法律防控研究》，上海三联书店2021年版，第125页。

⑥ 周伟：论禁止歧视，载《现代法学》2006年第5期。

知道究竟是什么特质，就算你知道，也找不到人和你一起大声抗议，因为没有其他人会遇到与你一样的偏见，只有你”[①]，从而人们遭受算法歧视的时候难以被感知。正因如此，算法歧视带来的最大的风险就是人们遭受传统的歧视的同时还会面临日益严重的个人歧视的风险，总而言之人们遭受更多歧视风险只会比过去大而不是小。

（2）算法黑箱的风险

在当下广受追捧的新技术概念中，“数字孪生”无疑是一个网红级别的概念。正如有的学者指出的那样：“数字孪生并非单指某一特定技术，而是一个对人工智能、大数据、物联网、虚拟现实等技术进行综合运用的技术框架。数字孪生的走红既源于人们对新技术的好奇心，也因为它与人们对于数字社会、数字化治理的想象颇为契合。”[②]所谓的“数字孪生”实质上就是对诸如大数据、人工智能、物联网、区块链等数字技术予以集成的体系框架。而要将大数据、人工智能、物联网、区块链等这些数字框架集成到一个体系框架之中，必然少不了算法的支持。这是因为在由界面、数据、模型三个层次构成的数字孪生技术体系结构中“界面层和数据层宛如数字孪生系统的皮肤和血肉，而算法所在的模型层给它注入了灵魂”[③]。算法本质上是“告诉计算机该做什么”[④]的一系列指令，但由于其“所涉及的技术繁杂”到了部分人“无法了解或得到解释”[⑤]

① ［以色列］尤瓦尔·赫拉利：《今日简史：人类命运大议题》，林俊宏译，中信出版社2017年版，第63—64页。

②③ 衣俊霖：数字孪生时代的法律与问责——通过技术标准透视算法黑箱，载《东方法学》2021年第4期。

④ ［美］佩德罗·多明戈斯：《终极算法：机器学习和人工智能如何重塑世界》，黄芳萍译，中信出版集团2017年版，第3页。

⑤ 仇筠茜、陈昌凤：“基于人工智能与算法新闻透明度的‘黑箱’打开方式选择”，《郑州大学学报（哲学社会科学版）》2018年第5期。

的程度。更为重要的是算法、算力等在社会中应用越来越普遍与深入，社会秩序构建日益依赖于以计算机代码为载体的“社会运行的基础规则”①，由此人类日益变成了“算法社会”②。在此背景下，“算法黑箱”概念被提出，表达了人类对于算法衍生的一系列风险的忧虑。具言之，“算法黑箱”的风险主要有算法与资本或者权力相结合进而“损害个人权利和社会公共福利”③，以及算法监管的政府失灵和引发政府信任危机④，等等。

当然以上所列举的风险肯定不是存在于数字社会中全部的风险。随着时间的流逝，现在我们想象不到的风险可能将来会出现。但是，无论是何种的风险，都会有与算法歧视和算法黑箱这两种风险共性的东西是不言而喻的。首先它们都给了我们必须采用相应方式进行风险防控的警示，其次在某种意义上还给我们提供了至少从数据与算法角度进行风险防控的提示。

二、数据保护的必要性

遍览人类社会史，人类是在解决一个个风险中得以发展的，从某种意义上讲风险的存在是社会发展的必要条件之一。由此，对数字社会存在的风险进行防控指向了社会发展。随着数字技术的发展与应用的普及，数据一方面成为了一种如石油一样重要的生产要素，另一方面又给个人隐私等带来了极大的威胁。可以说，数据不

---

① 贾开：《人工智能与算法治理研究》，载《中国行政管理》2019 年第 1 期。

② Jack Balkin. *Free Speech in the Algorithmic Society: Big Data, Private Governance and New School Speech Regulation*, U. C. Davis Law Review, 2017,（51）: 1149—1210.

③ Kubler, Kyle. *The Black Box Society: the secret algorithms that control money and information*, Information, Communication & Society, 2016,（2）: 1—2.

④ 谭九生、范晓韵：《算法“黑箱”的成因、风险及其治理》，载《湖南科技大学学报（社会科学版）》2020 年第 6 期。

仅仅是社会发展的动力来源也是社会风险生成的源头。也就是说数据关乎着社会、个体等的利益。这样，对数字社会存在的风险进行防控，实际上指向的就是数据之于社会发展的重要性。

社会是由人组成的，作为个体的人的发展要以社会发展为前提，因为“没有公共领域的合作与参与，人们就不足以保证自己在市场中获得公正的收益，在社会上得到相应的关注与爱护，在国家权力层面享受公平正义的政治”①。社会发展的最终目的是人的发展，因为“最文明的民族也同最不发达的未开化的民族一样，必须先保证自己有食物，然后才能去照顾其他事情”②。这也就决定了社会要为人的发展创造条件以保障个体的利益诉求在集体中可以实现。个体的利益诉求在集体中可以实现意味着社会要以不同个体的利益能够兼容以及利益冲突能够得到妥善解决为追求目标。不同个体的利益能够兼容代表着社会连接的顺畅，利益冲突能够得到妥善解决代表着社会治理的水平。基于此，数据之于社会发展的重要性至少体现在社会连接与社会治理等方面。

（1）数据是数字社会连接的关键所在

从利益的角度看，社会发展体现为社会利益总量且绝大多数人甚至是所有人的利益都得到了增加。由于利益是在社会这一公共领域中才能实现，从而人与人，人与社会等连接都是依靠利益来连接的。因而，按理来说任何人都应该是社会网络的基本点。但是，以往的历史表明，社会网络的基本点并不是单个的人，而是社会组织。之所以出现这种反常，归根到底是因为以往的技术等不能支持将个人纳入社会网络之中并使之成为该网络的基本节点，从而将社

① 任剑涛:《公共的政治哲学》，商务印书馆 2016 年版，第 148 页。

② 《马克思恩格斯全集》（第 9 卷），人民出版社 1961 年版，第 347 页。

会组织设定为社会网络的基本节点虽然是无奈之举但却是最为务实的选择。社会组织设定为社会网络的基本节点意味着人们之间的社会连接主要通过所在的社会组织这一载体来实现。但是，网络与数字技术的加持，任何人都可以利用智能手机等直接与其他人、社会等相连接。于是，“在数字社会中，数字网络穿透了原工业社会的一切组织结构形式，直接将个人纳入数字网络并使之成为基本节点”[①]。

哈贝马斯曾言：“公共领域最好被描述为一个关于内容、观点也就是意见的交往网络；在那里，交往之流被以一种特定方式加以过滤和综合，从而成为根据特定议题集束而成的公共意见或舆论。就像整个生活世界一样，公共领域也是通过交往行动——对于这种行动来说，掌握自然语言就足够了——而得到再生产的；它是适合日常交往语言所具有的普遍可理解性的[②]。”在数字社会中，任何人可以成为也能成为社会网络的基本节点，他们依托数字网络通过数据流动与数据交换等方式进行交往行动并由此实现社会连接，而且这种社会连接方式越来越成为了主流。因此，可以说数据是数字连接的关键所在。

（2）数据是数字社会治理的抓手和切入口

列宁曾言“马克思和恩格斯称之为辩证法（它与形而上学方法相反）的，不是别的，正是社会学中的科学方法，这个方法把社会看作处在不断发展中的活的机体”[③]，因为马克思认为“社会不是坚实的结晶体，而是一个能够变化并且经常处于变化过程中的机

① 王天夫：《数字社会与社会研究》，载《中国社会科学报》，2021 年 10 月 20 日第 008 版。

② ［德］哈贝马斯：《在事实与规范之间：关于法律和民主法治国家的商谈理论》，童世骏译，生活 · 读书 · 新知三联书店 2003 年版，第 446 页。

③ 《列宁全集》（第 1 卷），人民出版社 1984 年版，第 135 页。

体”[①]。社会之所以是处在不断发展中的活的机体，究其根底与利益有关。也就是说，利益获取以及在获取过程中产生的冲突是社会不断发展的动因。利益冲突的存在对于社会而言，它兼具建设性与破坏性。建设性体现为利益冲突将社会制度的不足之处等暴露出来，从而为社会制度的完善等提供了可能。破坏性体现为利益冲突超过社会的容忍度或者本在社会容忍范围之内的社会冲突没有得到及时有效的解决而不断地累积，最后将整个社会基本制度予以破坏掉。由此可知，无论是建设性还是破坏性都指向了社会要及时回应利益冲突，并想方设法解决这些利益冲突。

社会治理在终极意义上就是实现公共利益的最大化。而利益冲突的存在无论如何都不可能会实现公共利益的最大化。由此，社会治理最终落脚于利益冲突的解决。在数字社会中，利益冲突的症结之一是数据。因而，解决数字社会中的利益冲突必然落脚于数据。因此，数据也就成了数字社会治理的抓手和切入口。

从上面的论述中可以知道，数据之于社会发展的重要性无论怎么形容都不为过。既然数据之于社会发展如此的重要，那么如何利用数据推动和促进社会的发展自然而然成了当下要认真对待的问题。而当下无数事例不断反复地提醒着我们，要不要利用数据推动和促进社会发展已不是一个需要考虑和争论的问题，而真正需要考虑的问题是在如何保障不同数据主体权益的前提下和基础上实现社会的发展。

完成保障不同主体在数据方面的权益的任务，无疑首先要考虑法律。通过法律方式来保障不同主体的数据权益首要得有相应的法律制度。近年来，《民法典》《网络安全法》《数据安全法》《个人信

① 《马克思恩格斯全集》(第23卷)，人民出版社1972年版，第12页。

息保护法》等一系列法律法规的出台，为不同主体的数据权益保护提供了相应的支持。但是这些法律并不能完全承担起对数据保护的重任。无论是数字经济还是数字社会的发展有一个很重要的条件就是数据共享开放。2021 年 11 月 26 日国家信息中心副主任、国家公共信用信息中心主任在“2021（第十六届）中国电子政务论坛暨首届数字政府建设峰会”上直言数据共享开放的范围和方式，数据的管理和使用权限不清，导致数据共享难、开放难、融合难的顽疾并没有因为前述法律法规的出台而得以去除[①]。由此，可知道当前我国在数据权益保护方面主要的问题应该是相关法律制度的缺位。那么如何补足这块则是下一章的主题。

① 载搜狐网，https://www.sohu.com/a/503759048_161795.

第七章
数据保护立法

第一节　数据保护立法必要性分析

当前我国数据权益保护法律制度的缺位提示着我们要加强围绕数据保护这一中心进行立法。但有着不少的思想家们反复地提醒着我们立法要节制，要慎重：孟德斯鸠说节制是立法者的美德，Bernhard Rehfeld 以告诫的口吻说“立法现象的出现……意味着人类历史上一种艺术的发明，即规定合法与不合法的艺术。在此之前，人们认为，法律是不能制定的，法律只能作为某种本来就存在的东西加以适用。根据这种观念，立法作为一种发明，就可能产生某种严重的后果，与火的发明或火药的发明所具有的那种严重后果一样。这是因为，越加强立法，人类的命运越依赖于法律”[①]。因此缘故，是否有必要立法保护数据不能想当然地认为这是一个不需要讨论的问题。任何的立法都是解决社会特定的问题，其中蕴含的潜台词是：首先社会业已存在特定的需要法律解决的问题；其次，包括已有的法律制度解决不了该问题；最后，制定的法律能够与既有的法律兼容。如果能够满足这三个条件，显然有必要立法。根据前面的分析，关于数据保护的立法需要考虑的是潜台词中的后两个问题。

① ［英］弗里德里希·冯·哈耶克：《法律、立法与自由》(第 1 卷)，邓正来译，中国大百科全书出版社 2000 年版，第 143 页。

一、已有的法律制度难以保障不同主体的数据权益

回答已有的法律制度能不能保障不同主体的数据权益最为权威性的是已有案件的判决。国内有学者通过对 2017 年 1 月至 2019 年 12 月涉及数据主体个人信息泄露维权案件的不完全统计，至少有 9 起（总共 12 起）因为“信息泄露不属于法律需要保护的个人信息范畴”“个人信息泄露系数据主体管理不善”“数据主体证据不足以证明被告为信息泄露者”“公民无法证实信息泄露的危害后果”等原因败诉[①]。在此期间，《民法总则》（2017）、《网络安全法》（2017）、《电子商务法》（2019）等法律法规施行。这说明了仅仅依靠前述法律法规还不足以保障数据主体的数据权益。于是，《民法典》（2021）尤其是《数据安全法》《个人信息保护法》随后相继出台并施行。这两部法律的出台虽然明确了数据和个人信息的内容[②]，但是“数据主体证据不足以证明被告为信息泄露者”“公民无法证实信息泄露的危害后果”等问题并没有得到彻底的解决。以《个人信息保护法》为例，其第 96 条规定：“处理个人信息侵害个人信息权益造成损害，个人信息处理者不能证明自己没有过错的，应当承担损害赔偿等侵权责任。”从该条中可以知道采取的是无过错责任原则，一定程度上减轻了公民的举证责任，但是在本质上依然是将公民与个人信息处理者视为平等的主体。实际上，公民与个人信息处理者的地位并不平等，最为典型的例子就是某些 App 虽

---

① 冯果、薛亦飒：从“权利规范模式”走向“行为控制模式”的数据信托——数据主体权利保护机制构建的另一种思路，载《法学评论》2021 年第 3 期。

② 《数据安全法》第 3 条规定：“本法所称数据，是指任何以电子或者其他方式对信息的记录。”《个人信息保护法》第 4 条规定：“个人信息是以电子或者其他方式记录的与已识别或者可识别的自然人有关的各种信息，不包括匿名化处理后的信息。”

然有同意与不同意收集相机、通讯录、相册等的选项，但是选择不同意则不能使用该App，最终用户只能选择同意。基于这一现实，“需要对双方义务同样做不均衡的配置，以实现数据控制人权利义务的对等性，提高控制人滥用、强制使用、违法使用、泄露数据的‘成本’。而意图将双方权利义务进行不均衡配置，需要打破民法学语境中的‘双方地位强式平等’的立法基本点”①。

上述所列举问题的存在，至少说明了已有的法律制度难以保障公民的数据权益。从逻辑的角度看，仅凭这一点可以说已有的法律制度难以保障不同主体的数据权益。

二、数据保护立法能够与既有法律制度兼容

已有的法律制度难以保障不同主体的数据权益问题的解决，在逻辑上要么通过完善方式解决，要么通过制定新的法律方式解决。但从成本角度看，肯定是优先选择前一种方式。但我们认为这种方式不可取，原因有二：

其一，法律虽然不能一成不变，但必须稳定。如果法律频繁变动甚至是朝令夕改，无疑会对法律的权威造成损害。正如富勒所言：“在溯及既往型立法和法律的频繁变动所造成的损害之间存在紧密的相似性。两种损害都来自一种可以称为立法上的反复无常（legislative inconstancy）的现象。”②《网络安全法》《电子商务法》《民法典》《数据安全法》《个人信息保护法》等法律施行时间并不长，现在对它们进行变动无疑是立法上的反复无常，损害的是它们的权威。

① 冯果、薛亦飒：从“权利规范模式”走向“行为控制模式”的数据信托——数据主体权利保护机制构建的另一种思路，载《法学评论》2021年第3期。

② ［美］富勒：《法律的道德性》，郑戈译，商务印书馆2005年版，第94—95页。

其二，也是最重要的是《网络安全法》《电子商务法》《民法典》《数据安全法》《个人信息保护法》等法律并非是专门针对数据保护的。这样如果突出对数据保护的内容，则会改变它们的立法目的与宗旨。习近平总书记指出："民法典在中国特色社会主义法律体系中具有重要地位，是一部固根本、稳预期、利长远的基础性法律。"① 由此可知，如果《民法典》宗旨修改了则会导致中国特色社会主义法律体系的改变。推而广之，立法目的与宗旨的改变不仅仅是改变了这些法律，甚至是改变了整个法律体系。

这两个原因决定了不能通过完善现有的法律制度方式来实现保护数据的目的。既然如此，那么对数据进行保护的重任只能落在制定新的法律身上了。

制定新的法律保护数据表面看最终的结果是一部新的法律出台，实际上则是因为它的出台法律体系更加完善。一个更加完善的法律体系一定是不同法律之间能够相互兼容的结果。这样确定制定新的法律保护数据后还要考虑该法与既有法律尤其是与《个人信息保护法》《数据安全法》的兼容问题。

（一）与《个人信息保护法》的兼容问题

《个人信息保护法》的宗旨是"为了保护个人信息权益，规范个人信息处理活动，促进个人信息合理利用"。关于这一宗旨有两点需要明确：一是保护个人的信息权益；二是信息权益而非数据权益。第一点好理解，因为其他法律主体如公司法人的信息权益保护采用了商业秘密等方式保护。从前面述及的信息与数据区别就能知道个人信息权益并不能与个人数据权益等同。退一步讲，即便是两

---

① 载中国人大网，http://www.npc.gov.cn/npc/c30834/202006/33c077fe42fe45ea871cd809d4503ef1.shtml.

者视为相互证成的同一概念[①]，但也得不出保护了个人信息就是保护了数据，因为数据除了个人数据外还包括非个人数据。这也就决定了《个人信息保护法》并没有把数据保护立法的空间给堵死。更何况是“我国《民法典》构建的个人信息与数据相区分的差序体系，其中个人信息位于《民法典》第111条处于第110条各种具体人格权和第112条身份权之间，其在民法典第四编人格权编中通过第1034条至第1039条6个条文对个人信息进行了较为详尽的人格法益保护体系构建；而数据则是在《民法典》第127条中与虚拟财产并列作为一种财产权确立下来”[②]。也就是这决定了《个人信息保护法》不能完全保护数据权益。总而言之，数据保护立法与《个人信息保护法》并不矛盾，两者能够兼容。

（2）与《数据安全法》的兼容问题

虽然《数据安全法》规定了“国家保护个人、组织与数据有关的权益”（第7条），但该法内容更多集中在数据安全保障方面，涉及数据权益的规定也是较为笼统，例如“任何组织、个人收集数据，应当采取合法、正当的方式，不得窃取或者以其他非法方式获取数据”（第32条）。内容更多集中在数据安全保障方面必然会导致关于数据权益的规定相对较少。而已有关于数据权益的归拢较为笼统会导致实施与执行显得力不从心的困境甚至是出现有法不依的局面。有学者指出：“这种有法不依的状况比无法可依所造成的后果更为可怕和严重，有法不依还不如无法……当法律制定后却不予

① 《一般数据保护条例》将“个人数据”与“个人信息”作为互相证成的统一概念的做法遭受了一些学者的批评，例如Václav Janeček指出《一般数据保护条例》将个人数据理解为“个人信息”或与自然人有关的“信息”的做法，忽略了数据和信息之间的概念区别。See Václav Janeček. Ownership of Personal Data in the Internet of Things, Computer Law & Security Review Volume 34, Issue 5, October 2018, pp. 1039—1052.

② 申卫星：“论数据用益权”，载《中国社会科学》2020年第11期。

执行时，法律也就如同废纸，则人民就会失望，对法律就完全不予信任甚至蔑视，这种有法不依、有法不守的状态一经形成后，如要改变这种状况，其难度将比改变无法可依状况的难度要大得多。”[①]旨在保护数据权益的数据保护立法正好能够弥补《数据安全法》这些不足，它与《数据安全法》的兼容性是不言而喻的。

从上面的分析中可以知道，数据保护立法不但能够与《个人信息保护法》《数据安全法》兼容，还能弥补这些法律的不足以及完善《民法典》确立的数据权益保护制度。

至此，只有一个结论，那就是我国有必要进行数据保护立法。

当然，上面的理由并非是数据保护立法必要性的全部理由，还有其他，如构建“党管数据”模式的数据信托制度[②]。

第二节　数据保护立法相关问题的讨论

人类从事的一切实践活动都是依据对象而开展的，因而“对象是永恒的命令者，而人类是永远的服从者和依赖者”[③]。于是，数据保护立法也应当服从对象的命令。这样必须要弄清楚对象是什么及其命令有哪些。这些问题虽然不是数据保护立法本身的问题，但它们却事关着数据保护立法的目标实现、质量等。因此，在言及如何进行数据保护立法之前必须解决与之相关的问题。

一、数据与相关概念的辨析

任何法律的出台都是以解决特定的社会问题为依归。这样社会

① 杨解君：“立法膨胀论”，载《法学》1996年第3期。

② 分析见本章第二节中的“（八）命名为‘数据保护法’”。

③ 谢晖：《法律的意义追问》，商务印书馆2003年版，第451页。

问题是法律的对象。因而，任何法律的出台都应当以问题为导向。以问题为导向也就意味着问题所指在某种意义上是对象所发布的命令。根据前面的分析，数字社会的问题指向了数据与算法。因而，数据保护立法要以数据与算法为问题导向。因而，首先有必要介绍下数据与算法这两个概念。在数据与算法这两个概念中容易误解的是数据。数据主要是与信息、数字容易混淆。

数据不同于信息，这一点在前面已反复提及。虽然数据不同于信息，但两者并非没有任何联系。信息与数据有关联是电子计算机出现导致的结果。电子计算机组成部分软件是由程序与数据构成的，因而“无论是向电子计算机输入信息还是将信息从电子计算机中输出，都会处于至关重要的一环：表征为按照程序设定的运算规则而转化数字化形式的数据”[①]。于是，数据与信息不同之处在于数据本身并不能表达任何的信息，只有经过相应的处理、挖掘后才能得到信息。而且因此缘故，从数据中可以得到不同的信息，而信息只能是由特定的数据构成。

由于电子计算机是采用“0”和“1”两个数字构成的二进制的缘故，文字、方位、沟通等变成了数据被理解成了文字、方位等的数字化。对于将数据化与数字化混淆的现象，维克托·迈尔-舍恩伯格与肯尼思·库克耶两位学者在《大数据时代：生活、工作与思维的大变革》一书中以醒目的小标题提出“数据化，不是数字化”，并进一步指出“数字化指的是把模拟数据转换成用0和1表示的二进制码”，而数据化则是指“一种把现象转变为可制表分析的量化形式的过程”[②]。从中不难知道，在两位学者看来数字化与数据化大

① 熊春泉、聂佳龙：《数据驱动型竞争异化风险的法律防控研究》，上海三联书店2021年版，第30页。

② ［英］维克托·迈尔—舍恩伯格、肯尼思·库克耶：《大数据时代：生活、工作与思维的大变革》，盛杨燕、周涛译，浙江人民出版社2012年版，第103页。

相径庭。数字化与数据化不同也就意味着数字与数据的不同。从语义的角度看，汉语言中的数据与数字的最大不同在于其有特定的价值或用途，而在西文中“数据”（data）意思是“已知”或被理解为“事实”，“数字”（number）则更多指的是序数、自然数和基数。也就是说，量化的并不是数字而是数据。

二、数据保护的落脚点是算法

了解了数据与信息、数字的区别后我们便容易知道，数据是“固态社会”量化后存储在电子计算机等中的且能够得到信息的符号。当前，“固态社会”量化是一个不需要考虑的问题，甚至是一个不需要考虑是否有些领域不能量化的问题。为了实现得到可量化的信息的渴望，人类一直在寻求有效的方法和工具，因而“为了得到可量化的信息，我们要知道如何计量；为了数据化量化了的信息，我们要知道怎么记录计量的结果。这需要我们拥有正确的工具”①。既然“固态社会”量化是不需要考虑的问题，那么真正考虑的问题是如何确保正确的工具得到正确的使用。从量化的数据中得到信息的正确工具是算法。因此，对数据进行保护要落脚于算法。

三、数据保护最核心的原则是透明

算法，简单地讲就是处理海量数据和作出决策的程序。而该程序是人按照一定的规则设计的，由此按常理说“如果它们的决策出错（这是不可避免的），我们就可以回头来找出计算机作出错误决策的原因……现在的计算机编码能够被解码、检查，并且可以解读

① ［英］维克托·迈尔—舍恩伯格、肯尼思·库克耶：《大数据时代：生活、工作与思维的大变革》，盛杨燕、周涛译，浙江人民出版社2012年版，第104页。

其决策依据——无论多么复杂，至少对于懂得如何解码的人不存在问题"①。但是，以大数据为例，其核心预测分析是以海量数据和庞大的统计计算为基础的，这导致了算法和数据库都有变得不透明、不可追踪和不可解释的风险。也就是说，当前算法并非像常理那样简单。这就需要专门性的机构与人员承担防控算法变成黑盒子风险的责任。这一责任的核心当然是"透明"。因此，透明应是数据保护最核心的原则。

四、算法设计者承担算法透明的法律责任

数据保护最核心的原则是透明，那么如何实现算法的透明则是需要予以认真对待的核心问题。由此需要制定能够实现算法透明的制度。"制度——尤其是附属于它们的惩罚——能使人们作出既有承诺能得到切实履行的可靠约定。"②算法设计者首先要作出透明的承诺，并因此承诺承担相应的法律责任。

五、"事实—规范"的二元法律责任判定模式

任何法律责任设定的最终目的都是为了让法律主体切实履行义务。因而，是否对法律主体课以责任的前提是其是否切实履行了义务。按照当前的法律制度，判断法律主体是否切实履行了义务是法院等国家机关的事情。但是，从目前的情况来看，法院等国家机关难以承担起这些这一重任，因为算法的复杂性决定了必须依赖掌握专业技术的机构和人员。这样，对于算法主体责任的确定要采用

---

① ［英］维克托·迈尔—舍恩伯格、肯尼思·库克耶：《大数据时代：生活、工作与思维的大变革》，盛杨燕、周涛译，浙江人民出版社 2012 年版，第 226 页。

② ［德］柯武刚，史漫飞：《制度经济学——社会秩序与公共政策》，韩朝华译，商务印书馆 2000 年版，第 111 页。

“事实—规范”的二元模式，即由专业机构先进行事实判定，法院等国家机构后进行法律判定。

六、算法设计者的免责事由

法律责任是法律主体没有切实履行义务所引起的。但这并不等于说没有切实履行义务就得承担法律责任，因为法治的一项原则是不能要求不可能之事。“一部要求人们做不可能之事的法律是如此的荒诞不经，以至于人们倾向于认为：没有任何神智健全的立法者甚至包括最邪恶的独裁者会出于某种理由制定这样一部法律。”[①]因而，对某一法律主体课以法律责任的时候必须思考其没有切实履行法律责任的原因是什么：能为而不为还是不能为而不为？若是不能为导致的不为则就不能对法律主体课以法律责任。因此缘故，要设定算法设计者的免责事由。

七、设立数据权益公益诉讼

算法设计者没有免责而承担法律责任，还是有免责事由不承担法律责任，都带来这样的一个事情：数据主体认为其数据权益遭受了损害。“有损害斯有救济”，因而数据主体的数据权益遭受损害有权向法院提起诉讼是自然而然的。但是，我们必须要考虑到这样的一个问题：数据权益损害情况如数据泄露一旦发生，遭受损害的绝不是一个或少数的法律主体，而是数量相当庞大的法律主体。如果是这种情况，应当和《个人信息保护法》——第 70 条规定“个人信息处理者违反本法规定处理个人信息，侵害众多个人的权益的，人民检察院、法律规定的消费者组织和由国家网信部门确定的组织

① ［美］富勒：《法律的道德性》，郑戈译，商务印书馆 2005 年版，第 83 页。

可以依法向人民法院提起诉讼”——保持一致设立公益诉讼制度，允许人民检察院、法律规定的消费者组织和由国家网信部门确定的组织可以依法向人民法院提起诉讼。

八、命名为“数据保护法”

刀枪和战马是因为战事而存在，但我们要追求的是“刀枪入库，马放南山”，立法的目的不是期待问题的发生来彰显出法律的重要性而是期待问题不发生或者少发生[①]。数据保护立法虽然是为了解决侵害数据权益的问题，但更要追求数据的权益得到保障与数据价值的实现。也就是说，不能因为保障数据权益轻视甚至是忽视数据价值的实现，或者说片面强调数据权益的保障。因此缘故，本书用的是“数据保护立法”而非是“数据权益保护立法”。也因此缘故，我们认为命名为“数据保护法”比较合适。“命名一个事物，也就意味着赋予这一事物存在的权力。”[②]命名为“数据保护法”意味着我们可以以此之名合法化相关制度，比如前面提及的“党管数据”模式的数据信托制度。这样，“党管数据”模式的数据信托制度可以借助“数据保护法”予以建构。这样，前面的数据保护立法的理由中可以加上构建“党管数据”模式的数据信托制度这一条。

第三节 制定“数据保护法”

一、制定“数据保护法”需要注意的问题

制定“数据保护法”是必要的也是必须的，那么剩下的问题只

① 参见熊春泉、聂佳龙：《法律经济学》，中国政法大学出版社 2017 年版，第 247 页。

② ［法］布尔迪厄：《文化资本与社会炼金术——布尔迪厄访谈录》，包亚明译，上海人民出版社 1997 年版，第 138 页。

有如何制定了。根据上节的论述，“数据保护法”的制定应当注意如下的问题：

（1）明确界定数据

概念是“构建人类知识大厦的基石”①。“数据”是“数据保护法”的核心概念之一。由此，不明确界定数据，则会导致“数据保护法”相关规定模糊不清。相关规定模糊不清意味着“数据保护法”指引人类行为所确立的规则不是清晰的，进而削弱其合法性，因为“清晰性要求是合法性的一项最基本的要素”②。我国已有的法律法规，如《数据安全法》《深圳经济特区数据条例》都将数据界定为任何以电子或者其他方式对信息的记录。根据前面的分析，数据分为个人数据和非个人数据。《深圳经济特区数据条例》将“个人数据”界定为“载有可识别特定自然人信息的数据，不包括匿名化③处理后的数据”。参照这一定义，非个人数据可以界定为不载有可识别自然人信息的数据，包括对个人数据匿名化处理后的数据和机器生成的非个人数据。

（2）算法透明原则

算法是实现数据价值至关重要的技术，可以说没有算法数据价值就难以实现。但“算法黑箱”犹如一柄“达摩克里斯”之剑悬于人类命运之上，让我们不得不提防其危害的发生。为了防止算法危害的发生，算法透明原则被人类日益重视。尽管到目前为止，算法设计在业界与学术界的共同努力下都是透明化的，但是这并不意味

① ［英］安德鲁·海伍德：《政治学核心概念》，吴勇译，天津人民出版社 2008 年版，第 4—5 页。

② ［美］富勒：《法律的道德性》，郑戈译，商务印书馆 2005 年版，第 75 页。

③ 《深圳经济特区数据条例》第 2 条规定，匿名化是指个人数据经过处理无法识别特定自然人且不能复原的过程。

着以后的算法也是透明化的。为此，有学者主张要想保证算法的透明，算法设计应当承担开放源码与数据、编程准则传播、对算法运行原理、算法具体决策结果解释、接受审计等义务[①]。除了这些义务外，算法设计者所设计的算法在收集个人数据尤其是敏感个人数据和生物识别数据的时候一定要有“告知”与“同意”的选择项。其中，“告知”项包括告知个人用户算法收集、处理的数据的基本原理，也要告知可能存在的风险。“同意”项不得设置是个人用户选择“不同意”后排除或者限制其适用数字产品或服务等的基本功能。

（3）参照仲裁制度成立算法责任审查委员会

“事实—规范”的二元法律责任判定模式决定了首先要对算法设计者是否切实履行了算法责任这一事实进行判断。算法责任的专业性决定了要由专业的机构与人员来进行判断。“社会发展出现过很多这种情况，当一个特定领域变得特别复杂和专门化之后，就会催生出对运用新技术的专门人才的迫切需求”，在这种需求作用下击碎黑盒子的“算法师”崛起[②]。算法师有两种形式：一种是外部算法师，即根据用户或政府的要求，依据法律对算法进行鉴定的算法师，另一种是内部算法师，即在数字平台或内部从事数据监督的算法师。但无论是何种形式的算法师其所得出的结论都不能直接成为判定算法设计者算法责任的依据。由此，算法设计者算法责任只能由权威性且专业性的机构来判断。为此，我们认为需要参照仲裁制度成立算法责任审查委员会[③]。

① 熊春泉、聂佳龙：《数据驱动型竞争异化风险的法律防控研究》，上海三联书店 2021 年版，第 84—86 页。

② ［英］维克托·迈尔—舍恩伯格、肯尼思·库克耶：《大数据时代：生活、工作与思维的大变革》，盛杨燕、周涛译，浙江人民出版社 2012 年版，第 227—228 页。

③ 参见熊春泉、聂佳龙：《数据驱动型竞争异化风险的法律防控研究》，上海三联书店 2021 年版，第 87—93 页。

（4）参照《产品质量法》规定设定算法设计者的免责事由

从计算机技术角度看，算法属于软件的范畴。在软件产业的代表性人物比尔·盖茨在1976年2月发表的《致爱好者的一封公开信》（An Open Letter to Hobbyists）以来，软件成为了受专利法保护的产品。由此，可以说，算法在本质上和产品并没有太大的不同。申言之，可以参照《产品质量法》第41条关于产品质量免责事由的规定——生产者有未将产品投入流通、产品投入流通时引起损害的缺陷尚不存在或产品投入流通时的科学技术水平尚不能发现缺陷的这三种情形之一的，不承担赔偿责任——设定算法设计者的免责事由。

以上四个需要注意的问题解决了，那么关于"数据保护法"的主要内容也就迎刃而解了。

二、"数据保护法"的主要条款内容

（1）立法目的与宗旨的内容

任何法律都有其目的与宗旨，"数据保护法"也不例外。根据前面的分析，"数据保护法"的目的与宗旨是数据的权益保障与数据价值的实现。为此，该条可以表述为：为了保护自然人、法人和非法人组织的合法数据权益，促进数据作为生产要素的数字经济与数字社会的发展，根据有关法律，制定本法。"数字经济"或"数字社会"等内容中规定诸如"在保障国家安全、社会公共利益和他人合法权益的前提下，加快培育数据要素市场，推动构建数据要素市场体系，促进数据资源有序、高效流动与利用"之类的条款。

（2）相关用语界定的内容

第一，数据，是指任何以电子或者其他方式对信息的记录。数据分为个人数据与非个人数据。

第二，个人数据，是指载有可识别特定自然人信息的数据，不包括匿名化处理后的数据。

第三，非个人数据，是指不载有可识别特定自然人信息的数据，包括对个人数据匿名化处理后的数据和机器生成的非个人数据。

第四，匿名化，是指个人数据经过处理无法识别特定自然人且不能复原的过程。

除此之外，相关用语还包括个人敏感数据、生物识别数据、数据处理、用户画像、控制者、处理者、个人数据泄露、算法、算法设计者、算法机构、算法师等。

（3）"数据保护法"原则的内容

第一，算法设计者必须遵守算法透明原则，设计的算法必须有"告知"与"同意"项。如果收集和处理的是个人数据，"告知"项包括告知个人用户算法收集、处理的数据的基本原理、可能存在风险的提示等；"同意"项不得设置是个人用户选择"不同意"项排除或者限制其适用数字产品或服务等的基本功能。

第二，收集和处理数据应当遵循最小必要、合法、合理、诚信原则。不得利用技术、平台等优势误导、诱导、胁迫个人同意收集、处理其数据。

（4）算法设计者的算法透明法律责任的内容

第一，算法设计者应当开放源码，保证数据必须是完整的、原始的、可读的、机器可处理的，获取是无歧视的等。

第二，算法设计者不得以商业秘密等理由拒绝向社会公众传播编程准则。

第三，算法设计者应当对依据算法作出决策的机构或个人解释算法运行原理、算法具体决策结果。

第四，算法设计者应当明确记录模型、算法、数据与决策结果，并随时接受监管部门或法律法规认可的第三方机构的审计。

第五，鼓励数据控制者和数据处理者设置监管数据活动的算法机构后者配备至少一名算法师。算法责任审查委员会判定数据控制者、数据处理者和算法设计者算法责任的，可以参考算法机构或算法师的意见。

（5）算法责任审查委员会的内容[①]

第一，算法责任争议发生后，当事人可以向算法责任委员会申请裁决。对算法责任审查委员会裁决不服的，可以向人民法院提起诉讼。

第二，算法责任委员会由从专家名册中挑选出的 7—9 名专家组成。专家应当为人公道、正派，并满足下列条件：①从事算法设计工作满八年并具有高级职称的；②从事审计工作满八年的；③从事大数据研究、教学工作并具有高级职称的；④从事法律研究、教学工作并具有高级职称的；⑤在数据公司等担任高级技术总监，其技术水平获得业内认可的。其中，法律与数据领域专家不得少于三分之一。

第三，专家有书面审查申请材料，认为在必要时通知相关人员到达指定处所陈述意见，依职权或嘱托有关机关或人员实施调查、检验或勘验等权利。专家有获得报酬的权利。

第四，专家应当遵守以下义务：①不得私自会见被审查当事人、代理人；②不得接受被审查当事人、代理人的请客送礼；③不得披露可能有损中立、独立、公正审理的信息并自行回避；④不得索贿受贿，徇私舞弊，枉法出具裁决意见；⑤不得泄露所知悉的关

---

① 本部分内容主要参考了熊春泉和聂佳龙著的《数据驱动型竞争异化风险的法律防控研究》一书第四章第二节。见熊春泉、聂佳龙：《数据驱动型竞争异化风险的法律防控研究》，上海三联书店 2021 年版，第 91—93 页。

于算法的信息。专家违背前述义务之一且情节严重的，应当除名，并依法追究法律责任。

第五，专家组应由 5 名专家组成，设主任审查员 1 名，其中主任审查员由算法责任委员会指定，其他审查员由当事人共同选定。专家组所作出的处理意见须过半数专家出席，以及出席专家过半数之同意。专家组审议时应当制定审议笔录，当事人和其他参与人认为对自己陈述的笔录有遗漏或者差错的，有权申请补正。如果不予补正，应当记录该申请。记录由审查员、记录人员或当事人和其他参与人签名或者盖章。处理意见应当按照多数专家的意见作出，少数专家的不同意见应当记入笔录。专家组不能形成多数意见时，处理意见应当按照主任审查员的意见作出。

第六，当事人申请专家回避，委员会不能给出不予回避理由的，该专家（组）则要回避。

第七，当事人如果不能证明算法责任审查委员有过错的，应承担法律责任。

（6）算法设计者的免责事由的内容

第一，算法设计者应当对其设计的算法负责。

第二，算法设计者能够证明下列情形之一的，不承担算法责任：①未将算法产品或服务投入使用的；②算法产品或服务投入使用，引起损害的缺陷尚不存在；③将算法产品或服务投入使用时通过了国家、国际安全标准的。

（7）数据权益公益诉讼制度的内容

第一，国家保障自然人、法人和非法人组织法律、行政法规及“数据保护法”规定的数据权益，但不得危害国家安全和公共利益，不得损害他人的合法权益。

第二，数据控制者、数据处理者违反“数据保护法”规定处理数据尤其是个人数据，侵害众多法律主体的权益的，人民检察院、法律规定的消费者组织与各级党组织和由国家网信部门确定的组织可以依法向人民法院提起诉讼。

当然，以上关于“数据保护法”主要内容的论述对于“数据保护法”的制定有着一定的参考价值，但如果想凭借这些论述，哪怕是制定“数据保护法”(专家建议稿)肯定也是远远不够的，更别说是制定“数据保护法”了。但是，社会对“数据保护法”需求日益增强的急迫性这一摆在面前的事实却无言地提醒着我们：“数据保护法”可以提上立法议程了。然而，目前我们似乎并没做好应对的准备，值得庆幸的是敢闯敢试立潮头的经济特区深圳市于2021年6月29日第七届人民代表大会常务委员会第二次会议通过的《深圳经济特区数据条例》[①]为我们制定“数据保护法”提供了一个可供参考的“蓝本”。但能够参考该“蓝本”多少，以及如何参考该“蓝本”是一个至少需要经过实践检验后才能得到答案的问题。显然，目前得不到答案，即便是得到的“答案”也因为实践检验过少而不充分。因此，前述问题尽管与本书主题相关，但最为稳妥应该是等到《深圳经济特区数据条例》得到了实践检验后再议。

---

① 内容见附录一。

第四编

数据法学体系（三）：数字人权

第八章
数字人权概述

第一节　数字技术与人权的变革

一、人的记忆及其机器替代

无论是东方的小康社会理想还是西方的伊甸园神话都不无例外地表达了人类这样的一种渴求：从繁重的劳动解放出来过上物质富裕的悠闲生活。悠闲生活与物质生活的生产技术供给有关[①]。历史地看，物质生活的生产技术供给与"任何需要的满足所产生的最根本的后果是这个需要被平息，一个更高级的需要出现"[②]相契合：利用自然的或动物的力量驱动的这种能够有条件地代替人力的生产技术对于"劳其筋骨"的人们而言无疑是一种最为迫切的需求；但当该种迫切需求得到满足后，生产技术驱动力量不受自然等客观条件限制这样一种更高级的需求随之出现。这两次需求得到彻底满足后导致人类相继进入了农业文明时代与工业文明时代。这两个文明时代又改变了早先的文明和文化，著名的未来学家阿尔温·托夫勒将它们描绘为两次浪潮：

> 人类到现在已经经历了两次巨大的变革浪潮。这两次浪潮

---

① ［美］凡勃伦：《有闲阶级论——关于制度的经济研究》，蔡受百译，商务印书馆 1964 年版，第 ix 页。

② ［美］A. H. 马斯洛：《人格与动机》，许金声、程朝翔译，华夏出版社 1987 年版，第 70 页。

> 都淹没了早先的文明和文化，都是以前人所不能想象的生活替代了原来的生活方式。第一浪潮的变化，是历时数千年的农业革命。第二次浪潮的变革，是工业文明的兴起，至今不过是三百年。①

显然，托夫勒所描述的两次浪潮更多的是在一定程度上解决人们免受“劳其筋骨”而非“苦其心志”之需。那么如何解决人类免受“苦其心志”之需呢？这无疑是人类必须予以认真对待的问题。

尽管人类很早就知道了人与其他世界万物在本质上都是“芦苇”，只不过“人是一根会思考的芦苇”，但在漫长时期中没有弄明白 Homo sapiens（智慧的人）的“一小堆东西怎么就能感知、理解、预测和应对一个远比自身庞大和复杂得多的世界”②，例如在 18 世纪中期之前人们普遍认为意识存在于心脏、脾等器官之中，直到保罗·布鲁卡（Paul Broca）对大脑损伤病人的语言能力缺陷的研究才相信意识存在于大脑。

伊本·西那（阿维纳森）认为，如果灵魂不能胜过想象机能，“而为它缩短了必要的时间，使它得以设立在灵魂看来处在这种机能的想象物中间的东西，那么，由记忆中取来的这个形式，就会以一种完备的方式，按照事物的面貌和形式而被设立起来”③。这无疑表明了人脑就有记忆的功能且该功能作用是对感知的事物予以保存。有理论认为“记忆也是知识的一种‘源泉’，而记得便是我们

---

① ［美］阿尔温·托夫勒：《第三次浪潮》，朱志焱、潘琪、张焱译，生活·读书·新知三联书店 1983 年版，第 52 页。

② ［美］斯图尔特·罗素、彼得·诺维格：《人工智能：一种现代方法》(第 2 版)，姜哲等译，人民邮电出版社 2010 年版，第 3 页。

③ ［阿拉伯］伊本·西那（阿维纳森）：《论灵魂》，北京大学哲学系译，商务印书馆 1995 年版，第 178 页。

借以获得感知各种事物的一种途径。因此，记忆有时候与知觉和推理一起被并列为一种认知的官能或能力；或者，记得与觉察和推论一起被并列为一种认知的举动或过程”[①]。尽管这些理论没能（实际上目前也没有理论）单独回答记忆是如何保存的这个问题[②]。即便是如此，但并没有影响我们有这样的认识：记忆会遗忘。遗忘的对立面是“没有忘记”。“不论是说一个人实际上正在回想某事还是说他能够回想它或记起它，都意味着他还没有忘记它；然而说他还没有忘记某事却并不蕴含着他事实上能够或本能够回想这事情”[③]，因而，记忆不是获知的途径。这是因为人在记忆过去的一件事情的时候，“这个事情的各种细节必定会返回到他的想象之中。他必定‘在心目中’‘看到了’各种细节或‘在头脑中’‘听到了’它们。但这样的‘必定’情形并不存在”[④]。于是，人类的记忆不仅会遗忘而且即便是没有忘记也是无法复原过去发生的事情。基于此，人类的大脑具有“遗忘成为常态，记忆成为例外”的特点。

为了对抗对过去的遗忘，人类发明了如语言、宗教等诸多保存集体记忆的方式与方法。“我们关于过去的概念，是受我们用来解决现在问题的心智意象影响的，因此，集体记忆在本质上是立足现在而对过去的一种重构。”[⑤]此种重构由于是心智在社会压力下所导致的，因而过去被心智美化成为了其所向往的目标。于

---

① ［英］吉尔伯特·赖尔：《心的概念》，徐大建译，商务印书馆 2005 年版，第 342 页。

② ［美］斯图尔特·罗素、彼得·诺维格：《人工智能：一种现代方法》（第 2 版），姜哲等译，人民邮电出版社 2010 年版，第 11 页。

③ ［英］吉尔伯特·赖尔：《心的概念》，徐大建译，商务印书馆 2005 年版，第 341—342 页。

④ ［英］吉尔伯特·赖尔：《心的概念》，徐大建译，商务印书馆 2005 年版，第 344 页。

⑤ ［法］莫里斯·哈布瓦赫：《论集体记忆》，毕然、郭金华译，上海人民出版社 2002 年版，第 59 页。

是，莫里斯·哈布瓦赫言："尽管我们确信自己的记忆是精准无误的，但社会却不时地要求人们不能只是在思想中再现他们生活中以前的事情，而且还要润饰它们，削减它们，或者完善它们，乃至我们赋予了它们一种现实都不曾拥有的魅力。"① 对过去的事情是润饰、削减、完善还是赋予魅力，都会或多或少地导致神经系统的紧张。因此，人类想要免受"心志之苦"想当然的逻辑无疑是替代记忆。

替代记忆意指过去的发生能够被真实地记录，且随时都能取出来使用。那么替代记忆怎么实现呢？美国当代著名哲学家勃克斯认为源自毕达哥拉斯主义的形而上学理论"一切皆数"可以运用于人类的存在这一特殊领域，他说"像俗语'我要对你胸中有数'所说的那样，我们每个人都具有一个数，我称之为人的毕达哥拉斯数，它是一串很长的数字。你的毕达哥拉斯数的一个部分表征你的发生程序，另一部分则完全表征你现在的状况，即加之于对你的遗传特征上的全部环境和文化"②。既然人类的存在可以表征为"数"，那么实现替代记忆的方法应该是通过某种机器将过去的发生转为数字形式，进而保存以便以后可以随时取出使用。卡西尔在《人论》中指出："人不再生活在一个单纯的物理宇宙之中，而是生活在一个符号宇宙之中。"③ 其中，语言是包围人的符号之一。自然语言的语法分析理论认为，"寻找一个限定词的语法分析过程，不是理解英文，为人称代词确定参照此的过程也不是理解英文，只有在大脑中完成这些解释过程的人，以及其他许多与这些过程发生联系的人

① ［法］莫里斯·哈布瓦赫：《论集体记忆》，毕然、郭金华译，上海人民出版社 2002 年版，第 91 页。
② ［奥］弗洛依德等：《心灵简史》，高甲春等译，线装书局 2003 年版，第 318 页。
③ ［德］恩斯特·卡尔西：《人论》，甘阳译，上海译文出版社 1985 年版，第 33 页。

们，才能理解英文。理解英文的能力包含大量相互作用的信息加工过程，其中每个过程所完成的只是非常有限的功能，但是合在一起，它们就提供了以英文句子作为输入并以恰当的英文句子作为输出的能力”[①]。于是人类理解自然语言中的符号或者（和）学习语言，在本质上就是建立起词与世界、词与解释这些词时所具有的内省过程之间的联系。此种联系在本质上是种映射关系，确切地说是人脑与其控制或者接受输入的躯体部分通过此种映射关系实现语言输入。这一特点预示着替代记忆的机器应该要以模拟前述大脑处理语言的机制而设计。

人类独具的劳动与智慧创造了机器。机器最先是人手的延长。但计算机的出现，由于其替代了人脑的某些思维功能从而导致了机器还是人脑的延长[②]。由此，当今言及替代记忆的机器自然会想到计算机。也因为能替代大脑记忆的缘故，计算机又称之为“电脑”。

二、数字人权概念的提出

在《计算机与人脑》中，约翰·冯·诺依曼教授还将计算机与人脑两者的记忆总容量进行了比较。通过比较发现，人脑的记忆总容量比计算机的典型记忆容量要大得多。但该结论的得出有一个前提，即输入神经系统的信息假设没有真正的遗忘。最近的神经科学研究发现，为了清除人脑中的有毒的、损害记忆的蛋白质，人脑有了脑脊液的流动和慢波活动，但随着年龄增长，人脑产生的慢波会随之减少；慢波活动的减少会导致睡眠时脑脊液的脉动的减少。这样有毒的、损害记忆的蛋白质会在人脑中增多，从而导致记忆能力

① ［英］玛格丽特·博登：《人工智能哲学》，刘西瑞、王汉琦，上海译文出版社 2001 年版，第 131 页。

② ［美］约翰·冯·诺依曼：《计算机与人脑》，甘子玉译，商务印书馆 2001 年版，第 i 页。

的下降[①]。记忆能力的下降意味着遗忘。因此，输入神经系统的信息不可避免地会遗忘。

18 世纪的法国唯物主义哲学家朱里安·奥弗鲁·德·拉·梅特里根据对自己病情的观察提出了“人是一架机器”这一著名的论断。即便是人如梅特里所言的那样是一架机器，但也与由各种金属和非金属部件组装成的通过消耗能源可以运转、做功的装置所不同。在记忆方面，人与机器最大的不同无疑是后者至少不会自主遗忘输入的信息。因为这缘故，计算机与人脑相比在记忆方面的特点是“记忆成为常态，遗忘成为例外”。这一特点意味着在存储空间未满之前，输入的信息皆会被计算机以数字的形态存储之。申言之，如果存储空间无限得大，随着时间推移我们拥有的数据也就无限得多。

数据达到一定量级是时间与计算机技术发展与普及的共同结果。计算机技术的普及不得不提及互联网（Internet）。基于互联网对人类社会产生的影响，即学者们先后提出了“知识社会生产论”“知识社会论”“信息经济理论”“超工业社会”“后工业社会”“网络社会”“信息时代”“电子技术时代”等理论和概念。这些理论和概念都在某种程度上达成了类似于因为“信息化经济的独特之处，是由于它转变为以信息科技为基础的技术范式，使得成熟工业经济所潜藏的生产力得以彻底发挥”，从而“工业经济必须变得信息化与全球化，否则就会崩解”[②]这样的共识。事实上，人类社会也如这种共识所描述的那样向前发展着：“计算不再只和计

① N. E. Fultz el al.,“Coupled electrophysiological，hemodynamic，and cerebrospinal fluid oscillations in human sleep”, Science 01 Nov 2019：Vol. 366，Issue 6465，pp.628—631.

② ［英］曼纽尔·卡斯特：《信息时代三部曲：经济、社会与文化——网络社会的崛起》，夏铸九、王志弘等译，社会科学文献出版社 2001 年版，第 117—118 页。

算机有关。”[①]手机、智能手环、指纹识别、人脸识别、虹膜识别等都可以计算。更为重要的是“这些采用了智能测定技术（smart metering）的物品会把测度到的相关数据通过网络上传到存储装置。而云存储和云计算的出现又大大降低了存储和处理数据的成本”[②]。基于此，人类社会越来越被数据化。这意味着人类将会拥有越来越多的数据。而这些数据在技术的加持下推动着社会的发展。

关于社会的发展可以从很多种的角度予以解释，技术的角度就是一个不错的角度，因为社会是在技术循环——采用新技术解决已有问题，采用新技术引起的新问题又要用更新的技术予以解决——得以进步发展。由此，我们的生活、社会甚至是思考都会或多或少、或深或浅地显现着数字技术的某种特性。在科学技术的进步中，自主人的功能一个个被揭示出来而化为了乌有，因为人们似乎因为得不到任何的补偿从而作为人的价值、尊严被降低[③]。从上面关于数字经济与数字社会的阐述中不难感知，数字技术犹如一把双刃剑，一面给我们生活、社会治理等带来了便利，同时也不断地模糊了我们的物理世界和个人的界限由此带来诸多的副作用。如果任由这些副作用发展最终势必会贬损人的价值和尊严。

不仅仅是数字技术，人类对于任何技术的产生都有这样一种复杂的心态：“当机器从事过去由人所做的活动时，机器取代了人，而且，这种现象可能带来严重的社会后果。随着技术的发展，机器将越来越取代人的功能，不过这只是在一定程度上而言的。我们所

① ［美］尼葛洛庞帝：《数字化生存》，胡咏、范海燕译，海南出版社 1997 年版，第 15 页。

② 郑戈：《在鼓励创新与保护人权之间——法律如何回应大数据技术革新的挑战》，载《探索与争鸣》2016 年第 7 期。

③ ［美］B. F. 斯金纳：《超越自由与尊严》，王映桥、栗爱平译，贵州人民出版社，第 58 页。

制造的机器减少了环境中某些厌恶性特征（如劳累），产生出更多的正强化物。正因为机器能做到这一点，我们才制造它们。我们没有理由去制造出能为这些后果所强化的机器，否则，受到强化的将是机器而非我们自己。如果人造的机器最终使人成为多余的，那么这将纯系偶然，没有人会有意造成这种后果。”① 庆幸的是这种复杂的心态中人被机器取代的担忧并没有实质性的成真。其中的缘故除了找到了应对之策外，更为重要的是没有放弃人的目的，即人的价值、尊严。人是目的而非手段意味着任何人都是独立的且是他自己的主人，或者说把人当作人来对待。把人当作人来对待可以是人权的一种表达，因为抽象上的“人”是本体意义上的权利人②。因此，前述所言的任由数字技术副作用发展将会导致人的价值、尊严遭受贬损实质上就是一个与人权相关的话题。

数字科技方兴未艾导致人类社会形态越来越呈现出智慧化与数字化特征，互联网从虚拟世界转变成了真实世界。“在当今数字时代，每天都在产生的海量信息，既是生产生活的运行轨迹和交往图式，也是人们身份数据、行为数据、关系数据和言语数据的具象展示和情景再现，从而塑造着人们的数字属性、数字面向和数字生态。”③ 从计算机理论看，数据基本上是由二进制的 0 和 1 两个数码符号构成。这样可以说，人的数字属性实际上是符号。德国著名哲学家卡西尔在《人论》中指出：“人不再生活在一个单纯的物理宇宙之中，而是生活在一个符号宇宙之中……在某种意义上说，人是在不断地与自身打交道而不是应付事物本身。他是如此地使自己被

① ［美］B. F. 斯金纳：《超越自由与尊严》，王映桥、栗爱平译，贵州人民出版社，第 205—206 页。

② ［美］科斯塔斯·杜兹纳：《人权的终结》，郭春发译，江苏人民出版社 2002 年版，第 103 页。

③ 马长山：《智慧社会背景下的“第四代人权”及其保障》，载《中国法学》2019 年第 5 期。

包围在语言的形式、艺术的想象、神话的符号以及宗教的仪式之中，以致除非凭借这些人为媒介物的中介，他就不可能看见或认识任何东西。人在理论领域中的这种状况同样也表现在实践领域中。即使在实践领域，人也并不生活在一个铁板事实的世界之中，并不是根据他的直接需要和意愿而生活，而是生活在想象的激情之中，生活在希望与恐惧、幻觉与醒悟、空想与梦境之中。”[①] 由此可知，人的数字属性意味着无论是在理论领域还是在实践领域都必须通过数据这一媒介物的中介来看见或认识周遭的世界。“法律也是符号意义的系统。作为观察数据的林林总总的法律事件是甲，通过既定的法律法规来观察这些事件是乙，而形成的法律论证和得出的法律判决是丙。而这些结论和判决又会回馈到符号活动的过程中，从而澄清一些法律事实——确认和识别‘相关事实’，完善一些法律法规。”[②] 无论是观察法律事件、法律现象还是解决法律问题的核心都是权利与义务。由此，人的数字属性必然会导致法律权利和法律义务进行改造与重塑。“没有权利就不可能存在任何人类社会。无论采取任何形式，享有权利乃是成为一个社会成员的必备要素……将人仅仅作为手段，否定了属于他的一切东西，也就否定了他享有任何权利。如果他不仅仅视为手段，而是被作为一个其自身具有内在价值的个人来看待，他就必须享有权利。”[③] 每个社会成员必须享有的权利便是严格意义上的人权。人权只有转化为现实法律权利才能

① ［德］恩斯特·卡尔西：《人论》，甘阳译，上海译文出版社 1985 年版，第 33—34 页。

② ［美］罗宾·保罗·马洛伊：《法律和市场经济——法律经济学价值的重新诠释》，钱弘道、朱素梅译，法律出版社 2005 年版，第 76 页。

③ ［英］A. J. M. 米尔恩：《人的权利与人的多样性——人权哲学》，夏勇、张志铭译，中国大百科全书出版社 1995 年版，第 154 页。

体现出其具有的价值[①]。因此，人的数字属性在改造与重塑法律权利的同时还改造与重塑着人权。

数字技术的产生与发展会导致人权形态变化是不言而喻的。于是，数字技术导致人权形态怎样的变化至少在逻辑上是一个必须予以回答的问题。按照想当然的思路，这一问题的回答就是指出数字技术所导致的人权形态的变化。但这一思路无疑是不可行的。"数字技术与人权形态变化"问题在某种意义上可以说是一个哲学的问题。"搞哲学的人……不要纠缠于枝枝节节，而要注意一些大的问题。"[②]注意一些大的问题需要从宏大的视野、尺度等把握与理解问题的内涵及其发展。基于此，下面将从人权的内涵与发展的角度即"代"的尺度把握与理解数字技术与人权形态变化的问题。

按照国际学术界的说法，迄今为止人类社会先后出现过第一代人权、第二代人权和第三代人权。1977 年法国人权学者联合国教科文组织前法律顾问雷卡尔·萨克（Karel Vasak）提出，第一代人权、第二代人权与第三代人权分别形成于 17、18 世纪的美国独立战争与法国大革命时期、19 世纪俄国社会主义革命时期和第二次世界大战后[③]。不难知道，这先后出现的三代人权都与社会形态的历史转型相联系。稍微了解世界发展史的人都会知道，前述三代人权形成的时间实际上就是三次工业革命产生与发展的时间。当前普遍认为，人类将迎来第四次工业革命。按照前述逻辑，这意味着人类将会迎来的不仅是第四次工业革命还有第四代人权。"概念是社

① 聂佳龙、史克卓：《论作为"新兴权利"的公民启动权》，载《广州社会主义学院学报》2013 年第 2 期。

② 《冯契文集》（第 10 卷），华东师范大学出版社 2016 年版，第 263 页。

③ 参见邵津：《国际法》（第五版），北京大学出版社、高等教育出版社 2014 年版，第 379 页。

会的显示器，同时也是社会的推动器。”[①] 于是，在当下我们必须提炼出一个能够反映如上所述的人权内容的概念。

从上面的论述中不难感知，在数字社会中“无数据，不人权”，而这是数字科技导致的。结合国内已有的研究[②]，当下我们所要提炼的概念可以是“数字人权”。

在此需要着重指出一点，提出“数字人权”这一概念并不是说第四代人权就是“数字人权”，因为会遭受诸如这样的质疑：“从人权代际革新的原理来看，‘数字人权’的人权主体、人权义务主体以及二者间的基础关系与第二代人权范式构造完全相同，不可能突破已经更迭至第三代的人权范式构造。通过对第三代人权范式构造进行合理地扩展，就能够容纳‘数字人权’的全部内容。要言

① 李宏图：《概念史与历史的选择》，载《史学理论研究》2012 年第 1 期。

② 笔者掌握的有限资料显示，国内关于数字人权的成果主要有马长山的《智慧社会背景下的“第四代人权”及其保障》（载《中国法学》2019 年第 5 期）、《确保和保护“数字人权”》（载《北京日报》2020 年 1 月 6 日 014 版）、《数字时代的人权保护境遇及其应对》（载《求是学刊》2020 年第 4 期）、《强化“数字人权”的权益平衡》（载《北京日报》2020 年 9 月 28 日 016 版），高一飞的《智慧社会中的“数字弱势群体”权利保障》（载《江海学刊》2019 年第 5 期）和《迈向数字社会的法律》（法律出版社 2021 年版），缪文升的《数字人权时代个人信息的类型化保护原则》（载《北方论丛》2020 年第 4 期），姜野的《算法的法律规制研究》（吉利大学 2020 年博士论文），杨学科的《数字宪治主义研究》（吉利大学 2020 年博士论文），郭春镇的《数字人权时代人脸识别技术应用的原理》（载《现代法学》2020 年第 4 期）与《作为中国政法话语的表达权》（载《法学家》2021 年第 5 期），张文显的《构建智能社会的法律秩序》（载《东方法学》2020 年第 5 期），宋保振的《“数字弱势群体”权利及其法治化保障》（载《法律科学（西北政法大学学报）》2020 年第 6 期），熊春泉、聂佳龙的《数据驱动型竞争异化风险的法律防控研究》（上海三联书店 2021 年版），刘志强的《论“数字人权”不构成第四代人权》（载《法学研究》2021 年第 1 期），季卫东的《数据保护权的多维视角》（载《政治与法律》2021 年第 10 期），匡文波的《对个性化算法推荐技术的伦理反思》（载《上海师范大学学报（哲学社会科学版）》2021 年第 5 期），龚向和的《人的“数字属性及其法律保障”》（载《华东政法大学学报》2021 年第 3 期），等等。

之，‘数字人权’的出现不构成人权代际的变革，而单纯是在人权内容上的增量。”① 虽然数字人权是否是第四代人权还有待商榷，但并不能因此而否认“数字人权”。有学者认为“‘数字人权’不具备人权的道德基础。人权的形态包括道德人权、制度人权、实有人权三类，其次序递进。一项制度人权必须以一项道德人权为前提，但‘数字人权’不能以‘人性’作为价值内核和道德依据。尝试为‘数字人权’找到道德方案的理论努力，即提出‘数字人性‘数字化人格’等新概念、新范畴进行法理填充，极容易造成道德失范与伦理失序。‘数字人权’无法实现道德人权证成，进而无法成为一项基本人权”，以及“在后形而上学时代，出于对人权现实状况的担忧，一些理论家提出了‘无需根基’的人权论说，试图消解或者重构人权的道德基础。在这个语境下，一项法定人权、制度人权不再诉诸道德人权证成，故仅需判断‘数字人权’在法秩序框架内的合法性和合理性。在制度人权层面讨论‘数字人权’，本质上就是看其能否证立为一项宪法基本权利。‘数字人权’缺乏宪法的规范基础，并且不符合‘人的尊严’标准和‘最低限度基础性’标准，因而无法被证立为宪法未列举基本权利”②。从这些论述中确实是难以找到不妥当之处，但是存在着一个很大的问题，即它是立足于“固态社会”进行论证的。而现在是“液态社会”，因而对于数字人权不能以“以传统物理社会的人权理论考察其合理性”③。这是因为从“固态社会”言及“数字人权”能否存在得到的结论当然是不能。因此，因此结论来否定数字人权或者将其视为“人权滥用”无疑有失偏颇。

①② 刘志强：《论“数字人权”不构成第四代人权》，载《法学研究》2021 年第 1 期。

③ 龚向和：《人的“数字属性”及其法律保障》，载《华东政法大学学报》2021 年第 3 期。

第二节　数字人权内容的一般描述

“数字人权”概念的提出是数字技术出现与发展的使然。但它的出现在某种意义上昭示着我们正在（将会）体验着各种形式的无能为力。于是，当下我们面临着如何重构保障数字人权的制度。因此，“数字技术与人权形态变化”这一需要我们予以思考的核心问题可以表述为：数字人权及其保障。作为最低限度普遍道德权利的人权因为自身属性决定了其自从出现的那一刻起，“在善与恶之间，必须总是选择善；在善与更善、恶与小恶之间必须选择更善和小恶”①。善的维护离不开法律，因为法律是善与公正的艺术。这样，“数字技术与人权形态变化”这一需要我们予以思考的核心问题可以进一步表述为：数字人权及其法治化保障。但如何运用法治方式保障数字人权首先得清楚数字人权的内容。

数字人权的上位概念是人权。逻辑上讲，人权是理解数字人权的起点。人权，简单地讲就是人之所以为人的权利，它表达了这样一种观念：“存在某些无论被承认与否都在一切时间和场合属于全体人类的权利。人们仅凭其作为人就享有这些权利，而不论其在国籍、宗教、性别、社会身份、职业、财富、财产或其他任何种族、文化或社会特性方面的差异。”②尽管如此，但从“人权”自从开始提出那一天起就充满了不确定性。这是因为“‘人’不能成为一种精确的解释性原则，因为人权的话语和实践部分地是为了确定这

① ［英］A. J. M. 米尔恩：《人的权利与人的多样性——人权哲学》，夏勇、张志铭译，中国大百科全书出版社 1995 年版，第 155 页。

② ［英］A. J. M. 米尔恩：《人的权利与人的多样性——人权哲学》，夏勇、张志铭译，中国大百科全书出版社 1995 年版，第 2 页。

个空泛的能指的意义。”[①] 也因为如此，权利主张的扩张导致了人类不断地解释人权。这样不可避免地导致了对人权的内容往往莫衷一是。作为上位概念的人权的内容都不能给出一个确切的答案，那么对于数字人权的理解势必会存在着种种的模糊性。因此，人权内容是什么是必须解决的问题。

历史地看，人权之所以在资本主义社会出现与人力资本价值增长有关[②]。劳动者在经济活动中所具有的生产能力称之为人力资本。从理论上讲，人力资本“所有权限于体现它的人”，并且因为“人的健康、体力、经验、生产知识、技能和其他精神存量的所有权只能不可分地属于其载体；这个载体不但必须是人，而且是活生生的个人。”[③] 由此，人力资本为其所有者所控制支配，必须首先承认了劳动力资源所有者的人格独立。为了实现人格独立，那么生存权、发展权、财产权、平等权以及人力资本受到损害后要求救济和赔偿的权利等一系列旨在辅佐人力资本实现其经济利用价值的权利是必然而且是必须存在着。因此，保有人力资本和实现人力资本经济利用价值所需要的权利构成了人权的内容。

人力资本和实现人力资本经济利用价值依赖于社会与经济的进步，而社会与经济的进步则依赖于生产力的提高。习近平总书记指出，科学技术是第一生产力。于是，科学技术是影响人力资本和实现人力资本经济利用价值的至关重要因素。由此不难知道，“在影响人权实现的诸多因素中，科技扮演了举足轻重的角色”[④]。有学者

① ［美］科斯塔斯·杜兹纳：《人权的终结》，郭春发译，江苏人民出版社 2002 年版，第 394 页。

② 聂佳龙：《跨越效率与正义的冲突：法律经济学的他种想象》，中国政法大学出版社 2017 年版，第 103 页。

③ 盛洪：《现代制度经济学》（第二版）（下册），中国发展出版社 2009 年版，第 74 页。

④ 柳华文：《科学技术与人权保障》，载《光明日报》2012 年 5 月 12 日第 06 版。

指出，人的数字属性意味着人权形态的数字化重塑，而该种重塑体现于人的信息存在方式赋予了人权的数字属性、权利发展的数据信息生态推动了人权的数字化演变、信息时代的社会解组突破了既有人权保护逻辑等三方面[①]。从中不难知道，人的数字属性重塑人权究其根底无疑是数字技术所带来的结果。

前面已述及，数字技术导致的结果是“不仅实体的事物可以‘数字化’，即由数字符码标识各种各样的实体物品，而且，人们的思想观点和行为活动以及它们的动态变化等，也都可以经过‘数字化转换’，畅行于虚拟的数字网络空间”。[②]由此不难知道，人的存在以及人与人之间的关系甚至是社会都能以数据的形式存在。但这种形式的存在是建立在以数据为生产要素的经济基础上的。数据与诸如土地、机器等生产要素相比，有着全时共在、资源整合、智能操控等优势。这些优势势必导致经济等“运作方式的根本变化与效率的极大提高，推动了生产力发展与社会进步”[③]。生产力与社会进步虽然表面上看是由于人与人、人与物、物与物通过智能设备连接在一起从而能够在不同领域高效合作所带来的，但实质上却是对人与物所产生的数据进行处理、挖掘、交换等所导致的结果。于是不难知道，大数据等数字技术不仅仅是技术更是劳动工具。“技术首先是作为中介出现的，通过这种中介，人们借助于劳动工具和‘使特定的自然物质适合特殊的人类需求的活动’，通过自己的劳动达到与自然的协调。”[④]大数据等数字技术因为改变了人与自然的关系因而当

① 马长山：《智慧社会背景下的“第四代人权”及其保障》，载《中国法学》2019 年第 5 期。

② 李一：《“数字社会”的发展趋势、时代特征和业态成长》，载《中共杭州市委党校学报》2019 年第 5 期。

③ 夏军：《数字化导引 21 世纪社会文明》，载《党政论坛》1999 年第 5 期。

④ 《马克思恩格斯全集》(第 1 卷)，人民出版社 1995 年版，第 72 页。

然会推动生产力的提高与生产方式的改变。生产力的提高与生产方式的改变必然会或多或少地推动社会形态的发展。由于“权利永远不能超出社会的经济结构以及由经济结构所制约的社会的发展”①，因而，作为特殊的权利的人权势必会发生变化，而这种变化也将会深深地烙上数据的印记。前面已述及，人权的内容是由保有人力资本和实现人力资本经济利用价值所需要的权利所构成的。因此，这些构成人权内容的权利在当前都会与数据有关是自然而然的。

数字人权的内容与数据有关，在某种意义上可以理解为人力资本的数字化。结合前面所述，人力资本社会的数字化意味着其价值以及价值的实现必须以能够生产数据并且能够控制、处理数据为基础。这样，数字社会中的人权的内容应该至少包括互联网接入权、数据控制权和数据处理权②。

一、互联网接入权

发展到“大数据”与“物联网”时代的当今，人和物所产生的数据都会通过互联网上传到云等各种存储装置里。于是，人和物接入互联网是数据生产的关键，申言之，能否接入互联网以及享受何种互联网接入服务决定了数据的生产状况好坏。尽管当今互联网已渗入到生产、生活的方方面面，但还有相当的人口无法连接和使用互联网③。“互联网技术是对工业社会的优化和重构，过去的很多浪费可以避免、很多流程的效率可以提高，不断推进社会向前发

① 《马克思恩格斯选集》(第 3 卷)，人民出版社 1974 年版，第 12 页。

② 熊春泉、聂佳龙：《数据驱动型竞争异化风险的法律防控研究》，上海三联书店 2021 年版，第 133—134 页。

③ 据 2016 年 Facebook（脸书）发布的“网络连接报告”显示，即便是世界上全部人口都生活在有必要基础设施的地区还会有约 10 亿人因文化程度等问题无法使用互联网。载腾讯网，https://tech.qq.com/a/20160224/006796.htm，2020 年 5 月 20 日访问。

展。”[①]无法生产数据意味着数字经济不可能会繁荣，数字社会不可能会发展，总之社会与个人都会难以得到更好的发展。在此背景下，许多的国家和国际组织呼吁将接入和使用互联网视为一项基本的人权，其中芬兰、爱沙尼亚、法国、希腊、哥斯达黎加和西班牙等国已通过了立法的方式确立了互联网接入权。由此，联合国在2011年宣布互联网接入权是一项基础性人权。但尽管如此，何谓互联网接入权并没有得以明确，目前只是国家在互联网接入负有消极和积极义务方面取得了一定的共识：“消极义务包括政府有义务不任意限制公民使用访问互联网，有义务不阻碍上网所必须的基础设施和通讯技术的发展。积极义务包括政府应当积极促进互联网通讯技术的发展，应当积极提供使用互联网所必须的基础设施。”[②]虽然目前互联网接入权的概念未得到明确，但越来越多的国家已经意识到了通过立法形式确立了促进互联网接入普及的必要性，例如我国的《网络安全法》第12条规定：“国家保护公民、法人和其他组织依法使用网络的权利，促进网络接入普及，提升网络服务水平，为社会提供安全、便利的网络服务，保障网络信息依法有序自由流动。”这些无不表明了互联网接入权提出与被宣布是一项基础性人权表明了它是数字人权的应有之义。

二、数据控制权

接入互联网仅仅是数据得以生产的前提，但这些数据的价值能否被开发出来则离不开对数据的控制。这是因为，当前人们所生产的数据存储于诸如Google、Facebook、Twitter、阿里巴巴、腾讯、

① 载搜狐网，https://www.sohu.com/a/46705236_115005，2020年5月20日访问。

② 柳华文、严玉婷：《从国际法角度看互联网接入权的概念》，载《人权》2016年第2期。

百度这样的少数的“信息帝国”的服务器之中。“生产—控制”的二元格局决定了数据生产者难以甚至是不可能控制自己生产的数据。而这导致的结果是“受雇于政府和大企业的成千上万的程序员正在编写着各种程序，分析和处理着海量数据，这些复杂的算法正使我们的社会日益成为‘黑箱社会’，在这样的社会中，个人越来越透明，控制个人的力量（包括政府和商业机构）变得越来越晦暗”①。这样个人必须面对商业结构与政府滥用其数据的危险。如果这种危险一旦实现，人们将会受到越来越强的必然性的束缚②。这种必然性的束缚体现为通过处理海量的个人数据能够得出个人身份信息等。由此，数据生产者对其数据进行控制才能免受必然性的束缚。但“生产—控制”的二元格局还将持续，而且就目前情况来看该二元格局除非出现了新的技术变革，否则难以改变。这样就决定了数据生产者尤其是个人数据生产者难以控制自己的数据是一种常态。但这种常态并不意味着就数据生产者一定会受到必然性的束缚，因为数据生产者不控制数据只是受到必然性的束缚的必要条件，而非充分条件。

既然是数据生产者难以控制是一种似乎难以改变的常态，那么我们要认真对待的是个人身份信息等不能从数据中得出。这就要对数据进行脱敏或者对敏感信息进行加密。从目前的技术来看，无论是对数据脱敏还是对敏感信息加密都是可以实现的。但是反向工程的存在，即便是数据脱敏了或者敏感信息加密了，也能从中得到个人信息等。由此，对数据进行脱敏或者对敏感信息进行加密与对反向工程的控制要同时进行。总之，数据生产者对数据的控制应该是

① 郑戈：《在鼓励创新与保护人权之间——法律如何回应大数据技术革新的挑战》，载《探索与争鸣》2016年第7期。

② 郑戈：《人工智能与法律的未来》，载《探索与争鸣》2017年第10期。

个人身份信息等不会被识别，以及一旦被识别则可以通过侵权—司法模式来予以救济。这点可以从《个人信息保护法》中得到部分的印证，如第 51 条规定，个人信息处理者应当根据个人信息的处理目的、处理方式、个人信息的种类以及对个人权益的影响、可能存在的安全风险等“采取相应的加密、去标识化等安全技术措施”等。

三、数据处理权

对数据生产者而言对其数据的控制之目的无非是实现其价值以及免受必然性的束缚。当数据价值实现后或者面临必然性束缚时必然会涉及处理数据的问题。“过去，一旦数据的基本用途实现了，我们便认为数据已经达到了它的目的，准备将其删除，让它就此消失。毕竟，数据的首要价值已经得以提取。而在大数据时代，数据就像是一个神奇的钻石矿，在其首要价值被挖掘之后，仍能不断产生价值。”[①] 数据生产者认为实现了数据价值的标准往往是基于基本用途实现了，如果因此而删除数据必然会导致数据其他价值无法实现。基于此，可以将数据转为公共资源应用于公共利益目的，因为此时的数据对数据生产者已经没有什么价值了而对社会却有着极大的价值。

数据价值的实现除了数据外，还有赖于算法。算法技术使得人与机器的位置和角色互换危险的发生。“本来人是主人，机器是服务于人类的工具。但是由于机器本身就是生产工具，且在实践中长期发挥作用。假如人放弃对算法的约束并不再独立做出判断，那么

---

① ［英］维克托·迈尔—舍恩伯格、肯尼思·库克耶：《大数据时代：生活、工作与思维的大变革》，盛杨燕、周涛译，浙江人民出版社 2012 年版，第 135 页。

人与机器的位置和角色可能会发生互换。”① 这样，数据处理权内容的重点在于对算法的约束。这点可以从《数据安全法》中得到相应的印证。《数据安全法》第 28 条规定：“开展数据处理活动以及研究开发数据新技术，应当有利于促进经济社会发展，增进人民福祉，符合社会公德和伦理。”

按照普遍的说法，人权就是人之所以为人的权利或者是一个人仅仅因为是人而就拥有的权利。尽管对前述关于人权的定义中所蕴含的“拥有权利意味着什么？”与“作为人怎样产生权利？”② 这样两个核心问题的认识、理解可谓莫衷一是，但这并没有影响人权成为了一种已经波及全球的社会理想。正如美国学者科斯塔斯·杜兹纳在《人权的终结》一书中所言：“人权把左翼分子和右翼分子、传教士与政府官员、首相和叛乱分子、发展中国家和汉普斯特德和曼哈顿的自由党都联合起来。人权已成为人们从统治和被统治中解放出来的指导原则，成了无家可归者和一无所有者重振旗鼓的呐喊，成了革命者与异议人士的政治纲领。”③ 这表明了人权对于人类而言无疑是一种须臾不能放弃的价值期待，无论社会形态发生了怎样的变迁。“数字人权”的提出表明了人类不放弃人权的态度。

马克思曾言：“手推磨产生的是封建主为首的社会，蒸汽磨产生的是工业资本家为首的社会。”④ 以当今视角观之，以工业资本家为首的社会虽然是蒸汽机导致的结果，但之后的电气化等也如蒸汽机一样形塑、改变了社会形态。也就是说任何技术的出现与应用都

① 高奇琦：《智能革命与国家治理现代化初探》，载《中国社会科学》2020 年第 7 期。

② ［美］杰克·唐纳利：《普遍人权理论与实践》，王浦劬等译，中国社会科学出版社 2001 年版，第 3 页。

③ ［美］科斯塔斯·杜兹纳：《人权的终结》，郭春发译，江苏人民出版社 2002 年版，第 1 页。

④ 《马克思恩格斯选集》（第 1 卷），人民出版社 1995 年版，第 142 页。

会或多或少地促动社会形态的变迁。社会形态的变迁必然会导致权利的推陈出新以及成长与成熟，因为“权利永远不能超出社会的经济结构以及由经济结构所制约的社会的发展”。[①] 人权在本质上是权利。观照前述逻辑不难得出技术导致的社会变迁必然会导致人权形态的变化。但如何运用法治方式保障数字人权。这是下一章的主题。

① 《马克思恩格斯选集》(第3卷)，人民出版社1974年版，第12页。

第九章
数字人权法律保护

第一节　数字人权理念的普及

一、认同人格的数字化

2019 年，张文显教授在“知识产权与相关权利的法理”学术研讨会暨“法理研究计划”第八次理会上致辞指出，在人类对数字科技依赖越来越大的背景下，“把对数字科技的掌握和运用奉为‘权利’并将其归属于‘人权’，提炼出‘数字人权’概念，普及‘数字人权’理念，既十分必要、甚为迫切，也顺理成章、水到渠成”[①]。由此，提炼出了“数字人权”概念后，如何普及“数字人权”理念是一个必须予以认真对待的问题。

数字人权不同于其之前的三代人权，因为前者面对的是“原子世界”而后者面对的则是“比特世界”。然而，当今我们却是基于“原子世界”的概念、思维来应对“比特世界”。这不可避免地会陷入捉襟见肘的窘境。任何人都是“通过指号来指导他对某些事物和情景的行为，这些事物和情景可能是他所从来没有接触到的而且永远也不能接触的，然后那提供对知识的最后控制的证据，却必须总是到他自己行为所在的那个环境中去寻找”[②]。提炼出“数字人权”概念的意义虽然可以表述为在于“以人权的力量和权威强化对数字

① 张文显：《无数字，不人权》，载《北京日报》2019 年 9 月 2 日第 015 版。

② ［美］莫里斯：《指号、语言和行为》，罗兰、周易译，上海人民出版社 2011 年版，第 117 页。

科技开发及其运用的伦理约束和法律规制”[①]，但最为直接的目的却是希望通过“数字人权”这一数字社会中的指号摆脱前述窘境。但如果仅仅是提炼出“数字人权”的概念，我们的希望导致的目的依然会落空，因为“概念不像一个简单的具体的感性表象那样是暂时产物；每个概念都有它漫长曲折的心理构成历史，并且它的内容也不是通过一时的思想能够明显地表现出来的”[②]。

既然“数字人权”概念并不是暂时产物，那么其要像其他概念一样必然要有相应的心理构成历史。而这一心理构成历史就是人们接受“数字人权”理念的历史。

“在人权的谱系中，有一个起最终决定作用的方面……这就是从古典时期和中世纪客观权利传统向主观权利过渡的时期出现的至高无上的个体。”[③]个体被置于至高无上的地位是人权最初所要表达的。这种表达所蕴含的潜台词是只要是一个生物意义上的人就当然享有权利。作为生物意义上的人与动物在本质上并无区别，因为一样有吃、喝等生理需求。这样也就决定了要求生命权、食物权等生存权。但人毕竟不同于动物，由此即便是生存权，其含义也要比动物丰富得多：它要求诸如健康保障和社会保障权这样的经济和社会权利[④]。之所以如此，是因为人是社会化的人。人的社会化则要求在社会中能够得到关心与尊严。得到关心与尊严意味着每一位社会成员不会因为肤色、种族、性别、宗教信仰、语言等受到奴役、歧

① 张文显：《无数字，不人权》，载《北京日报》2019年9月2日第015版。

② ［奥地利］恩斯特·马赫：《认识与谬误》，洪佩郁译，东方出版社2005年版，第116—117页。

③ ［美］科斯塔斯·杜兹纳：《人权的终结》，郭春发译，江苏人民出版社2002年版，第62页。

④ ［美］杰克·唐纳利：《普遍人权理论与实践》，王浦劬等译，中国社会科学出版社2001年版，第21页。

视、虐待或其他不人道、侮辱性的对待。得到关心与尊严还意味着个人的自主性得到保护，能够参与社会公共事务与社会公共活动。基于前述的认知，人类在数字社会之前就建构了涵盖政治、经济、社会和文化等方面的全方位的人权体系。由于是基于以“自然人”为始基来构建的，这种人权体系可以认为是“生物—社会”模式。

“只要取得足够的数据和运算能力，数据巨头就能破解生命最深层的秘密，不仅能为我们做选择或者操纵我们，甚至可能重新设计生物或无机的生命形式”“随着越来越多的数据通过生物传感器从身体和大脑流向智能的机器，企业和政府将更容易了解你、操纵你、为你做出决定。更重要的是，它们还可能破译所有人身体和大脑背后的深层机制，拥有打造生命的力量”①。从这些摘自《今日简史：人类命运大议题》相关论述中不难知道，数据不仅会改变我们的生活，还能改变我们的社会关系，而这些改变都将会对人类的尊严与主体价值构成威胁。当然，我们并不能因为这种威胁而拒绝使用大数据、人工智能等新一代信息技术，因为“人类可能已经完全和机器融合，一旦与网络断开便无法生存”②。这也就注定了数据将会成为每个人不可分割的构成要素，进而人越来越具有数字属性。

人类越来越具有数字属性表面看来是我们“从摇篮到坟墓的全部私人生活，慢慢地积累所有数据，直至在计算机数据库中形成一个‘人’”③所导致的结果，但实质上意味着将会在“数字和程序算

①② [以色列] 尤瓦尔·赫拉利：《今日简史：人类命运大议题》，林俊宏译，中信出版社 2017 年版，第 73—74 页。

③ [英] 约翰·帕克：《全民监控：大数据时代的安全与隐私困境》，关立深译，金城出版社 2015 年版，第 1 页。

法的世界里发展出一种新的人性形态”①。于是，在数字社会中人性还要依赖于数据和网络空间。“我们从哪获得人权？‘人’权实际用语指明了一个来源：人，人性，作为一个人或人。”②人性形态的转变必然会导致人权的内容转变。而这种转变决定了人权体系不可能是“生物—社会”模式。当然，这并不意味着我们要将这种模式推翻，构建出新的不同的模式，因为人的生物属性与社会属性并不是因为社会形态的改变而被消灭或者自行消失。因此，在数字社会中人除了生物属性与社会属性外，还具有数字属性。

在数字社会中人具有生物、社会与数字属性，这也就注定了数字社会的人权体系是在“生物—社会”模式基础上增加数字属性。“以网络化、数字化和智能化的方式变革工业生产方式和农业生产方式，并再一次以新的联合方式颠覆工业文明时代的制度安排、思想观念和思维方式等，重塑符合信息文明的概念范畴和政治、经济、文化、法律等社会体制。”③工业文明的合理性在技术上的决定因素是可计算性，而“精确的计算——其他一切的基础——只有在自由劳动的基底上方有可能”④。自由劳动的目的在于实现人力资本的价值，而通过自由劳动实现人力资本价值的前提便是要承认任何人基于是自然人这一事实便可享有人权。前面已述及数据是数字社会中人力资本价值实现的关键因素。将此与自由劳动相比不难发现，两者在人权体系构建中扮演着同样的角色。

① ［德］克里斯多夫·库克里克：《微粒社会——数字化时代的社会模式》，黄昆等译，中信出版社 2018 年版，前言第 XII 页。

② ［美］杰克·唐纳利：《普遍人权理论与实践》，王浦劬等译，中国社会科学出版社 2001 年版，第 12 页。

③ ［英］卢恰诺·弗洛里迪：《信息伦理学》，薛平译，上海译文出版社 2018 年版，第 3 页。

④ ［德］马克斯·韦伯：《新教伦理与资本主义精神》，康乐、简惠美译，广西师范大学出版社 2007 年版，第 10 页。

基于以上考虑，数字社会中的人权体系可以表述为“生物/数据—社会”模式。

“生物/数据—社会”模式与“生物—社会”模式相比突出了人的数字属性。人的数字属性是人类在数字社会中数字化生存与发展的使然，因而联合国认为数字素养是数字时代的基本人权[①]。在人权理论中，“并非任何促进人类的善或人类繁盛的东西都可以算作人权的对象，唯有人的资格所需要的那些东西才可以成为人权的对象”[②]。数字素养被视为数字时代的基本人权意味着任何人在数字社会中拥有能够数字化生存的人格。因此，普及“数字人权”理念必然要求认同人格的数字化。

二、认同人格的数字化的内容

表面地看，数字人权的主体与第一代、第二代与第三代人权的主体并无本质上的区别。但是，如果对第一、二、三代人权的内容——“公民权和政治权利是第一代人权，目的在于保障个人自由，使人类走出旧的封建制度；经济、社会、文化权利是第二代人权，旨在保障平等权，反对资产阶级的压迫与剥削；第三代人权致力于反对国际社会中的国家霸权，推动公正、合理的新型国际秩序建立，从而维护发展中国家人民的利益”[③]——进行细致地考察就能发现，人权的主体实际上处于一种扩张的趋势，即从单纯的个人发展到了拟制人。拟制是“使‘法律’与社会相协调的媒介”[④]之一。

① 载新华网，http://www.xinhuanet.com/info/2017-03/13/c_136124225.htm，2020年9月18日访问。

② ［英］詹姆斯·格里芬：《论人权》，徐向东等译，译林出版社2015年版，第41页。

③ 刘志强：《论“数字人权”不构成第四代人权》，载《法学研究》2021年第1期。

④ ［英］梅因：《古代法》，沈景一译，商务印书馆1996年版，第15页。

由此，认同人格的数字化不仅仅是指单纯个人的人格数字化，还应包括拟制人的人格数字化。

当然，无论单纯的个人还是拟制人的聚焦点都是一样的，即只能是作为主体的自然人。这也就决定了无论人权主体如何扩张都必须以维护作为主体的人的利益为依归。由此也就不难理解，即便是法律现在或者未来赋予机器相应的权利，但真正的目的依然是“以保护与它们交流互动的真实的人，以及（理想地说）将人类置于从中获益的更好位置”①。随着人工智能为代表的具有智慧的机器与技术的发展与应用，人不得不依赖于机器的事实恐怕是一种必然。当人依赖机器成为现实，人的主体性进入“黄昏”：朝着是机器的附庸方向发展并非是天方夜谭。海德格尔曾指出：“现代技术的突出特点在于这样的事实：它在根本上不再仅仅是‘工具’与处于为他者‘服务’的地位，而是……具有鲜明的统治特征。”②

首先，人类一直以来都认为，“所谓人要不是言语和行为被认为发自其本身的个人，便是其言语和行为被认为代表着别人或（以实际或虚拟的方式归之于他的）任何其他事物的言语和行为的人”，申言之“言语和行为被认为发自其本身的个人就称为自然人，被认为代表他人的言语和行为时就是拟人或虚拟人”③，因而成为机器的附庸在感情上难以接受。其次，也是更为重要的是人类经过不断的抗争，才确立了“在每个社会中，当他或她与这个社会发生重大的

---

①［美］约翰·弗兰克·韦弗：《机器人是人吗？》，刘海安等译，上海人民出版社 2018 年版，第 6 页。

② Zimmerman, Michael. *Heidegger's Confrontation with Modernity: Technology, Politics, Art*, Bloomington: Indiana University Press, 1990, p.214.

③［英］霍布斯：《利维坦》，黎思复等译，商务印书馆 1985 年版，第 122 页。

决裂时，一个个体就成为一个能够为他或她的言行负责任的社会主体”[①]，因而成为机器的附庸在理念上难以接受。总之，对于人类而言，成为机器的附庸无论如何都是难以接受的。

历史学家布罗代尔认为：“人为维持生命，至少要在两条战线上进行不断的斗争。一方面是食物的欠缺和不足，因为人在宏观上以捕食其他生物为主，另一方面许多潜伏的疾病又以人作为捕猎的对象。”[②]由此，人类发展史在某种意义上就是一部拒绝被疾病捕猎的抗争史。在这部历史中，人类不止一次地战胜过疾病，但是总的来说人类对疾病的胜利只是短暂的、局部的甚至是卑微的。正因如此，人类难以接受疾病，讳疾忌医就是最好的例证。但是即便如此，人类不得不直面疾病，不停地寻找对付疾病的方法和药物。正如疾病不会因为人类难以接受而不存在一样，人类将会成为机器的附庸也并不会因为我们难以接受而不会成为现实，更不能因为现在没有成为现实而忽视之。未雨先绸缪，方能从容不迫。既然我们已经预见到了人类有成为机器的附庸的可能与风险，那么我们应当提前谋划。在我们提前谋划中，有一点必须要明确的，那就是不能因为人类成为机器的附庸风险是数字技术所带来的而当下冻结数字技术的发展。这是因为冻结数字技术的发展一是不可能的，二是也不现实。于是，我们只能是直面人类成为机器附庸的这一假定事实，探索置于这一假定事实之中的人权保护问题。

有学者认为：“人类赋能于机器，机器也因此获得一定的权利（权力），不但如此，而且由于机器的智能程度远胜于芸芸众生，致

① ［法］莫里斯·郭德烈：《人类社会的根基：人类学的重构》，董芃芃等译，中国社会科学出版社 2011 年版，第 128 页。

② ［法］布罗代尔：《15 至 18 世纪的物质文明、经济和资本主义》，施康强、顾良译，三联书店 2002 年版，第 101 页。

使人们不得不依赖机器，从而破坏近代以来的主体性框架……令既有的人权理念如意思自治、行为自主、尊严保障等都大受影响”，其中影响最大的就是法律究竟保护的是人的还是机器的权利[①]。根据前面的分析，这个影响不仅不是最大的，而且是有了明确答案的，即保护的是人（自然人和拟制人）的权利。由此，我们认为最大的影响如何掌握为了人类更好的发展赋权于机器不损害人的主体性地位。这决定了如下的内容：

其一，数字技术的发展要以不作恶（Do not be evil）为宗旨。

任何的技术对于人类而言都是把“双刃剑”，比如“电视特别适合于反复灌输和持续强化主流意识形态。而且，它尽管磨砺我们的心灵，但也促使我们神经系统的形式发生变化，变得与我们面对的技术现实相适应。电视有效地生产新的人类，这种新的人类尽管能够更好地对付、欣赏和认同新的技术世界，但他们较少创造性，不太能做精微的区分，更高速，对东西更感兴趣”[②]。但是所有的技术的恶都是人为造成的，例如基因编辑技术可以用于农业改良农产品质量、治疗阿尔茨海默病等造福人类，但却被有的人用于人类胚胎基因编辑[③]。当前数字技术的发展已经让我们明显地感觉到了“人制造了像人一样行动的机器，培养像机器一样行动的人——有利于非人化的时代。在这个时代里，人被改造成为物，变成生产和消费过程的附属品”[④]，甚至是“我们这个物种的灭绝是永恒发展在

---

① 谢晖：《数字社会的“人权例外”及法律决断》，载《法律科学（西北政法大学学报）》，2021年第6期。

② ［美］查伦·斯普瑞特奈克：《真实之复兴：极度现代的世界中的身体、自然和地方》，中央编译出版社2001年版，第147页。

③ 载新浪网，https://finance.sina.com.cn/china/2019-12-30/doc-iihnzahk0983936.shtml.

④ 沈恒炎：《未来学与西方未来主义》，辽宁出版社1989年版，第182—183页。

逻辑上的必然结果”[①]。由此，当前比以往任何时候都需要警惕人为制造的技术的恶。

爱因斯坦曾言：“我认为今天人们的伦理之所以沦丧到如此令人恐惧的地步，首先主要是因为我们的生活的机械化和非人性，这是科学技术思想发展的一个灾难性负面效果。”[②]虽然非人性化的恶是机械化导致的结果，但是任何技术都是人类发明创造出来的，人类发明创造这些技术原初的目的与动力都是希望能够更好地促进人类与人类社会的发展。这就是说任何被人类发明创造出来的技术都承载着伦理的关怀，那就是不能损害人的主体地位。因而，当前的数字技术所造成的非人性化应该通过伦理的关怀来消解，即数字技术的发展不能作恶。“社会主义核心价值观，尽管没有明确标现‘人权’这个价值范畴，却蕴含着浓郁的人权价值理念和鲜明的人权实践向度。在马克思主义人权理论的解释语境中，人权与社会主义核心价值观有着内在的逻辑与历史关联。”[③]因此，防止和实现数字技术的发展不能作恶就是要弘扬与培育社会主义核心价值观。

其二，可以取消赋予机器的权利。

诚然，仅仅依靠不作恶的宗旨并不能阻止只能是阻滞人的主体性遭受数字技术发展的进程，也就是说人的主体性早晚会遭受数字技术的损害。这点从人工智能中很容易得到：“假使人工智能可发挥其潜能，又可能对我们造成威胁，取代人类发明家、天体物理学家、科学家、作家、演员与音乐家，就像工业机器人在 20 世纪取

① ［美］埃德·里吉斯：《科学也疯狂》，张明德等译，中国对外翻译出版公司 1994 年版，第 142—143 页。

② ［美］海伦·杜卡斯等：《爱因斯坦谈人生》，世界知识出版社 1984 年版，第 72 页。

③ 李海星：《论社会主义核心价值观的人权意蕴》，载《当代中国价值观研究》2017 年第 4 期。

代了产业工人一样。威胁，这并不夸张。”① 这种损害所带来的一个难题是为了享受数字技术的便利性等赋予了数字技术相应的权利。对于人权而言，任何的权利都需要保护，因为这些权利都是为人的发展而服务的。由此，可以认为这些权利都应得到同等的保护。从这一点看，前面所言及的法律究竟保护的是人的还是机器的权利确实是一个问题。但是前面也言及了该问题已有了明确的答案。因而，赋予机器的权利不应是人权的内容，只能视为服务人权的权利。这也就意味着，如果赋予机器的权利损害了主体性，那么该权利可以被取消。这也就决定了在保护数字人权的时候有赋予机器权利的权利。

第二节　数字人权的法律保护

在“液态社会”中，“信息环境、嵌入其中的信息能动者以及它们的互动的本体论中一种根本的、史无前例的转换”②，这种转换本质就是范式转换，即由“生物—社会”模式转变为“生物/数据—社会”。库恩认为常规科学就是解谜，因为“科学共同体取得一个范式就是有了一个选择问题的标准，当范式被视为理所当然时，这些选择问题可以被认为是有解的问题”③，于是“各种承诺——概念的、理论的、工具的和方法论的——所形成的牢固网络

① ［美］约翰·弗兰克·韦弗：《机器人是人吗？》，刘海安等译，上海人民出版社 2018 年版，第 159 页。

② ［英］卢恰诺·弗洛里迪：《信息伦理学》，薛平译，上海译文出版社 2018 年版，第 339 页。

③ ［美］托马斯·库恩：《科学革命的结构》，金吾伦、胡新和译，北京大学出版社 2003 年版，第 34 页。

的存在，是把常规科学与解谜联系起来的隐喻的主要源泉。因为这个承诺构成的网络提供了各类规则，它们告诉成熟科学的专业实践者世界是什么样的，他的科学又是什么样的，如此他就能满怀信心地集中钻研由这些规则和现有知识已为他界定好了的深奥问题。这时科学家个人所接受的挑战就是为未解之谜求得一个解”[①]。也就是说，在一个确定的范式中是有稳定的解的，而且只能得出这个稳定的解。因而，想要得出新的稳定的解必须进行范式转换。范式的转换除了意味着有新的稳定的解，还意味着旧范式的解构与新范式的建构，以及由此带来的相关的承诺以及由承诺构成的各类规则等也会发生变化。由此可知，“生物—社会”模式转变为“生物/数据—社会”意味着现有的人权体系面临着解构与建构的问题。由于“现实权利是权利转化的最终结果，是权利价值的最高表现形式，它构成了权利主体追求的最高目标”[②]，现有人权体系的解构与建构不仅仅是增加了前述的“数字人权”，还预示着“生物/数据—社会”所蕴含也是最为重要的规则，即关于数字人权如何转化为现实权利的规则不同于现有的实现方式。

那么数字人权如何转化为现实权利呢？这无疑是一个涉及技术法律化与法律技术化等议题的宏大的问题，更为重要的是面对数字科技带来或可能带来的风险，因为现有的人类的“思维体系缺乏卓越的叙述手法，因此既无法提供道德支柱，也缺乏强有力的社会机制，以管制技术产生的‘信息洪水’”[③]之缘故，让我们体验到了需

① ［美］托马斯·库恩：《科学革命的结构》，金吾伦、胡新和译，北京大学出版社2003年版，第38—39页。

② 程燎原、王人博：《赢得神圣——权利及其救济通论》，山东人民出版社1998年版，第336页。

③ ［美］Neil Postman：《技术垄断——文明向技术投降》，蔡金栋等译，机械工业出版社2013年版，第74页。

要重构曾经有过的制度或者建立新的制度之迫切。无论是重构已有制度还是建立新的制度必然会涉及法律制度，因为“新风险被许多人感知到的时候，人们自然希望法律能够因应对这种风险提供新的保障”[①]。因此，数字人权如何转化为现实权利的问题就转化成为了数字人权法律化的问题。

“为了使基本权的功能能够得以发挥，因此绝大部分基本权所应保障的生活领域与生活关系，都需要法律上的形成。这种形成主要是立法的任务。”[②] 由此，数字人权法律化方式应当通过立法方式来实现。由于数字人权的核心是数据，因而通过立法方式实现数字人权法律化就是要围绕数据保护进行立法，也就是前面提及的“数据保护法”。这样问题就转化成了如何将数字人权理念在“数据保护法”中得以体现出来。申言之，就是要将上面所述数字人权以及认同人格数字化的内容通过“数据保护法”予以法律化。

一、数字人权内容的法律化

前面已述及，数字人权的内容至少包含互联网接入权、数据控制权和数据处理权。由此，数字人权内容的法律化就是在“数据保护法”中确立前述权利。首先，互联网接入权旨在消除数字鸿沟。“数字鸿沟是一种技术鸿沟（technological divide），即先进技术的成果不能为人公平分享，于是造成‘富者越富，穷者越穷’的情况。”[③] 由此，参照《网络安全法》的规定，国家有义务保障公民使

---

① 郑戈：《人工智能与法律的未来》，载《探索与争鸣》2017 年第 10 期。

② ［德］康拉德·黑塞：《联邦德国宪法纲要》，李辉译，商务印书馆 2007 年版，第 247 页。

③ 邱仁宗，黄雯，翟晓梅：“大数据技术的伦理问题”，载《科学与社会》2014 年第 4 期。

用网络的权利，促进网络接入普及，提升网络服务水平以及为社会提供安全、便利的网络服务，同时也要通过防止对先进技术的垄断阻碍成果的公平分享。其次，数据控制权旨在确保个人身份信息等不被识别，由此国家有义务要求数字平台等对数据进行脱敏或者对敏感信息进行加密，以及不得使用反向工程，同时提供个人身份信息等一旦被识别的救济方式与途径。最后，根据前面所述，数据处理权就是设定删除数据权利与对算法约束的权利。

由上可知，在“数据保护法”之中应该有这样的内容。其一，国家保护公民、法人和其他组织依法使用网络的权利，促进网络接入普及，提升网络服务水平，为社会提供安全、便利的网络服务。网络运营者开展经营和服务活动，必须遵守法律、行政法规，尊重社会公德，遵守商业道德，诚实信用，接受政府和社会的监督，承担社会责任。其二，数据处理者处理数据具有明确、合理的目的，并采取严格保护措施确保个人信息等不被识别与再识别。其三，数据处理者应当对其数据处理活动负责，应当有利于促进经济社会发展，增进人民福祉，符合社会公德和伦理。

二、数字技术不作恶宗旨的法律化

在诸多的科幻小说中，如阿道司·伦纳德·赫胥黎（Aldous Leonard Huxley）的《美丽新世界》与乔治·奥威尔（George Orwell）的《1984》，我们不难从中想象技术之恶带来的灾难。尽管这些科幻小说中描绘的可怕的灾难在现实中并没有真实地上演过，但是所描绘的可怕的灾难并非离我们很远。最显著的例子就是蕾切尔·卡逊在1962年出版的《沉寂的春天》这本环保主义思想经典著作中所描绘的过度使用化学药品和肥料而导致环境污染与生态破坏的灾难，在该书出版之后或多或少地真实上演了。化学药品和肥料虽然本身就会污染环境和破坏生态，但是将环境污染与生态破坏归罪于化学药品和肥料本身就不公允，因为真正的原因是人类的过度使用。推而言之，技术的问题从根本上讲就是人的问题。因此，数字技术不作恶要落脚于人的自身。

所有的恶都是通过行为展现出来的。那么就要通过法律方式调控人的行为，从而达到抑制不作恶的目的。具言之，一方面是数字技术发明创造者和使用者要遵守已有的技术伦理，另一方面通过法律义务和责任的设定确保数字技术发明创造者和使用者不实施作恶的行为。基于此，在“数据保护法”中应当规定数字技术发明创造者和使用者遵守技术伦理的原则，以及规定他们不得利用实际掌握的数据与算法等损害国家利益、社会公共利益和他人的合法权益的义务与责任。

三、赋予与取消机器权利的法律化

“早春江上雨初晴，杨柳丝丝夹岸莺。画舫烟波双桨急，小桥风浪一帆轻。”如果没有特别的提示，估计谁都难以想到写这首古体诗的作者“九歌”是清华大学计算机科学与技术系孙茂松教授带领学生团队历时三年研发而成的人工智能[①]。从这首诗中我们不难知道，即便是“在‘弱人工智能阶段’的今天，人工智能生成作品与人类作品已经难以区分，机器学习、神经网络等功能的出现使得人工智能能够自动对输入其中的信息进行分析、学习，并生成客观上具有独创性的作品。因此，对人工智能生成作品进行著作权保护，具有必要性、迫切性”[②]。尽管是否赋予机器权利还有争议，但

---

① 载人民网，http://culture.people.com.cn/n1/2018/0313/c1013-29863636.html.

② 韩天竹、孙悦：《论人工智能生成物在著作权法上的定性与权利归属》，在《上海法学研究》，2020 年第 5 卷。

是就凭这一点可以预知赋予机器权利是一种必然。正所谓“青山遮不住，毕竟东流水”。

有学者比较忧虑地提出：“如今机器不但在一定意义上获取了主体资格，而且日渐成为和人类分庭抗礼甚至超越人类的主体。对人类而言，这其中可能存在最好的情况，也可能存在最坏的情况。如果把这种好坏的二元判断运用于说明法律保护之于人的意义，则倘若法律只保护人的权利，而不考虑保护作为主体的机器的权利，则对人而言这种保护是更有意义的；反之，如果法律不但保护人的权利，而且公平地甚至优先地保护机器人的权利，则这种保护之于人类而言，弊害多多。显然，这是一种二难抉择。”而这法律难以承担摆脱这种二难[①]。这种看起来比较悲观的认识提醒着我们一面要谨慎赋予机器权利，另一面当机器的权利与人的权利发生冲突时要作出抉择。根据前面的分析这一抉择就是以赋予机器的权利违反了最初赋予目的而可以取消。因此，在“数据保护法”中应当规定：自然人、法人和非法人组织等对其合法处理数据形成的数据产品和服务享有权益；但是，不得危害国家安全和公共利益，不得损害他人的合法权益。

四、小结

从上面的分析中，我们可以知道无论是“党管数据”模式的数据信托制度，还是数字人权的法律保护，都能通过制定“数据保护法”来予以实现。为此，有必要完整地呈现“数据保护法”的主要内容。

---

① 谢晖：《数字社会的“人权例外”及法律决断》，载《法律科学（西北政法大学学报）》2021年第6期。

表 2　"数据保护法"主要内容完整一览表

序号	主题	内　容
1	立法目的与宗旨	保护自然人、法人和非法人组织等的合法数据权益，促进数据作为生产要素的数字经济与数字社会的发展，**弘扬社会主义核心价值观**[①]。
2	相关用语	数据、个人数据、非个人数据、匿名化、敏感个人数据、生物识别数据、数据处理、用户画像、数据控制者、数据处理者、数据生产者、个人数据泄露、算法、算法设计者、算法机构、算法师、网络运营者，等。
3	原则	1. 算法设计者遵守算法透明原则，设计的算法必须有"告知"与"同意"项。 2. **国家保护公民、法人和其他组织依法使用网络的权利，促进网络接入普及，提升网络服务水平，为社会提供安全、便利的网络服务。** 3. **网络运营者开展经营和服务活动，必须遵守法律、行政法规，尊重社会公德，遵守商业道德，诚实信用，接受政府和社会的监督，承担社会责任。** 4. 收集和处理个人数据应当遵循最小必要、合法、合理、诚信原则，**并采取严格保护措施确保个人信息等不被识别与再识别。** 5. **开展数据处理活动以及研究开发数据新技术，应当有利于促进经济社会发展，增进人民福祉，符合社会公德和伦理。**
4	算法设计者的算法透明法律责任	1. 算法设计者应当开放源码，保证数据必须是完整的、原始的、可读的、机器可处理的，获取是无歧视的，等。 2. 算法设计者不得以商业秘密等理由拒绝向社会公众传播编程准则。 3. 算法设计者应当对依据算法作出决策的机构或个人解释算法运行原理、算法具体决策结果。 4. 算法设计者应当明确记录模型、算法、数据与决策结果，并随时接受监管部门或法律法规认可的第三方机构的审计。 5. 鼓励数据控制者和数据处理者设置监管数据活动的算法机构后者配备至少一名算法师。 6. 算法责任审查委员会判定数据控制者、数据处理者和算法设计者算法责任的，可以参考算法机构或算法的意见。

① 标粗部分是数字人权法律化与"党管数据"模式的数据信托制度的内容。

（续表）

序号	主题	内　　容
5	算法责任审查委员会	1. 算法责任争议发生后，当事人可以向算法责任委员会申请裁决。对算法责任审查委员会裁决不服的，可以向人民法院提起诉讼。 2. 算法责任委员会由从专家名册中挑选出的 7—9 名专家组成。 3. 专家应当为人公道、正派，并满足下列条件： （1）从事算法设计工作满八年的并具有高级职称； （2）从事审计工作满八年的； （3）从事大数据研究、教学工作并具有高级职称的； （4）从事法律研究、教学工作并具有高级职称的； （5）在数据公司等担任高级技术总监，其技术水平获得业内认可的。 其中，法律与数据领域专家不得少于三分之一。 4. 专家有书面审查申请材料、认为在必要时通知相关人员到达指定处所陈述意见、依职权或嘱托有关机关或人员，实施调查、检验或勘验等权利。专家有获得报酬的权利。 5. 算法责任委员有下列情形之一，情节严重的，应当除名，并依法追究法律责任： （1）不得私自会见被审查当事人、代理人； （2）不得接受被审查当事人、代理人的请客送礼； （3）不得披露可能有损中立、独立、公正审理的信息并自行回避； （4）不得索贿受贿，徇私舞弊，枉法出具裁决意见； （5）不得泄露所知悉的关于算法的信息。 6. 专家组应由 5 名专家组成，设主任审查员 1 名。其中，主任审查员由算法责任委员会指定，其他审查员由当事人共同选定。专家组所作出的处理意见须过半数专家出席，以及出席专家过半数之同意。 7. 专家组审议时应当制定审议笔录，当事人和其他参与人认为对自己陈述的笔录有遗漏或者差错的，有权申请补正。如果不予补正，应当记录该申请。记录由审查员、记录人员或当事人和其他参与人签名或者盖章。处理意见应当按照多数专家的意见作出，少数专家的不同意见应当记入笔录。 8. 专家组不能形成多数意见时，处理意见应当按照主任审查员的意见作出。 9. 当事人申请专家回避，委员会不能给出不予回避理由的，该专家（组）则要回避。 10. 当事人如果不能证明算法责任审查委员有过错的，承担法律责任。

（续表）

序号	主题	内　　容
6	算法设计者的免责事由	1. 算法设计者应当对其设计的算法负责。 2. 算法设计者能够证明下列情形之一的，不承担算法责任： （1）未将算法产品或服务投入使用的； （2）算法产品或服务投入使用，引起损害的缺陷尚不存在的； （3）将算法产品或服务投入使用时通过了国家、国际安全标准的。
7	数据权益公益诉讼制度	1. 国家保障自然人、法人和非法人组织法律、行政法规及“数据保护法”规定的数据权益，但不得危害国家安全和公共利益，不得损害他人的合法权益。 2. 数据控制者、数据处理者违反“数据保护法”规定处理数据尤其是个人数据，侵害众多法律主体的权益的，人民检察院、法律规定的消费者组织与**各级党组织**和由国家网信部门确定的组织可以依法向人民法院提起诉讼。

当然，数字人权的法律保护并非只能依靠“数据保护法”。我们提供的也仅仅是一种可以参考的方案。但无论是何种方案，有一点是共同的，那就是无论社会形态如何变化，“在全部被造物之中，人所愿欲的和他能够支配的一切东西都只能被用作手段；唯有人，以及与他一起，每一个理性的创造物，才是目的本身”[①]。因此，在本书结束之际，我们将再次强调任何法律都承载了人类追求美好生活的要求与寄托，因而“数据法学”在本质上依然是人学，以维护人的价值与尊严等为己任。

① ［德］康德：《实践理性批判》，韩水法译，商务印书馆1999年版，第95页。

附录
《深圳经济特区数据条例》

深圳经济特区数据条例

（2021 年 6 月 29 日深圳市第七届人民代表大会常务委员会第二次会议通过）

第一章　总则

第一条　为了规范数据处理活动，保护自然人、法人和非法人组织的合法权益，促进数据作为生产要素开放流动和开发利用，加快建设数字经济、数字社会、数字政府，根据有关法律、行政法规的基本原则，结合深圳经济特区实际，制定本条例。

第二条　本条例中下列用语的含义：

（一）数据，是指任何以电子或者其他方式对信息的记录。

（二）个人数据，是指载有可识别特定自然人信息的数据，不包括匿名化处理后的数据。

（三）敏感个人数据，是指一旦泄露、非法提供或者滥用，可能导致自然人受到歧视或者人身、财产安全受到严重危害的个人数据，具体范围依照法律、行政法规的规定确定。

（四）生物识别数据，是指对自然人的身体、生理、行为等生物特征进行处理而得出的能够识别自然人独特标识的个人数据，包括自然人的基因、指纹、声纹、掌纹、耳廓、虹膜、面部识别特征等数据。

（五）公共数据，是指公共管理和服务机构在依法履行公共管理职责或者提供公共服务过程中产生、处理的数据。

（六）数据处理，是指数据的收集、存储、使用、加工、传输、提供、开放等活动。

（七）匿名化，是指个人数据经过处理无法识别特定自然人且不能复原的过程。

（八）用户画像，是指为了评估自然人的某些条件而对个人数据进行自动化处理的活动，包括为了评估自然人的工作表现、经济状况、健康状况、个人偏好、兴趣、可靠性、行为方式、位置、行踪等进行的自动化处理。

（九）公共管理和服务机构，是指本市国家机关、事业单位和其他依法管理公共事务的组织，以及提供教育、卫生健康、社会福利、供水、供电、供气、环境保护、公共交通和其他公共服务的组织。

第三条　自然人对个人数据享有法律、行政法规及本条例规定的人格权益。

处理个人数据应当具有明确、合理的目的，并遵循最小必要和合理期限原则。

第四条　自然人、法人和非法人组织对其合法处理数据形成的数据产品和服务享有法律、行政法规及本条例规定的财产权益。但是，不得危害国家安全和公共利益，不得损害他人的合法权益。

第五条　处理公共数据应当遵循依法收集、统筹管理、按需共享、有序开放、充分利用的原则，充分发挥公共数据资源对优化公共管理和服务、提升城市治理现代化水平、促进经济社会发展的积极作用。

第六条　市人民政府应当建立健全数据治理制度和标准体系，统筹推进个人数据保护、公共数据共享开放、数据要素市场培育及数据安全监督管理工作。

第七条　市人民政府设立市数据工作委员会，负责研究、协调本市数据管理工作中的重大事项。市数据工作委员会的日常工作由市政务服务数据管理部门承担。

市数据工作委员会可以设立若干专业委员会。

第八条　市网信部门负责统筹协调本市个人数据保护、网络数据安全、跨境数据流通等相关监督管理工作。

市政务服务数据管理部门负责本市公共数据管理的统筹、指导、协调和监督工作。

市发展改革、工业和信息化、公安、财政、人力资源保障、规划和自然资源、市场监管、审计、国家安全等部门依照有关法律、法规，在各自职责范围内履行数据监督管理相关职能。

市各行业主管部门负责本行业数据管理工作的统筹、指导、协调和监督。

第二章　个人数据

第一节　一般规定

第九条　处理个人数据应当充分尊重和保障自然人与个人数据相关的各项合法权益。

第十条　处理个人数据应当符合下列要求：

（一）处理个人数据的目的明确、合理，方式合法、正当；

（二）限于实现处理目的所必要的最小范围、采取对个人权益影响最小的方式，不得进行与处理目的无关的个人数据处理；

（三）依法告知个人数据处理的种类、范围、目的、方式等，并依法征得同意；

（四）保证个人数据的准确性和必要的完整性，避免因个人数据不准确、不完整给当事人造成损害；

（五）确保个人数据安全，防止个人数据泄露、毁损、丢失、篡改和非法使用。

第十一条　本条例第十条第二项所称限于实现处理目的的所必要的最小范围、采取对个人权益影响最小的方式，包括但是不限于下列情形：

（一）处理个人数据的种类、范围应当与处理目的有直接关联，不处理该个人数据则处理目的无法实现；

（二）处理个人数据的数量应当为实现处理目的所必需的最少数量；

（三）处理个人数据的频率应当为实现处理目的所必需的最低频率；

（四）个人数据存储期限应当为实现处理目的所必需的最短时间，超出存储期限的，应当对个人数据予以删除或者匿名化，法律、法规另有规定或者经自然人同意的除外；

（五）建立最小授权的访问控制策略，使被授权访问个人数据的人员仅能访问完成职责所需的最少个人数据，且仅具备完成职责所需的最少数据处理权限。

第十二条　数据处理者不得以自然人不同意处理个人数据为由，拒绝向其提供相关核心功能或者服务。但是，该个人数据为提供相关核心功能或者服务所必需的除外。

第十三条　市网信部门应当会同市工业和信息化、公安、市场监管等部门以及相关行业主管部门建立健全个人数据保护监督管理联合工作机制，加强对个人数据保护和相关监督管理工作的统筹和指导；建立个人数据保护投诉举报处理机制，依法处理相关投诉举报。

第二节 告知与同意

第十四条 处理个人数据应当在处理前以通俗易懂、明确具体、易获取的方式向自然人完整、真实、准确地告知下列事项：

（一）数据处理者的姓名或者名称以及联系方式；

（二）处理个人数据的种类和范围；

（三）处理个人数据的目的和方式；

（四）存储个人数据的期限；

（五）处理个人数据可能存在的安全风险以及对其个人数据采取的安全保护措施；

（六）自然人依法享有的相关权利以及行使权利的方式；

（七）法律、法规规定应当告知的其他事项。

处理敏感个人数据的，应当依照前款规定，以更加显著的标识或者突出显示的形式告知处理敏感个人数据的必要性以及对自然人可能产生的影响。

第十五条 紧急情况下为了保护自然人的人身、财产安全等重大合法权益，无法依照本条例第十四条规定进行事前告知的，应当在紧急情况消除后及时告知。

处理个人数据有法律、行政法规规定应当保密或者无需告知情形的，不适用本条例第十四条规定。

第十六条 数据处理者应当在处理个人数据前，征得自然人的同意，并在其同意范围内处理个人数据，但是法律、行政法规以及本条例另有规定的除外。

前款规定应当征得同意的事项发生变更的，应当重新征得同意。

第十七条 数据处理者不得通过误导、欺骗、胁迫或者其他违背自然人真实意愿的方式获取其同意。

第十八条 处理敏感个人数据的，应当在处理前征得该自然人的明示同意。

第十九条 处理生物识别数据的，应当在征得该自然人明示同意时，提供处理其他非生物识别数据的替代方案。但是，处理生物识别数据为处理个人数据目的所必需，且不能为其他个人数据所替代的除外。

基于特定目的处理生物识别数据的，未经自然人明示同意，不得将该生物识别数据用于其他目的。

生物识别数据具体管理办法由市人民政府另行制定。

第二十条 处理未满十四周岁的未成年人个人数据的，按照处理敏感个人数据的有关规定执行，并应当在处理前征得其监护人的明示同意。

处理无民事行为能力或者限制民事行为能力的成年人个人数据的，应当在处理前征得其监护人的明示同意。

第二十一条 处理个人数据有下列情形之一的，可以在处理前不征得自然人的同意：

（一）处理自然人自行公开或者其他已经合法公开的个人数据，且符合该个人数据公开时的目的；

（二）为了订立或者履行自然人作为一方当事人的合同所必需；

（三）数据处理者因人力资源管理、商业秘密保护所必需，在合理范围内处理其员工个人数据；

（四）公共管理和服务机构为了依法履行公共管理职责或者提供公共服务所必需；

（五）新闻单位依法进行新闻报道所必需；

（六）法律、行政法规规定的其他情形。

第二十二条　自然人有权撤回部分或者全部其处理个人数据的同意。

自然人撤回同意的，数据处理者不得继续处理该自然人撤回同意范围内的个人数据。但是，不影响数据处理者在自然人撤回同意前基于同意进行的合法数据处理。法律、法规另有规定的，从其规定。

第二十三条　处理个人数据应当采用易获取的方式提供自然人撤回其同意的途径，不得利用服务协议或者技术等手段对自然人撤回同意进行不合理限制或者附加不合理条件。

第三节　个人数据处理

第二十四条　个人数据不准确或者不完整的，数据处理者应当根据自然人的要求及时补充、更正。

第二十五条　有下列情形之一的，数据处理者应当及时删除个人数据：

（一）法律、法规规定或者约定的存储期限届满；

（二）处理个人数据的目的已经实现或者处理个人数据对于处理目的已经不再必要；

（三）自然人撤回同意且要求删除个人数据；

（四）数据处理者违反法律、法规规定或者双方约定处理数据，自然人要求删除；

（五）法律、法规规定的其他情形。

有前款第一项、第二项规定情形，但是法律、法规另有规定或者经自然人同意的，数据处理者可以保留相关个人数据。

数据处理者根据本条第一款规定删除个人数据的，可以留存告知和同意的证据，但是不得超过其履行法定义务或者处理纠纷需要的必要限度。

第二十六条　数据处理者向他人提供其处理的个人数据，应当对个人数据进行去标识化处理，使得被提供的个人数据在不借助其他数据的情况下无法识别特定自然人。法律、法规规定或者自然人与数据处理者约定应当匿名化的，数据处理者应当依照法律、法规规定或者双方约定进行匿名化处理。

第二十七条　数据处理者向他人提供其处理的个人数据有下列情形之一的，可以不进行去标识化处理：

（一）应公共管理和服务机构依法履行公共管理职责或者提供公共服务的需要且书面要求提供的；

（二）基于自然人的同意向他人提供相关个人数据的；

（三）为了订立或者履行自然人作为一方当事人的合同所必需的；

（四）法律、行政法规规定的其他情形。

第二十八条　自然人可以向数据处理者要求查阅、复制其个人数据，数据处理者应当按照有关规定及时提供，并不得收取费用。

第二十九条　数据处理者基于提升产品或者服务质量的目的，对自然人进行用户画像的，应当向其明示用户画像的具体用途和主要规则。

自然人可以拒绝数据处理者根据前款规定对其进行用户画像或者基于用户画像推荐个性化产品或者服务，数据处理者应当以易获取的方式向其提供拒绝的有效途径。

第三十条　数据处理者不得基于用户画像向未满十四周岁的未成年人推荐个性化产品或者服务。但是，为了维护其合法权益并征得其监护人明示同意的除外。

第三十一条　数据处理者应当建立自然人行使相关权利和投诉

举报的处理机制，并以易获取的方式提供有效途径。

数据处理者收到行使权利要求或者投诉举报的，应当及时受理，并依法采取相应处理措施；拒绝要求事项或者投诉的，应当说明理由。

第三章　公共数据

第一节　一般规定

第三十二条　市数据工作委员会设立公共数据专业委员会，负责研究、协调公共数据管理工作中的重大事项。

市政务服务数据管理部门承担市公共数据专业委员会日常工作，并负责统筹全市公共数据管理工作，建立和完善公共数据资源管理体系，推进公共数据共享、开放和利用。

区政务服务数据管理部门在市政务服务数据管理部门指导下，负责统筹本区公共数据管理工作。

第三十三条　市人民政府应当建立城市大数据中心，建立健全其建设运行管理机制，实现对全市公共数据资源统一、集约、安全、高效管理。

各区人民政府可以按照全市统一规划，建设城市大数据中心分中心，将公共数据资源纳入城市大数据中心统一管理。

城市大数据中心包括公共数据资源和支撑其管理的软硬件基础设施。

第三十四条　市政务服务数据管理部门负责推动公共数据向城市大数据中心汇聚，组织公共管理和服务机构依托城市大数据中心开展公共数据共享、开放和利用。

第三十五条　实行公共数据分类管理制度。

市政务服务数据管理部门负责统筹本市公共数据资源体系整体

规划、建设和管理，并会同相关部门建设和管理人口、法人、房屋、自然资源与空间地理、电子证照、公共信用等基础数据库。

各行业主管部门应当按照公共数据资源体系整体规划和相关制度规范要求，规划本行业公共数据资源体系，建设并管理相关主题数据库。

公共管理和服务机构应当按照公共数据资源体系整体规划、行业专项规划和相关制度规范要求，建设、管理本机构业务数据库。

第三十六条　实行公共数据目录管理制度。

市政务服务数据管理部门负责建立全市统一的公共数据资源目录体系，制定公共数据资源目录编制规范，组织公共管理和服务机构按照公共数据资源目录编制规范要求编制目录、处理各类公共数据，明确数据来源部门和管理职责。

公共管理和服务机构应当按照公共数据资源目录编制规范要求，对本机构的公共数据进行目录管理。

第三十七条　公共管理和服务机构收集数据应当符合下列要求：

（一）为依法履行公共管理职责或者提供公共服务所必需，且在其履行的公共管理职责或者提供的公共服务范围内；

（二）收集数据的种类和范围与其依法履行的公共管理职责或者提供的公共服务相适应；

（三）收集程序符合法律、法规相关规定。

公共管理和服务机构可以通过共享方式获得的数据，不得另行向自然人、法人和非法人组织收集。

第三十八条　公共管理和服务机构应当按照有关规定保存公共数据处理的过程记录。

第三十九条　市政务服务数据管理部门应当组织制定公共数据质量管理制度和规范，建立健全质量监测和评估体系，并组织实施。

公共管理和服务机构应当按照公共数据质量管理制度和规范，建立和完善本机构数据质量管理体系，加强数据质量管理，保障数据真实、准确、完整、及时、可用。

市公共数据专业委员会应当定期对公共管理和服务机构数据管理工作进行评价，并向市数据工作委员会报告评价结果。

第四十条　市人民政府应当加强公共数据共享、开放和利用体制机制和技术创新，不断提高公共数据共享、开放和利用的质量与效率。

第二节　公共数据共享

第四十一条　公共数据应当以共享为原则，不共享为例外。

市政务服务数据管理部门应当建立以公共数据资源目录体系为基础的公共数据共享需求对接机制和相关管理制度。

第四十二条　纳入公共数据共享目录的公共数据，应当按照有关规定通过城市大数据中心的公共数据共享平台在有需要的公共管理和服务机构之间及时、准确共享，法律、法规另有规定的除外。

公共数据共享目录由市政务服务数据管理部门另行制定，并及时调整。

第四十三条　公共管理和服务机构可以根据依法履行公共管理职责或者提供公共服务的需要提出公共数据共享申请，明确数据使用的依据、目的、范围、方式及相关需求，并按照本级政务服务数据管理部门和数据提供部门的要求，加强共享数据使用管理，不得超出使用范围或者用于其他目的。

公共数据提供部门应当在规定时间内，回应公共数据使用部门的共享需求，并提供必要的数据使用指导和技术支持。

第四十四条　公共管理和服务机构依法履行公共管理职责或者

提供公共服务所需要的数据，无法通过公共数据共享平台共享获得的，可以由市人民政府统一对外采购，并按照有关规定纳入公共数据共享目录，具体工作由市政务服务数据管理部门统筹。

第三节 公共数据开放

第四十五条 本条例所称公共数据开放，是指公共管理和服务机构通过公共数据开放平台向社会提供可机器读取的公共数据的活动。

第四十六条 公共数据开放应当遵循分类分级、需求导向、安全可控的原则，在法律、法规允许范围内最大限度开放。

第四十七条 依照法律、法规规定开放公共数据，不得收取任何费用。法律、行政法规另有规定的，从其规定。

第四十八条 公共数据按照开放条件分为无条件开放、有条件开放和不予开放三类。

无条件开放的公共数据，是指应当无条件向自然人、法人和非法人组织开放的公共数据；有条件开放的公共数据，是指按照特定方式向自然人、法人和非法人组织平等开放的公共数据；不予开放的公共数据，是指涉及国家安全、商业秘密和个人隐私，或者法律、法规等规定不得开放的公共数据。

第四十九条 市政务服务数据管理部门应当建立以公共数据资源目录体系为基础的公共数据开放管理制度，编制公共数据开放目录并及时调整。

有条件开放的公共数据，应当在编制公共数据开放目录时明确开放方式、使用要求及安全保障措施等。

第五十条 市政务服务数据管理部门应当依托城市大数据中心建设统一、高效的公共数据开放平台，并组织公共管理和服务机构通过该平台向社会开放公共数据。

公共数据开放平台应当根据公共数据开放类型，提供数据下载、应用程序接口和安全可信的数据综合开发利用环境等多种数据开放服务。

第四节 公共数据利用

第五十一条 市人民政府应当加快推进数字政府建设，深化数据在经济调节、市场监管、社会管理、公共服务、生态环境保护中的应用，建立和完善运用数据管理的制度规则，创新政府决策、监管及服务模式，实现主动、精准、整体式、智能化的公共管理和服务。

第五十二条 市人民政府应当依托城市大数据中心建设基于统一架构的业务中枢、数据中枢和能力中枢，形成统一的城市智能中枢平台体系，为公共管理和服务以及各区域各行业应用提供统一、全面的数字化服务，促进技术融合、业务融合、数据融合。

市人民政府可以依托城市智能中枢平台建设政府管理服务指挥中心，建立和完善运行管理机制，推动政府整体数字化转型，深化跨层级、跨地域、跨系统、跨部门、跨业务的数据共享和业务协同，建立统一指挥、一体联动、智能精准、科学高效的政府运行体系。

各行业主管部门应当依托城市智能中枢平台建设本行业管理服务平台，推动本行业管理服务全面数字化。

各区人民政府应当依托城市智能中枢平台，以服务基层为目标，整合数据资源、优化业务流程、创新管理模式，推进基层治理与服务科学化、精细化、智能化。

第五十三条 市人民政府应当依托城市智能中枢平台，推动业务整合和流程再造，深化前台统一受理、后台协同审批、全市一体运作的整体式政务服务模式创新。

市政务服务数据管理部门应当推动公共管理和服务机构加强公共数据在公共管理和服务过程中的创新应用，精简办事材料、环节，优化办事流程；对于可以通过数据比对作出审批决定的事项，可以开展无人干预智能审批。

第五十四条 市人民政府应当依托城市智能中枢平台，加强监管数据和信用数据归集、共享，充分利用公共数据和各领域监管系统，推行非现场监管、信用监管、风险预警等新型监管模式，提升监管水平。

第五十五条 市政务服务数据管理部门可以组织建设数据融合应用服务平台，向社会提供安全可信的数据综合开发利用环境，共同开展智慧城市应用创新。

第四章 数据要素市场

第一节 一般规定

第五十六条 市人民政府应当统筹规划，加快培育数据要素市场，推动构建数据收集、加工、共享、开放、交易、应用等数据要素市场体系，促进数据资源有序、高效流动与利用。

第五十七条 市场主体开展数据处理活动，应当落实数据管理主体责任，建立健全数据治理组织架构、管理制度和自我评估机制，对数据实施分类分级保护和管理，加强数据质量管理，确保数据的真实性、准确性、完整性、时效性。

第五十八条 市场主体对合法处理数据形成的数据产品和服务，可以依法自主使用，取得收益，进行处分。

第五十九条 市场主体向第三方开放或者提供使用个人数据的，应当遵守本条例第二章的有关规定；向特定第三方开放、委托处理、提供使用个人数据的，应当签订相关协议。

第六十条　使用、传输、受委托处理其他市场主体的数据产品和服务，涉及个人数据的，应当遵守本条例第二章的规定以及相关协议的约定。

第二节　市场培育

第六十一条　市人民政府应当组织制定数据处理活动合规标准、数据产品和服务标准、数据质量标准、数据安全标准、数据价值评估标准、数据治理评估标准等地方标准。

支持数据相关行业组织制定团体标准和行业规范，提供信息、技术、培训等服务，引导和督促市场主体规范其数据行为，促进行业健康发展。

鼓励市场主体制定数据相关企业标准，参与制定相关地方标准和团体标准。

第六十二条　数据处理者可以委托第三方机构进行数据质量评估认证；第三方机构应当按照独立、公开、公正原则，开展数据质量评估认证活动。

第六十三条　鼓励数据价值评估机构从实时性、时间跨度、样本覆盖面、完整性、数据种类级别和数据挖掘潜能等方面，探索构建数据资产定价指标体系，推动制定数据价值评估准则。

第六十四条　市统计部门应当探索建立数据生产要素统计核算制度，明确统计范围、统计指标和统计方法，准确反映数据生产要素的资产价值，推动将数据生产要素纳入国民经济核算体系。

第六十五条　市人民政府应当推动建立数据交易平台，引导市场主体通过数据交易平台进行数据交易。

市场主体可以通过依法设立的数据交易平台进行数据交易，也可以由交易双方依法自行交易。

第六十六条　数据交易平台应当建立安全、可信、可控、可追溯的数据交易环境，制定数据交易、信息披露、自律监管等规则，并采取有效措施保护个人数据、商业秘密和国家规定的重要数据。

第六十七条　市场主体合法处理数据形成的数据产品和服务，可以依法交易。但是，有下列情形之一的除外：

（一）交易的数据产品和服务包含个人数据未依法获得授权的；

（二）交易的数据产品和服务包含未经依法开放的公共数据的；

（三）法律、法规规定禁止交易的其他情形。

第三节　公平竞争

第六十八条　市场主体应当遵守公平竞争原则，不得实施下列侵害其他市场主体合法权益的行为：

（一）使用非法手段获取其他市场主体的数据；

（二）利用非法收集的其他市场主体数据提供替代性产品或者服务；

（三）法律、法规规定禁止的其他行为。

第六十九条　市场主体不得利用数据分析，对交易条件相同的交易相对人实施差别待遇，但是有下列情形之一的除外：

（一）根据交易相对人的实际需求，且符合正当的交易习惯和行业惯例，实行不同交易条件的；

（二）针对新用户在合理期限内开展优惠活动的；

（三）基于公平、合理、非歧视规则实施随机性交易的；

（四）法律、法规规定的其他情形。

前款所称交易条件相同，是指交易相对人在交易安全、交易成本、信用状况、交易环节、交易持续时间等方面不存在实质性差别。

第七十条　市场主体不得通过达成垄断协议、滥用在数据要素市场的支配地位、违法实施经营者集中等方式，排除、限制竞争。

第五章　数据安全

第一节　一般规定

第七十一条　数据安全管理遵循政府监管、责任主体负责、积极防御、综合防范的原则，坚持安全和发展并重，鼓励研发数据安全技术，保障数据全生命周期安全。

市人民政府应当统筹全市数据安全管理工作，建立和完善数据安全综合治理体系。

第七十二条　数据处理者应当依照法律、法规规定，建立健全数据分类分级、风险监测、安全评估、安全教育等安全管理制度，落实保障措施，不断提升技术手段，确保数据安全。

数据处理者因合并、分立、收购等变更的，由变更后的数据处理者继续落实数据安全管理责任。

第七十三条　处理敏感个人数据或者国家规定的重要数据的，应当按照有关规定设立数据安全管理机构、明确数据安全管理责任人，并实施特别技术保护。

第七十四条　市网信部门应当统筹协调相关主管部门和行业主管部门按照国家数据分类分级保护制度制定本部门、本行业的重要数据具体目录，对列入目录的数据进行重点保护。

第二节　数据安全管理

第七十五条　数据处理者应当对其数据处理全流程进行记录，保障数据来源合法以及处理全流程清晰、可追溯。

第七十六条　数据处理者应当依照法律、法规规定以及国家标准的要求，对所收集的个人数据进行去标识化或者匿名化处理，并与可用于恢复识别特定自然人的数据分开存储。

数据处理者应当针对敏感个人数据、国家规定的重要数据制定并实施去标识化或者匿名化处理等安全措施。

第七十七条　数据处理者应当对数据存储进行分域分级管理，选择安全性能、防护级别与安全等级相匹配的存储载体；对敏感个人数据和国家规定的重要数据还应当采取加密存储、授权访问或者其他更加严格的安全保护措施。

第七十八条　数据处理者应当对数据处理过程实施安全技术防护，并建立重要系统和核心数据的容灾备份制度。

第七十九条　数据处理者共享、开放数据的，应当建立数据共享、开放安全管理制度，建立和完善对外数据接口的安全管理机制。

第八十条　数据处理者应当建立数据销毁规程，对需要销毁的数据实施有效销毁。

数据处理者终止或者解散，没有数据承接方的，应当及时有效销毁其控制的数据。法律、法规另有规定的除外。

第八十一条　数据处理者委托他人代为处理数据的，应当与其订立数据安全保护合同，明确双方安全保护责任。

受托方完成处理任务后，应当及时有效销毁其存储的数据，但是法律、法规另有规定或者双方另有约定的除外。

第八十二条　数据处理者向境外提供个人数据或者国家规定的重要数据，应当按照有关规定申请数据出境安全评估，进行国家安全审查。

第八十三条　数据处理者应当落实与数据安全防护级别相适应的监测预警措施，对数据泄露、毁损、丢失、篡改等异常情况进行监测和预警。

监测到发生或者可能发生数据泄露、毁损、丢失、篡改等数据安全事件的，数据处理者应当立即采取补救、预防措施。

第八十四条　处理敏感个人数据或者国家规定的重要数据，应当按照有关规定定期开展风险评估，并向有关主管部门报送风险评估报告。

第八十五条　数据处理者应当建立数据安全应急处置机制，制定数据安全应急预案。数据安全应急预案应当按照危害程度、影响范围等因素对数据安全事件进行分级，并规定相应的应急处置措施。

第八十六条　发生数据泄露、毁损、丢失、篡改等数据安全事件的，数据处理者应当立即启动应急预案，采取相应的应急处置措施，及时告知相关权利人，并按照有关规定向市网信、公安部门和有关行业主管部门报告。

第三节　数据安全监督

第八十七条　市网信部门应当依照有关法律、行政法规以及本条例规定负责统筹协调数据安全和相关监督工作，并会同市公安、国家安全等部门和有关行业主管部门建立健全数据安全监督机制，组织数据安全监督检查。

第八十八条　市网信部门应当会同有关主管部门加强数据安全风险分析、预测、评估，收集相关信息；发现可能导致较大范围数据泄露、毁损、丢失、篡改等数据安全事件的，应当及时发布预警信息，提出防范应对措施，指导、监督数据处理者做好数据安全保护工作。

第八十九条　市网信部门以及其他履行数据安全监督职责的部门可以委托第三方机构，按照法律、法规规定和相关标准要求，对数据处理者开展数据安全管理认证以及数据安全评估工作，并对其进行安全等级评定。

第九十条　市网信部门以及其他履行数据安全监督职责的部门

在履行职责过程中，发现数据处理者未按照规定落实安全管理责任的，应当按照规定约谈数据处理者，督促其整改。

第九十一条 市网信部门以及其他数据监督管理部门及其工作人员，应当对在履行职责过程中知悉的个人数据、商业秘密和需要保守秘密的其他数据严格保密，不得泄露、出售或者非法向他人提供。

第六章 法律责任

第九十二条 违反本条例规定处理个人数据的，依照个人信息保护有关法律、法规规定处罚。

第九十三条 公共管理和服务机构违反本条例有关规定的，由上级主管部门或者有关主管部门责令改正；拒不改正或者造成严重后果的，依法追究法律责任；因此给自然人、法人、非法人组织造成损失的，应当依法承担赔偿责任。

第九十四条 违反本条例第六十七条规定交易数据的，由市市场监督管理部门或者相关行业主管部门按照职责责令改正，没收违法所得，交易金额不足一万元的，处五万元以上二十万元以下罚款；交易金额一万元以上的，处二十万元以上一百万元以下罚款；并可以依法给予法律、行政法规规定的其他行政处罚。法律、行政法规另有规定的，从其规定。

第九十五条 违反本条例第六十八条、第六十九条规定，侵害其他市场主体、消费者合法权益的，由市市场监督管理部门或者相关行业主管部门按照职责责令改正，没收违法所得；拒不改正的，处五万元以上五十万元以下罚款；情节严重的，处上一年度营业额百分之五以下罚款，最高不超过五千万元；并可以依法给予法律、行政法规规定的其他行政处罚。法律、行政法规另有规定的，从其规定。

市场主体违反本条例第七十条规定，有不正当竞争行为或者垄断行为的，依照反不正当竞争或者反垄断有关法律、法规规定处罚。

第九十六条 数据处理者违反本条例规定，未履行数据安全保护责任的，依照数据安全有关法律、法规规定处罚。

第九十七条 履行数据监督管理职责的部门以及公共管理和服务机构不履行或者不正确履行本条例规定职责的，对直接负责的主管人员和其他直接责任人员依法给予处分；构成犯罪的，依法追究刑事责任。

第九十八条 违反本条例规定处理数据，致使国家利益或者公共利益受到损害的，法律、法规规定的组织可以依法提起民事公益诉讼。法律、法规规定的组织提起民事公益诉讼，人民检察院认为有必要的，可以支持起诉。

法律、法规规定的组织未提起民事公益诉讼的，人民检察院可以依法提起民事公益诉讼。

人民检察院发现履行数据监督管理职责的部门违法行使职权或者不作为，致使国家利益或者公共利益受到损害的，应当向有关行政机关提出检察建议；行政机关不依法履行职责的，人民检察院可以依法提起行政公益诉讼。

第九十九条 数据处理者违反本条例规定处理数据，给他人造成损害的，应当依法承担民事责任；构成违反治安管理行为的，依法给予治安管理处罚；构成犯罪的，依法追究刑事责任。

第七章 附则

第一百条 本条例自2022年1月1日起施行。

主要参考文献

一、中文文献

1. 杜迈之:《自由与自由主义》,中华书局 1949 年版。

2. 童之伟:《法权与宪政》,山东人民出版社 2001 年版。

3. 熊春泉、聂佳龙:《数据驱动型竞争异化风险的法律防控研究》,上海三联书店 2021 年版。

4. 陈希孺:《数理统计学简史》,湖南教育出版社 2002 年版。

5. 王永庆:《人工智能原理与方法》,西安交通大学出版社 2018 年版。

6. 熊春泉、聂佳龙:《大数据时代的中国法治建设——一种立法视角的分析》,中国政法大学出版社 2017 年版。

7. 刘大椿:《科学活动论》,人民出版社 1985 年版。

8. 冉鸿燕、陶春、杨泽:《现代科学技术方法与应用》,辽宁大学出版社 2005 年版。

9. 涂子沛:《大数据:正在到来的数据革命,以及它如何改变政府、商业与我们的生活》,广西师范大学出版社 2013 年版。

10. 沈向洋、[美]施博德:《计算未来:人工智能及其社会角色》,北京大学出版社 2018 年版。

11. 吴国盛:《技术哲学经典读本》,上海交通大学出版社 2012 年版。

12. 胡德胜:《法学研究方法论》,法律出版社 2017 年版。

13. 胡向东、魏琴芳、胡蓉：《应用密码学》（第4版），电子工业出版社2019年版。

14. 曹荣湘：《生态治理》，中央编译出版社2015年版。

15. 郑乐平：《超越现代主义和后现代主义——论新的社会理论空间之建构》，上海教育出版社2003年版。

16. 谢康、乌家培：《阿克洛夫、斯彭斯和斯蒂格利茨论文精选》，商务印书馆2002年版。

17. 高鸿业：《西方经济学（微观部分）》（第四版），中国人民大学出版社2007年版。

18. 梁漱溟：《梁漱溟全集》（第7卷），山东人民出版社2009年版。

19. 费孝通：《乡土中国　生育制度》，北京大学出版社1998年版。

20. 张大松、蒋新苗：《法律逻辑学教程》（第3版），高等教育出版社2013年版。

21. 洪汉鼎：《理解与解释——诠释学经典文献》，东方出版社2001年版。

22. 盛洪：《现代制度经济学》，中国发展出版社2009年版。

23. 何渊：《数据法学》，北京大学出版社2020年版。

24. 文禹衡：《数据产权的私法构造》，中国社会科学出版社2020年版。

25. 李建会：《走向计算主义：数字时代人工创造生命的哲学》，中国古籍出版社2004年版。

26. 林德宏：《科技哲学十五讲》，北京大学出版社2004年版。

27. 任剑涛：《公共的政治哲学》，商务印书馆2016年版。

28. 孔颖达：《尚书正义》，北京大学出版社1999年版。

29. 邵津:《国际法》(第五版),北京大学出版社、高等教育出版社 2014 年版。

30. 谢晖:《法律的意义追问》,商务印书馆 2003 年版。

31. 聂佳龙:《跨越效率与正义的冲突:法律经济学的他种想象》,中国政法大学出版社 2017 年版。

32. 程燎原、王人博:《赢得神圣——权利及其救济通论》,山东人民出版社 1998 年版。

33. 沈恒炎:《未来学与西方未来主义》,辽宁出版社 1989 年版。

二、翻译文献

1. [英] 洛克:《政府论》,叶启芳、瞿菊农译,商务印书馆 1964 年版。

2. [美] 史蒂芬·霍尔姆斯、凯斯·R. 桑斯坦:《权利的成本——为什么自由依赖于税》,毕竞悦译,北京大学出版社 2004 年版。

3. [法] 托克维尔:《旧制度与大革命》,冯棠译,商务印书馆 1992 年版。

4. [美] G. 墨菲、J. 科瓦奇:《近代心理学历史导引》,林方、王景和译,商务印书馆 1982 年版。

5. [美] 斯图尔特·罗素、彼得·诺维格:《人工智能:一种现代方法》(第 2 版),姜哲等译,人民邮电出版社 2010 年版,第 10 页。

6. [美] 约翰·冯·诺依曼:《计算机与人脑》,甘子玉译,商务印书馆 2001 年版。

7. [美] N. 维纳:《人有人的用处——控制论和社会》,陈步译,商务印书馆 1978 年版。

8.［英］托马斯·克伦普：《数字人类学》，郑元者译，中央编译出版社2007年版。

9.［英］维克托·迈尔-舍恩伯格、肯尼思·库克耶：《大数据时代：生活、工作与思维的大变革》，盛杨燕、周涛译，浙江人民出版社2012年版。

10.［美］迈克尔·T.古德里奇、［美］罗伯托·塔马西亚：《算法设计与应用》，乔海燕、李悫炜、王烁程译，机械工业出版社2018年版。

11.［美］塞奇威克、［美］韦恩：《算法》（第4版），谢路云译，人民邮电出版社2012年版。

12.［美］迈克尔·西普塞：《计算理论导引》，段磊、唐常杰等译，机械工业出版社2015年版。

13.［德］考夫曼：《法律哲学》，刘幸义译，法律出版社2003年版。

14.［美］阿尔温·托夫勒：《权力的转移》，中共中央党校出版社1991年版。

15.［英］安东尼·吉登斯：《失控的世界：全球化如何重塑我们的生活》，周红云译，江西人民出版社2000年版。

16.［美］杰夫·霍金斯、桑德拉·布拉克斯莉：《人工智能的未来》，贺俊杰、李若子、杨倩译，陕西科学技术出版社2006年版。

17.《学说汇纂》（第1卷：正义与法·人的身份与物的划分·执法官），罗智敏译，中国政法大学出版社2008年版。

18.［美］埃德加·博登海默：《法理学：法律哲学与法律方法》，邓正来译，中国政法大学出版社1999年版。

19.［美］本杰明·N.卡多佐：《法律的成长　法律科学的悖

论》，董炯、彭冰译，北京：中国法制出版社 2002 年版。

20.［美］约翰·罗尔斯：《正义论》，何怀宏等译，中国社会科学出版社 1988 年版。

21.［美］罗纳德·德沃金：《认真对待权利·中文版序言》，信春鹰、吴玉章译，上海三联书店 2008 年版。

22.［法］普里马韦拉·德·菲利皮、［美］亚伦·赖特：《监管区块链：代码之治》，卫东亮译，中信出版社 2019 年版。

23.［法］埃德加·莫兰：《方法：天然之天性》，吴泓渺、冯学俊译，北京大学出版社 2002 年版。

24.［英］卡尔·波普：《猜想与反驳》，傅季重等译，上海译文出版社 1996 年版。

25.［德］卡尔·雅斯贝斯：《时代的精神状况》，王德峰译，上海译文出版社 2003 年版。

26.［英］罗杰·科特威尔著：《法律社会学导论》，潘大松等译，华夏出版社 1989 年版。

27.［英］休谟：《人类理解研究》，关文运译，商务印书馆 1995 年版。

28.［英］迈克尔·曼：《社会权力的来源》（第 1 卷），李少军、刘北成译，上海人民出版社 2002 年版。

29.［德］耶林：《为权利而斗争》，郑永流译，商务印书馆 2016 年版。

30.［美］潘恩：《潘恩选集》，马清槐等译，商务印书馆 1981 年版。

31.［以色列］尤瓦尔·赫拉利：《今日简史：人类命运大议题》，林俊宏译，中信出版社 2018 年版。

32.［法］卢梭：《社会契约论》，何兆武译文，商务印书馆

2003 年版。

33. [美] 布莱恩·阿瑟:《技术的本质——技术是什么，它是如何进化的》，曹东溟、王健译，浙江人民出版社 2014 年版。

34. [美] 凯文·凯利:《失控——全人类的最终命运和结局》，新星出版社 2010 年版。

35. [英] H. L. A. 哈特:《法律的概念》，许家馨、李冠宜译，法律出版社 2006 年版。

36. [法] 迪尔凯姆:《社会学方法的准则》，狄玉明译，商务印书馆 2007 年版。

37. [美] 英克尔斯:《社会学是什么——对这门学科和职业的介绍》，陈观胜等译，中国社会科学出版社 1981 年版。

38. [德] 威廉·冯·洪堡:《论国家的作用》，林荣远、冯兴元译，中国社会科学出版社 2009 年版。

39. [德] 拉德布鲁赫:《法学导论》，米健译，中国大百科全书出版社 1997 年版。

40. [英] 琼·罗宾逊、约翰·伊特韦尔:《现代经济学导论》，陈彪如译，商务印书馆 1982 年版。

41. [瑞士] 费尔迪南·德·索绪尔:《普通语言学教程》，高名凯译，商务印书馆 2009 年版。

42. [法] 帕斯卡尔:《思想录》，何兆武译，商务印书馆 1985 年版。

43. [法] 奥古斯特·孔德:《论实证精神》，黄建华译，商务印书馆 2001 年版。

44. [英] 罗杰·彭罗斯:《皇帝新脑——有关电脑、人脑及物理定律》，许明贤、吴忠超译，湖南科学技术出版社 1995 年版。

45. [英] 玛格丽特·博登:《人工智能哲学》，刘西瑞、王汉琦译，上海译文出版社 2001 年版。

46. [英] 安德鲁 · 海伍德:《政治学核心概念》，吴勇译，天津人民出版社 2008 年版。

47. [美] 哈罗德 · J. 伯尔曼:《法律与革命——西方法律传统的形成》，贺卫方、高鸿钧、张志铭、夏勇译，中国大百科全书出版社 1993 年版。

48. [德] 弗洛伊德:《自我与本我》，杨韶刚译，长春出版社 2004 年版，第 27 页。

49. [德] 彼得 · 科斯洛夫斯基:《伦理经济学原理》，孙瑜译，中国社会科学出版社 1997 年版。

50. [德] 乌尔里希 · 贝克:《风险社会》，何博闻译，译林出版社 2004 年版。

51. [德] 贝克 · 威尔姆斯:《自由与资本主义》，路国林译，浙江人民出版社 2001 年版。

52. [法] 埃德加 · 莫兰:《复杂思想导论》，陈一壮译，华东师范大学出版社 2008 年版。

53. [美] 费正清:《美国与中国》，张理京译，世界知识出版社 1999 年版。

54. [英] 亚当 · 斯密:《国民财富的性质和原因的研究》，郭大力，王亚南译，商务印书馆 1974 年版。

55. [日] 大木雅夫:《比较法》，范愉译，法律出版社 1999 年版。

56. [德] 西美尔:《货币哲学》，陈戎女等译，华夏出版社 2002 年版。

57. [美] 亨廷顿:《变化社会中的政治秩序》，王冠华等译，上海人民出版社 2008 年版。

58. [波] 什托姆普卡：《信任：一种社会学理论》，程胜利译，中华书局 2005 年版。

59. [德] 弗洛伊德：《一种幻想的未来　文明及其不满》，严志军、张沫译，河北教育出版社 2003 年版。

60. [英] J. D. 贝尔纳：《科学的社会功能》，陈体芳译，商务印书馆 1982 年版。

61. [意] 吉奥乔 · 阿甘本：《裸体》，黄晓武译，北京大学出版社 2017 年版。

62. [韩] 金文朝等：《数字技术与新社会秩序的形成》，柳京子等译，社会科学文献出版社 2018 年版。

63. [美] 保罗 · 康纳顿：《社会如何记忆》，纳日碧力戈译，上海人民出版社 2000 年版。

64. [英] 莎士比亚：《莎士比亚全集》(9)，人民出版社 1978 年版。

65. [德] 恩斯特 · 卡尔西：《人论》，甘阳译，上海译文出版社 1985 年版。

66. [美] 弗朗西斯 · 福山：《历史的终结及最后之人》，黄胜强等译，中国社会科学出版社 2003 年版。

67. [意] 吉奥乔 · 阿甘本：《论友爱》，刘耀辉等译，北京大学出版社 2017 年版。

68. [德] 托马斯 · 威施迈耶：《人工智能与法律的对话 2》，李辉等译，上海人民出版社 2020 年版。

69. [英] 凯伦 · 杨等：《驯服算法：数字歧视与算法规制》，林少伟等译，上海人民出版社 2020 年版，第 91 页。

70. [美] 佩德罗 · 多明戈斯：《终极算法：机器学习和人工智能如何重塑世界》，黄芳萍译，中信出版集团 2017 年版。

71. ［美］A. H. 马斯洛：《动机与人格》，许金声、程朝翔译，华夏出版社 1987 年版。

72. ［德］柯武刚、史漫飞：《制度经济学——社会秩序与公共政策》，韩朝华译，商务印书馆 2000 年版。

73. ［法］布尔迪厄：《文化资本与社会炼金术——布尔迪厄访谈录》，包亚明译，上海人民出版社 1997 年版。

74. ［美］凡勃伦：《有闲阶级论——关于制度的经济研究》，蔡受百译，商务印书馆 1964 年版。

75. ［美］阿尔温·托夫勒：《第三次浪潮》，朱志焱、潘琪、张焱译，生活·读书·新知三联书店 1983 年版。

76. ［阿拉伯］伊本·西那（阿维纳森）：《论灵魂》，北京大学哲学系译，商务印书馆 1995 年版。

77. ［英］吉尔伯特·赖尔：《心的概念》，徐大建译，商务印书馆 2005 年版。

78. ［法］莫里斯·哈布瓦赫：《论集体记忆》，毕然、郭金华译，上海人民出版社 2002 年版。

79. ［奥］弗洛伊德等：《心灵简史》，高甲春等译，线装书局 2003 年版。

80. ［德］哈贝马斯：《在事实与规范之间：关于法律和民主法治国家的商谈理论》，童世骏译，生活·读书·新知三联书店 2003 年版。

81. ［英］弗里德里希·冯·哈耶克：《法律、立法与自由》（第 1 卷），邓正来译，中国大百科全书出版社 2000 年版。

82. ［美］富勒：《法律的道德性》，郑戈译，商务印书馆 2005 年版。

83. ［英］曼纽尔·卡斯特：《信息时代三部曲：经济、社会与文化——网络社会的崛起》，夏铸九、王志弘等译，社会科学文献出版社 2001 年版。

84.［美］尼葛洛庞帝：《数字化生存》，胡咏、范海燕译，海南出版社 1997 年版。

85.［美］B. F. 斯金纳：《超越自由与尊严》，王映桥、栗爱平译，贵州人民出版社，第 58 页。

86.［美］科斯塔斯 · 杜兹纳：《人权的终结》，郭春发译，江苏人民出版社 2002 年版。

87.［美］罗宾 · 保罗 · 马洛伊：《法律和市场经济——法律经济学价值的重新诠释》，钱弘道、朱素梅译，法律出版社 2005 年版。

88.［英］A.J.M. 米尔恩：《人的权利与人的多样性——人权哲学》，夏勇、张志铭译，中国大百科全书出版社 1995 年版。

89.［美］杰克 · 唐纳利：《普遍人权理论与实践》，王浦劬等译，中国社会科学出版社 2001 年版。

90.［美］莫里斯：《指号、语言和行为》，罗兰、周易译，上海人民出版社 2011 年版。

91.［奥地利］恩斯特 · 马赫：《认识与谬误》，洪佩郁译，东方出版社 2005 年版。

92.［英］约翰 · 帕克：《全民监控：大数据时代的安全与隐私困境》，关立深译，金城出版社 2015 年版。

93.［德］克里斯多夫 · 库克里克：《微粒社会——数字化时代的社会模式》，黄昆等译，中信出版社 2018 年版。

94.［英］卢恰诺 · 弗洛里迪：《信息伦理学》，薛平译，上海译文出版社 2018 年版。

95.［德］马克斯 · 韦伯：《新教伦理与资本主义精神》，康乐、简惠美译，广西师范大学出版社 2007 年版。

96.［英］詹姆斯·格里芬:《论人权》，徐向东等译，译林出版社 2015 年版。

97.［英］梅因:《古代法》，沈景一译，商务印书馆 1996 年版。

98.［美］约翰·弗兰克·韦弗:《机器人是人吗?》，刘海安等译，上海人民出版社 2018 年版。

99.［英］霍布斯:《利维坦》，黎思复等译，商务印书馆 1985 年版。

100.［法］莫里斯·郭德烈:《人类社会的根基：人类学的重构》，董芃芃等译，中国社会科学出版社 2011 年版。

101.［法］布罗代尔:《15 至 18 世纪的物质文明、经济和资本主义》，施康强、顾良译，三联书店 2002 年版。

102.［美］查伦·斯普瑞特奈克:《真实之复兴：极度现代的世界中的身体、自然和地方》，中央编译出版社 2001 年版。

103.［美］埃德·里吉斯:《科学也疯狂》，张明德等译，中国对外翻译出版公司 1994 年版。

104.［美］海伦·杜卡斯等:《爱因斯坦谈人生》，世界知识出版社 1984 年版。

105.［美］托马斯·库恩:《科学革命的结构》，金吾伦、胡新和译，北京大学出版社 2003 年版。

106.［美］Neil Postman:《技术垄断——文明向技术投降》，蔡金栋等译，机械工业出版社 2013 年版。

107.［德］康拉德·黑塞:《联邦德国宪法纲要》，李辉译，商务印书馆 2007 年版。

108.［德］康德:《实践理性批判》，韩水法译，商务印书馆 1999 年版。

三、期刊论文文献

1. 王春业、聂佳龙:《从“三公”消费公开谈人大预算权的落实》，载《云南大学学报法学版》，2013 年第 1 期。

2. 余鹏:《经典统计学的缺陷》，载《统计研究》1993 年第 6 期。

3. 郧彦辉:《数字利维坦：信息社会的新型社会危机》，载《中共中央党校学报》2015 年第 3 期。

4. 张玉宏、秦志光、肖乐:《大数据算法的歧视本质》，载《自然辩证法研究》2017 年第 4 期。

5. 郑戈:《人工智能与法律的未来》，载《探索与争鸣》2017 年第 10 期。

6.［奥］凯尔逊:《什么是正义》，耿淡如译，载《现代外国哲学社会科学文载》1961 年第 8 期。

7. 易小明、曹晓鲜:《正义的效率之维及其限度》，载《哲学研究》2011 年第 12 期。

8. 聂佳龙、丁志兵:《利用区块链实现民营企业信息用精准画像的法学思考》，载《老区建设》2019 年第 16 期。

9. 汪铁民:《代表联系群众：从实践创新到制度跟进》，《中国人大》2014 年第 8 期。

10. 湖南省完善人大代表联系群众制度研究课题组:《完善人大代表联系群众制度的对策》，《人大研究》2014 年第 3 期。

11. 张毅、肖聪利、宁晓静:《区块链技术对政府治理创新的影响》，《电子政务》2016 年第 12 期。

12. 上官酒瑞:《国外政治信任研究的历史进程与理论聚焦》，《上海行政学院学报》2011 年第 4 期。

13. 温辉:《代表与选民的关系》,《现代法学》2001 年第 2 期。

14. 吴鹏飞:《密切人大代表与选民关系的几点设想——以我国基层人大为例》,《云南行政学院学报》2009 年第 2 期。

15. 刘旭伟:《对民营企业有效融资需求及供给状况的调研报告——以山西省为例》,载《国际金融》2019 年第 5 期。

16. 孙树强、张新宜:《宽货币、紧信用背后的逻辑及民营企业融资问题浅析》,载《清华金融评论》2018 年第 12 期。

17. 佟连哄、金兵兵:《信用增进纾解民营企业融资难》,载《征信》2019 年第 4 期。

18. 孙国茂:《区块链技术的本质特征及其金融领域应用研究》,载《理论学刊》2017 年第 2 期。

19. 董宁、朱轩彤:《区块链技术演进及产业应用展望》,载《信息安全研究》2017 年第 3 期。

20. 肖冬梅、文禹衡:《数据权谱系论纲》,载《湘潭大学学报(哲学社会科学版)》2015 年第 6 期。

21. 吴伟光:《大数据技术下个人数据信息私权保护论批判》,载《政治与法律》2016 年第 7 期。

22. 丁文联:《数据竞争的法律制度基础》,载《财经问题研究》2018 年第 2 期。

23. 邹开亮、刘佳明:《试论大数据垄断的法律规制》,载《大庆师范学院学报》2017 年第 4 期。

24. 沈逸:《后斯诺登时代的全球网络空间治理》,载《世界经济与政治》2014 年第 5 期。

25. 沈国麟:《大数据时代的数据主权和国家数据战略》,载《南京社会科学》2014 年第 6 期。

26. 陈景辉:《权利可能新兴吗?——新兴权利的两个命题及

其批判》，载《法制与社会发展》2021 年第 3 期。

27. 姚建宗：《新兴权利论纲》，载《法制与社会发展》2010 年第 2 期。

28. 徐钝、郑记：《新兴权利救济：司法能动立场的证成与运作》，载《理论与改革》2010 年第 6 期。

29. 郑戈：《人工智能与法律的未来》，载《探索与争鸣》2017 年第 10 期。

30. 吕超：《科幻小说中的人工智能伦理》，载《文化纵横》2017 年第 8 期。

31. 李一：《"数字社会"的发展趋势、时代特征和业态成长》，载《中共杭州市委党校学报》2019 年第 5 期。

32. 谢康：《国外信息经济学研究》，载《科学决策》2000 年第 4 期。

33. 蒋林君：《欧盟数据生产者权及其对我国的启示》，载《湖南科技大学学报》（社会科学版）2021 年第 2 期。

34. 梅夏英、王剑：《"数据垄断"命题真伪争议的理论回应》，载《法学论坛》2021 年第 5 期。

35. 丁晓东：《论数据垄断：大数据视野下反垄断的法理思考》，载《东方法学》2021 年第 3 期。

36. 黄晓锦：《大数据时代数据分享与抓取的竞争法边界》，载《财经问题研究》2018 年第 2 期。

37. 孙林玉：《大数据时代下我国竞争政策问题研究——以我国首例大数据不正当竞争纠纷案为视角》，载《黑龙江工业大学学报》2017 年第 8 期。

38. 吕忠梅：《中国环境立法法典化模式选择及其展开》，载《东方法学》2021 年第 6 期。

39. 杨东、周鑫:《数字经济反垄断国际最新发展与理论重构》,载《中国应用法学》2021 年第 3 期。

40. 谭九生,范晓韵:《算法“黑箱”的成因、风险及其治理》,载《湖南科技大学学报(社会科学版)》2020 年第 6 期。

41. 刘叶婷、唐斯斯:《大数据对政府治理的影响及挑战》,载《电子政务》2014 年第 6 期。

42. 冯果、薛亦飒:《从“权利规范模式”走向“行为控制模式”的数据信托——数据主体权利保护机制构建的另一种思路》,载《法学评论》2021 年第 3 期。

43. 翟志勇:《论数据信托:一种数据治理的新方案》,载《东方法学》2021 年第 4 期。

44. 李建会、夏永红:《宇宙是一个计算机吗?——论基于自然计算的泛计算主义》,载《世界哲学》2018 年第 2 期。

45. 刘庆振、钟书平、牛新权:《计算传播学:缘起、概念及其计算主义视角》,载《西部学刊》2019 年第 8 期。

46. 李建会、夏永红:《走向计算主义》,载《自然辩证法通讯》2003 年第 3 期。

47. 陈刚、谢佩宏:《信息社会还是数字社会》,载《学术界》2020 年第 5 期。

48. 马长山:《数字社会的治理逻辑及其法治化展开》,载《法律科学(西北政法大学学报)》2020 年第 5 期。

49. 蓝江:《数字时代下的社会存在本体论》,载《人民论坛·学术前沿》2019 年第 14 期。

50. 谢晖:《数字社会的“人权例外”及法律决断》,载《法律科学(西北政法大学学报)》2021 年第 6 期。

51. 李平、李政银:《人机融合智能:人工智能 3.0》,载《清华管理评论》，2018 年第 7 期。

52. 曹博：《算法歧视的类型界分与规制范式重构》，载《现代法学》2021 年第 4 期。

53. 周伟：《论禁止歧视》，载《现代法学》2006 年第 5 期。

54. 衣俊霖：《数字孪生时代的法律与问责——通过技术标准透视算法黑箱》，载《东方法学》2021 年第 4 期。

55. 仇筠茜、陈昌凤：《基于人工智能与算法新闻透明度的“黑箱”打开方式选择》，载《郑州大学学报（哲学社会科学版）》2018 年第 5 期。

56. 贾开：《人工智能与算法治理研究》，载《中国行政管理》2019 年第 1 期。

57. 申卫星：《论数据用益权》，载《中国社会科学》2020 年第 11 期。

58. 杨解君：《立法膨胀论》，载《法学》1996 年第 3 期。

59. 郑戈：《在鼓励创新与保护人权之间——法律如何回应大数据技术革新的挑战》，载《探索与争鸣》2016 年第 7 期。

60. 聂佳龙、史克卓：《论作为“新兴权利”的公民启动权》，载《广州社会主义学院学报》2013 年第 2 期。

61. 李宏图：《概念史与历史的选择》，载《史学理论研究》2012 年第 1 期。

62. 刘志强：《论“数字人权”不构成第四代人权》，载《法学研究》2021 年第 1 期。

63. 龚向和：《人的“数字属性”及其法律保障》，载《华东政法大学学报》2021 年第 3 期。

64. 李海星：《论社会主义核心价值观的人权意蕴》，载《当代中国价值观研究》2017 年第 4 期。

65. 邱仁宗、黄雯、翟晓梅：《大数据技术的伦理问题》，载《科学与社会》2014 年第 4 期。

66. 夏军：《数字化导引 21 世纪社会文明》，载《党政论坛》1999 年第 5 期。

67. 柳华文、严玉婷：《从国际法角度看互联网接入权的概念》，载《人权》2016 年第 2 期。

68. 苏宇：《“信息技术 + 法学”的教学、研究与平台建设：一个整体性的观察与反思》，载《中国法学评论》2021 年第 6 期。

四、文集文献

1.《马克思恩格斯全集》(第 8 卷)，人民出版社 1961 年版。

2.《马克思恩格斯选集》(第 4 卷)，人民出版社 1972 年版。

3.《马克思恩格斯全集》(第 1 卷)，人民出版社 1995 年版。

4.《马克思恩格斯全集》(第 3 卷) 人民出版社 1972 年版。

5.《马克思恩格斯全集》(第 1 卷)，人民出版社 1972 年版。

6.《马克思恩格斯全集》(第 42 卷)，人民出版社 1979 年版。

7.《马克思恩格斯全集》(第 46 卷)，人民出版社 1979 年版。

8.《马克思恩格斯选集》(第 2 卷)，人民出版社 1972 年版。

9.《马克思恩格斯选集》(第 3 卷)，人民出版社 1995 年版。

10.《列宁选集》(第 4 卷)，人民出版社 1995 年版。

11.《十八大以来重要文献选编》(上)，中央文献出版社 2014 年版。

12.《马克思恩格斯全集》(第 40 卷)，人民出版社 1982 年版。

13.《马克思恩格斯全集》(第 3 卷)，人民出版社 1974 年版。

14.《马克思恩格斯全集》(第 9 卷)，人民出版社 1961 年版。

15.《列宁全集》(第 1 卷)，人民出版社 1984 年版。

16.《马克思恩格斯全集》(第 23 卷)，人民出版社 1972 年版。

17.《冯契文集》(第 10 卷)，华东师范大学出版社 2016 年版。

五、外文文献

1. N. E. Fultzelal. "Coupled electrophysiological, hemodynamic and cerebrospinal fluid oscillations in human sleep", Science 01 Nov 2019: Vol.366, Issue 6465.

2. Robert S. Pindyck, Daniel L. Rubinfeld.Microeconomics (Fifth Edition), Pearson Education Asla Limited and Tsinghua Univesity Press, 2001.

3. Melanie Swan. Blockchain: Blueprint for a New Economy, Sebastopol, CA: O'Reilly Media, Inc, 2015.

4. Organisation for Economic Cooperation and Development: Data driven innovation: big data for growth and well—being, OECD Publishers, 2015.

5. S. Judgment in United Brands v. Commission, Case 27/76, ECLI: EU: C: 1978: 22.

6. Maurice E. Stucke, Allen P. Grunes.Big data and competition policy, Oxford: Oxford University Press, 2016.

7. Midgley, N. Reading Anna Freud. New York Routledge, 2012.

8. Jack Balkin. Free Speech in the Algorithmic Society: Big Data, Private Governance and New School Speech Regulation, U. C. Davis Law Review, 2017, (51).

9. Kubler, Kyle. The Black Box Society: the secret algorithms that control money and information, Information, Communication &

Society, 2016, (2).

10. Václav Janeček. Ownership of Personal Data in the Internet of Things, Computer Law & Security Review Volume 34, Issue 5, October 2018.

11. N. E. Fultz el al., “Coupled electrophysiological, hemodynamic, and cerebrospinal fluid oscillations in human sleep”, Science 01 Nov 2019: Vol. 366, Issue 6465.

12. Zimmerman, Michael. Heidegger’s Confrontation with Modernity: Technology, Politics, Art, Bloomington: Indiana University Press, 1990.

六、其他文献

1. 张兰廷:“大数据的社会价值与战略选择”，中共中央党校 2014 年博士论文。

2. 顾荣:“大数据处理技术与系统研究”，南京大学 2016 年博士学位论文。

3. 聂佳龙:“基于正义标准复杂范式分析的人工智能时代法律构建”，载魏远山、张贵昊:《湘江青年法学・第四卷》，湘潭大学出版社 2019 年版，第 41 页。

4. 聂佳龙:《基于区块链技术的人大代表联系群众制度变革论纲》，载刘妍、徐宏:《湘江青年法学・第五卷》湘潭大学出版社 2020 年版，第 26 页。

5. [英] 戴维・M. 沃克:《牛津法律大辞典》，李双元等译，光明日报出版社 1989 年版，第 225 页。

6. 韩春明:《经济周期中我国民营企业融资问题研究》，首都经济贸易大学 2014 硕士论文。

7. 高兰亭：《基于信息共享的去中心化管理模式构建研究》，长安大学 2017 年硕士论文。

8.《辞海》编辑部：《辞海》，上海辞书出版社 1989 年版。

9. 杜庆昊：《中国数字经济协同治理研究》，中共中央党校 2019 年博士论文。

10. 何枭吟：《美国数字经济研究》，吉林大学 2005 年博士论文。

11.《史记》。

12.《商君书》。

13. 柳华文：《科学技术与人权保障》，载《光明日报》2012 年 5 月 12 日第 6 版。

14. 李德伟：《同构关系：大数据的数理哲学基础》，载《光明日报》2012 年 12 月 5 日第 12 版。

15. 张文显：《无数字，不人权》，载《北京日报》2019 年 9 月 2 日第 015 版。

16. 韩天竹、孙悦：《论人工智能生成物在著作权法上的定性与权利归属》，载《上海法学研究》，2020 年第 5 卷。

17. 王天夫：《数字社会与社会研究》，载《中国社会科学报》，2021 年 10 月 20 日第 008 版。

18. 陈兵：《促进数字经济立法至关重要》，载《中国社会科学报》，2021 年 5 月 11 日第 008 版。

19. 李一：《"数字社会"运行状态的四个特征》，载《学时时报》，2019 年 8 月 2 日第 008 版。

图书在版编目(CIP)数据

探索数据法律新秩序:数据法学体系构建研究/肖中华,聂加龙著.—上海:上海三联书店,2022.12
ISBN 978-7-5426-7886-7

Ⅰ.①探… Ⅱ.①肖… ②聂… Ⅲ.①信息法学-研究 Ⅳ.①D912.804

中国版本图书馆 CIP 数据核字(2022)第 187120 号

探索数据法律新秩序:数据法学体系构建研究

著　　者/肖中华　聂加龙

责任编辑/殷亚平
装帧设计/徐　徐
监　　制/姚　军
责任校对/王凌霄

出版发行/上海三联书店
(200030)中国上海市漕溪北路 331 号 A 座 6 楼
邮　　箱/sdxsanlian@sina.com
邮购电话/021-22895540
印　　刷/上海惠敦印务科技有限公司

版　　次/2022 年 12 月第 1 版
印　　次/2022 年 12 月第 1 次印刷
开　　本/640mm×960mm　1/16
字　　数/210 千字
印　　张/17.25
书　　号/ISBN 978-7-5426-7886-7/D·552
定　　价/88.00 元

敬启读者,如发现本书有印装质量问题,请与印刷厂联系 021-63779028